Über dieses Buch Der als Herausforderung an eine selbstkritische Psychoanalyse zu verstehende Titel enthält Originalbeiträge und früher verstreut publizierte, gründlich überarbeitete Aufsätze. Die Themen stehen im Brennpunkt der aktuellen Diskussion über die Gültigkeit psychoanalytischer Theorien und praktischer Anwendungen. Elemente der psychoanalytischen Methode wie Wiederholungszwang und Neubeginn, Persönlichkeit und Einfühlung oder das Verhältnis von Fall zu Methode spielen dabei eine ebenso wichtige Rolle wie wesentliche Positionen psychoanalytischer Theorie zu Neurose, Psychose, Psychosomatik und Drogenabhängigkeit. Das Buch enthält außerdem psychoanalytische Beiträge des Autors zu Gruppentherapie und zu gesellschaftlichen Fragen wie Erziehung, Familie, Institution und Politik. Mit seinem Buch unternimmt ein Psychoanalytiker den Versuch, anhand eigener Beiträge zu überprüfen, welche psychoanalytischen Aussagen sich trotz zunehmender öffentlicher Kritik bewährt haben.

Der Autor Peter Kutter, geb. 1930, Prof. Dr. med., ist Arzt und Psychiater, er war von 1963 bis 1973 in Stuttgart als frei praktizierender Psychotherapeut tätig und lehrt seit 1974 Psychoanalyse im Fachbereich Psychologie an der Universität Frankfurt am Main. Er ist Verfasser zahlreicher Bücher und Aufsätze zu psychoanalytischen Themen. – In der Reihe »Geist und Psyche« bisher erschienen: »Psychiatrie« (Nr. 42188) und »Psychoanalyse an der Universität« (Nr. 42228, mit Jörg K. Roth).

Peter Kutter

Psychoanalyse in der Bewährung

Methode, Theorie und Anwendung

Fischer
Taschenbuch
Verlag

Geist und Psyche
Begründet von Nina Kindler 1964

4.–5. Tausend: Februar 1987

Originalausgabe
Veröffentlicht im Fischer Taschenbuch Verlag GmbH,
Frankfurt am Main, August 1984

Lektorat Willi Köhler
Umschlaggestaltung: Graupner & Partner GmbH
Gesamtherstellung: Clausen & Bosse, Leck
Printed in Germany
1680-ISBN-3-596-42263-9

Inhalt

Vorwort

Der Titel des Buches bedarf der Erläuterung: Wissenschaflich ist *»Bewährung«* die empirische Überprüfung einer Hypothese. Eine Hypothese, die sich bewährt, hat sich als geeignet erwiesen, ist zuverlässig, hat die Probe aufs Exempel bestanden.

Ist die *psychoanalytische* Methode in diesem Sinne ein bewährtes Mittel der Behandlung psychischer Störungen? Hat sich ihre aus Beobachtungen abgeleitete *Theorie* für das Verstehen und zur Erklärung seelischer Phänomene als zutreffend erwiesen? Hat die Psychoanalyse nachweislich in der *Anwendung* auf *Gruppe* und *Gesellschaft* relevante Erkenntnisse beigesteuert?

Dies sind Fragen, die sich jede psychoanalytische Publikation heute stellen muß, ist doch Psychoanalyse *eine höchst umstrittene Wissenschaft*, die zwar politisch als psychoanalytische Bewegung seit Freuds spektakulären Entdeckungen über die menschliche Sexualität bis zu Mitscherlichs publizistischer Tätigkeit das öffentliche Bewußtsein nachhaltig verändert hat, von der Gemeinschaft der Wissenschaftler indessen mehrheitlich immer noch nicht anerkannt ist. In deren Bewertung hat das Wort »Bewährung« sogar Konnotationen zur Rechtsprechung, im Sinne eines Urteils, das »zur Bewährung ausgesetzt« ist. Kritiker aus dem Lager der naturwissenschaftlich orientierten akademischen Psychologie geben ihr, wie auch der aus der Lerntheorie stammenden Verhaltenstherapie, der Gesprächspsychotherapie der humanistischen Psychologie und dem neuen kommunikationstheoretischen »Paradigma« der Familientherapie allenfalls eine gewisse »Bewährungsfrist.«

Die politische Potenz der psychoanalytischen Fachgesellschaften ist, trotz wachsender Konkurrenz neuer Therapierichtungen aus Psychologie, Pädagogik und Soziologie, ungebrochen: ihre Priorität gegenüber den später hinzugekommenen wissenschaftlichen Richtungen gewährleistet die Teilhabe an der kassenärztlichen Versorgung und damit wirtschaftliche Sicherheit.

Andere dagegen sehen die Psychoanalyse bei ihrer zunehmenden Integrierung innerhalb des Medizinbetriebs der aufklärerischen Potenz beraubt und beklagen, sie habe ihre ursprünglich revolutionären Entdeckungen, wie Sexualität und Todestrieb, aus Anpassung und Machtstreben, »eingeschüchtert« durch »positivistische« wissenschafts-theoretische Kritik, nicht ohne Lüge und Unaufrichtigkeit verraten (Lohmann, 1983).

Niemandem sei verwehrt, mit »Streitschriften« sein Unbehagen auszudrücken, Psychoanalyse vorwiegend als Kultur- und Gesellschaftstheorie zu verstehen und politische Kämpfe in der Öffentlichkeit auszutragen. Wissenschaftler sind zu allen Zeiten, überzeugt von der Richtigkeit ihrer Aussagen, für ihre Sache öffentlich eingetreten und haben zur Verbreitung der von ihnen vertretenen Wissenschaft durch politische Aktivität beigetragen.

Andere wiederum, spektakulären Aktionen eher abgeneigt, schätzen die stille Arbeit in der täglichen Praxis mit dem Patienten, dessen Analyse unweigerlich immer wieder gleichermaßen regressiv und progressiv das eigene psychische Gleichgewicht in Frage stellt und kontinuierliche Selbstanalyse fordert, eine vergleichsweise nüchterne »Knochenarbeit«, die einen auch ständig nicht nur mit den Möglichkeiten der psychoanalytischen Methode, sondern auch mit deren Grenzen hart konfrontiert.

Eine sich selbst zum Gegenstand der Analyse machende Methode, zwischen »Medicozentrierung« und »Soziologisierung« eine ausgewogene Mitte haltend, scheut die Selbstkritik ebensowenig wie die Auseinandersetzung mit Nachbardisziplinen. Sie stellt zum Beispiel verschriftete psychoanalytische Texte aus Behandlung und Supervision zur Erforschung mit linguistischen und interaktions-analytischen Methoden zur Verfügung. Ihre Praxis wird damit allgemein wissenschaftlich zugänglich und überprüfbar.

Unter dem als *Herausforderung* zu verstehenden Titel »Psychoanalyse in der Bewährung« unternimmt hier ein Psychoanalytiker den Versuch, anhand eigener mehr oder weniger weit zurückliegender Beiträge selbst zu überprüfen, welche seiner damaligen Aussagen aus heutiger Sicht noch Bestand haben. Wichtige Elemente der psychoanalytischen Methode wie Wiederholungszwang und Neubeginn, Persönlichkeit und Einfühlung oder das Verhältnis von Fall zu Methode spielen hierbei eine ebenso wichtige Rolle wie essentielle Positionen psychoanalytischer Theorie zu Neurose, Psychose, Psychosomatik und Drogenabhängigkeit. Das Buch enthält außerdem psychoanalytische Beiträge zu Gruppentherapie und zu gesellschaftlichen Fragen wie Erziehung, Familie, Institution und Politik.

Die *Texte* stammen somit aus unterschiedlichen Phasen der eigenen Entwicklung. Dies erklärt den unterschiedlichen Stil, der sich, wie die Inhalte, im Laufe der Entwicklung gewandelt hat. Die meisten Texte sind allerdings neu geschrieben, beziehen sich aber auf frühere, teils veröffentlichte, teils nicht veröffentlichte Schriften, die selbstkritisch nach Schwächen und Stärken sortiert und einer kritischen Revision unterzogen werden.

Die *Selbsteinschätzung* eines Autors, und sei sie auch noch so kritisch, kann aber die herausfordernde Frage, ob sich eine Sache bewährt hat oder nicht, allein nicht beantworten. *Fremdeinschätzungen* durch externe Beurteiler müssen dazukommen. Die Ergebnisse dieser Überprüfungen werden kritische Rezeptionen und Rezensionen herausfordern. Dabei haben, bei aller Wertschätzung wissenschaftlicher Überprüfung durch Fachleute, *auch Laien* ein feines Gespür für das, was sich bewährt hat und was nicht. Es bleibt also dem Urteil jedes Lesers und damit der Öffentlichkeit überlassen, anzuerkennen, was einleuchtet, und abzulehnen, was nicht überzeugt.

P. K.

Einleitung

Es ist ein bewährtes Prinzip wissenschaftlicher Forschung, die eigene Arbeit durch andere überprüfen zu lassen. Mathematische Formeln der Statik müssen sich im praktischen Bau von Brücken bewähren. Die Gesetzmäßigkeiten der Wirkung und Nebenwirkungen von Arzneimitteln werden erst im Tierversuch und an einer überschaubaren Zahl von Menschen erprobt, ehe sie allgemein zugelassen und von Ärzten in der Therapie verwendet werden.

Psychoanalyse hat sich als Therapiemethode nach dem Eindruck zahlreicher Patienten und Therapeuten trotz ihres hohen Zeitaufwandes jahrzehntelang in der Praxis bewährt. Sie ist als *allgemein anerkanntes Therapieverfahren* Bestandteil der kassenärztlichen Versorgung und behauptet, zwar nicht unangefochten durch neuere Therapieverfahren, wie Verhaltens-, Gesprächs- und Familientherapie, ihre Position mit Erfolg.

Außerdem ist Psychoanalyse als *Kultur- und Gesellschaftstheorie* Bestandteil öffentlichen Denkens geworden, besonders in Intellektuellenkreisen. Dazu gehören nicht nur Woody Allens' ›Großstadtneurotiker‹ an Ost- und Westküste der Vereinigten Staaten, sondern auch linksorientierte Kreise westdeutscher Großstädte.

Die Psychoanalyse hat ihre Position vor allem als psychoanalytische *Bewegung auf politischem Wege* ausgebaut: über eine von Anfang an gezielte Politik der Einflußnahme auf Medizin, insbesondere Psychiatrie, aber auch auf Pädagogik, Soziologie und Politik. Dabei war sie jahrzehntelang praktisch konkurrenzlos. Über private Vereine und eine wachsende Zahl von Ausbildungsinstituten dehnte sie ihren Einfluß auf die Öffentlichkeit immer mehr aus. Dazu kam eine intensive Öffentlichkeitsarbeit über alle Medien, vor allem über Publikationen, von denen die Alexander Mitscherlichs und Horst-Eberhard Richters hohe Auflagen erreichten.

Weniger aktiv war die Psychoanalyse dagegen auf dem Gebiet wissenschaftlicher Forschung. Ihre *Methode* ist schwer zu erlernen, erfordert den Selbstversuch einer eigenen Psychoanalyse und wird nach wie vor hauptsächlich über persönliche Vermittlung des praktischen Vorgehens in Supervision und Fall-Seminaren vermittelt. Die Erforschung der Effizienz ihrer *Ausbildung* ist über erste Ansätze nicht hinausgekommen. Das gleiche gilt für die wissenschaftliche Überprüfung ihrer *Effizienz*. Die Komplexität ihres Gegenstandes (die unbewußten Phantasien des Patienten), ihrer Methode (Unbewußtes über Analyse von Traum, Übertragung und Widerstand bewußt zu machen) und die Schwierigkeiten der Operationalisierung ihrer Begriffe schrecken die meisten von der Forschung ab.

Wo aber Psychoanalyse an der Universität in Medizin, Soziologie, Pädagogik oder Psychologie vertreten ist, kann sie sich der Notwendigkeit der Forschung nicht entziehen. Stellt sie sich dieser Herausforderung, riskiert sie den Vorwurf des szientistischen Selbstmißverständnisses. *Die Psychoanalyse bleibt indessen als Methode*, so wie im ersten Themenbereich des vorliegenden Buches beschrieben, als Methode also, deren Ziel subjektiver Wahrheit sich im Evidenzerlebnis von Patient und Analytiker zeigt, *unangetastet, wenn sie von außen*, etwa im Vergleichsgruppendesign oder im Vor/Nach-Vergleich, *mit unterschiedlichen Forschungsansätzen untersucht wird. Das Dilemma zwischen einer nach subjektiver Wahrheit zielenden Therapiemethode und einer an objektiver Wahrheit orientierten Wissenschaft ist somit lösbar,* und zwar folgendermaßen:

Zum einen wird die psychoanalytische Methode, wie gesagt, durch *Forschung von außen* (im Hinblick auf ihre Effizienz überhaupt gleichsam makroskopisch oder – mikroskopisch – auf die Wirkung ihrer Interpretationen beim Patienten) untersucht, wobei das psychoanalytische *Interview*, die mit der psychoanalytischen Methode und Theorie im Einklang stehenden psychologischen *Testverfahren* und die *inhaltsanalytische Untersuchung* von auf Tonband mitgeschnittenen transkribierten Texten aus Psychoanalysen die angemessenen Untersuchungsinstrumente darstellen.

Zum andern wird die unbewußte Bedeutung der Tatsache, daß Forschung stattfindet, für die psychoanalytische Situation und den psychoanalytischen Prozeß *innerhalb* des eigenen Therapieverfahrens im Sinne eines »Parameters« (Eissler, 1953) analysiert.

Damit wird die psychoanalytische *Methode* mit ihren beiden wesentlichen Elementen *Wiederholungszwang und Neubeginn* (vgl. 1.1) und den zur Therapeuten-Variable zählenden zwei grundlegenden Voraussetzungen *Persönlichkeit und Empathie* (vgl. 1.2) in ihrer klassischen Form und in den daraus abgeleiteten abgekürzten Verfahren (vgl. 1.3 und 1.4) *überprüfbar.* Wie kommunikationstheoretische Untersuchungen linguistischer, kommunikationstheoretischer und sozial-wissenschaftlicher Provenienz beweisen, braucht die Psychoanalyse derartige Untersuchungen nicht zu fürchten. Sie kann an ersten Ergebnissen vielmehr ablesen, daß sie ihre dadurch gegebene Bewährungsprobe bestanden hat.

Schwieriger ist eine Antwort auf die Frage, ob sich die psychoanalytische *Theorie* bewährt hat. Ist sie wissenschaftlich glaubwürdig? Ist sie im Sinne von Poppers »Logik der Forschung« falsifizierbar? Wenn ja, dann darf zum Beispiel die psychoanalytische Theorie des Ödipuskomplexes nicht in jedem Fall zutreffen. Tatsächlich sind heute viele psychische Phänomene mit anderen Theorien, wie zum Beispiel den Narzißmustheorien, besser verstehbar. Sind darüberhinaus mit der Psychoanalyse gewonnene Resultate nicht immer nur ideographisch auf den Einzelfall begrenzt und können nicht verallgemeinert werden? Insofern als jeder Fall (vgl. 1.5) einzigartig ist und einer ihm angemessenen Methode bedarf? Sie ist insofern eine *individuell interpretierende, Sinn suchende und findende, verstehende* Wissenschaft, die mit ihren Deutungen der Hermeneutik eines Schleiermacher, Dilthey, Gadamer und der methodischen Selbstreflexion von Habermas näher steht als der Logik der Forschung Poppers, den Methoden der experimentellen Psychologie (die sich auf beobachtbare, objektivierbare und quantifizierbare Daten beschränkt) oder der empirischen Sozialforschung mit soziologischem Experiment, Computer-Simulation, Soziometrie und repräsentativer Stichprobe.

Bleibt jeder Patient auch ein Einzelfall, so lassen sich, überschaut man erst mit zunehmender Erfahrung eine größere Zahl von Einzelfällen, *allgemein gültige Regeln* aufstellen über *Gesetzmäßigkeiten* der Entwicklung, der Abwehrprozesse und der Symptombildung, die bei aller Singularität des Einzelfalles den Verstehensprozeß erleichtern und beschleunigen. Insofern kann man durchaus von einer »Bewährung psychoanalytischer Hypothesen«, wie sie zusammengefaßt die psychoanalytische *Theorie* darstellt, sprechen. Die bislang überwiegend nur private Einschätzung von Patienten durch Therapeuten wäre damit standard-wissenschaftlich abgesichert. Dies trifft allerdings eher für die klassischen Neurosen und die Konflikttheorie der Psychoanalyse zu, weniger für Psychosen, psychosomatische Störungen und Drogenabhängigkeit (vgl. 2.1 bis 2.6).

Von den *Anwendungen* der Psychoanalyse ist die Anwendung der Psychoanalyse auf die *Gruppe* noch am leichtesten überprüfbar (vgl. 3.1 bis 3.5). Eigene Untersuchungen an Selbsterfahrungs- und Supervisionsgruppen mit Studenten zeigen, daß derartige Gruppen, im Vergleichsgruppendesign, mit dem Gießen-Test vorher und nachher untersucht, überzufällig wirksam sind und zu signifikanten Veränderungen im Selbstbild führen.* Ansätze einer Prozeßforschung mit Operationalisierung der Übertragungsebene und des Involviertheitsgrades der Gruppenmitglieder liegen vor. Bis heute müssen aber Theorie und Praxis der Gruppentherapie noch weitgehend, ohne exakt durch allgemein akzeptierte Methodologie überprüft zu sein, wie der dritte Themenbereich des vorliegenden Buches, für sich selbst sprechen.

Dies gilt erst recht für die Anwendung der Psychoanalyse auf die *Gesellschaft*. Hier fehlt es nicht an kühnen Deutungen mit dem nicht zu übersehenden Ziel der Schärfung des öffentlichen Bewußtseins; etwa für latente Machtstrukturen und deren politische Veränderung. Ob aber derartige kritische Gesellschaftstheorie angesichts der hochkomplexen Gesetzmäßigkeiten gesellschaftlicher und politischer Prozesse methodologisch überhaupt durchführbar ist, ist noch lange nicht erwiesen. Beschränkt sich Psychoanalyse allerdings darauf, jeweils *unbewußte Anteile in den Interaktionen* zwischen mehreren Personen in kleineren und größeren Gruppen zu untersuchen, dann kann sie zu aktuellen Problemen der Erziehung, der Familie, der Sozialarbeit, zu unserem Verhältnis zu Institutionen, ja sogar im Sinne einer politischen Psychologie zu aktuellen politischen Fragen unserer Zeit Stellung

* Vgl. Kutter, P.: *Psychoanalytische Interpretation und empirische Methoden; Ein zweidimensionaler Ansatz von Forschung in der Psychoanalyse.* Fachbuchhandlung für Psychologie, Verlagsabteilung, Frankfurt am Main, erscheint 1985.

nehmen, wie es im vierten Themenbereich des vorliegenden Buches versucht wird. Damit kann Psychoanalyse gleichsam als *Hilfswissenschaft* beachtenswerte, wenn auch bescheidene Beiträge zum Verständnis von gesellschaftlichen Prozessen leisten, die mit den Methoden empirischer Sozialforschung nicht zu erhalten sind.Ihre Schlußfolgerungen, von denen die hier vorgelegten zur Erziehung (vgl. 4.2) , Familie (vgl. 4.3), Sozialarbeit (vgl. 4.4), Institution (vgl. 4.5), Politik (vgl. 4.6), zur geistigen Situation der Zeit (vgl. 4.7) und zur Kunst (vgl. 4.8) nur kleine Kostproben einer sonst umfangreichen Literatur darstellen, harren allerdings noch der Überprüfung, so interessant und aufschlußreich ihre Aussagen auch sein mögen.

1. *Kapitel:* Die Psychoanalyse als Methode

Die psychoanalytische Methode wurde von Freud bei der Psychoanalyse einzelner neurotisch kranker Menschen entwickelt. Ihr Ziel ist es, unbewußt gewordene Zusammenhänge, die wegen Überforderung aus dem Bewußtsein ausgeschlossen wurden, wieder bewußt zu machen. Dabei müssen Widerstände überwunden und die vergangenen ungelöst gebliebenen Konflikte in der aktuellen Beziehung zwischen Analysand und Analytiker wiederbelebt werden, um im nachhinein gelöst werden zu können.

Die Anwendung der psychoanalytischen Methode ist stark persönlichkeitsabhängig und entsprechend variabel. Die Effekte der Methode sind von denen der Persönlichkeit des Therapeuten, insbesondere dessen Einfühlungsfähigkeit, schwer zu trennen. Skeptiker schreiben die Erfolge der Psychoanalyse eher der Wirkung der Therapeutenvariable zu als der Methode. Dennoch gelten unter Experten die Analyse der Widerstände und der Übertragung unter Einschluß der Analyse der Gegenübertragung als bewährte Instrumente der Diagnose, Therapie und Erforschung psychischer Störungen. Gut erprobt sind auch aktuelle Kurzformen der Psychoanalyse in Beratung und Psychotherapie. Im übrigen wird gefordert, daß sich im Zweifel die Methode am Fall bewähren muß und nicht umgekehrt.

1. Wiederholungszwang und Neubeginn – zwei wesentliche Elemente der psychoanalytischen Methode

Vorbemerkungen

Das klassische psychoanalytische Verfahren hat sich gleichermaßen als diagnostische, therapeutische und Forschungs-Methode über die Jahrzehnte entwickelt. Heute dauert es in der Regel drei bis fünf Jahre bei einer Stundenfrequenz von vier jeweils fünfzig Minuten langen Sitzungen in der Woche. Das macht im Schnitt insgesamt, unter Berücksichtigung von Urlaub und Ausfällen, im Jahr gut 150, in drei Jahren 450 und in fünf Jahren 750 Stunden aus. Von den Krankenkassen werden davon in der Regel 160, in besonderen Fällen 240 Stunden, ausnahmsweise 300 Sitzungen übernommen. Dauert die Analyse länger, muß der Patient selbst dafür aufkommen und entsprechend früh vorsorgen.

Das Ziel eines derart langfristigen psychoanalytischen Prozesses schließt die Lösung ungelöst gebliebener unbewußter Konflikte ebenso ein wie die Entwicklung unentwickelt gebliebener Persönlichkeitspotentiale. Es reicht damit über das Ziel von Krankenbehandlung im Sinne der heute noch gültigen Reichsversicherungsordnung weit hinaus. Es hat daher nicht an Bemühungen gefehlt, weniger langfristige Anwendungen der psychoanalytischen Methode zu entwickeln, denen Abschnitt 1,3 dieses Buches gewidmet ist. Hier geht es um eine knappe Darstellung wesentlicher Prinzipien des psychoanalytischen Verfahrens, an dem alle Anwendungen zu messen sind. Eine ideale *Methode* verlangt einen idealen Patienten und einen idealen Analytiker.

Der ideale *Patient* möchte sich selbst erkennen, ihm nicht bewußte Inhalte bewußt machen, ungelöst gebliebene Probleme lösen, latente Gefühle und Empfindungen manifest werden lassen und alle ungenutzt gebliebenen Ressourcen nutzen. Er hat von der durch Freud entwickelten Psychoanalyse gehört und sieht darin eine Methode, die ihm dazu verhelfen kann, die gewünschten Ziele und damit sich selbst zu verwirklichen.

Der ideale *Analytiker* hat im Laufe einer mindestens vierjährigen Professionalisierung unter Einschluß einer wenigstens 500 Stunden umfassenden Lehranalyse, mehrerer laufend durch einen Experten überwachten psychoanalytischen Behandlungen, umfangreicher Theorie-Diskussionen und kontinuierlicher Besprechung von Fällen aus der Praxis so viel praktische Erfahrungen und theoretische Kenntnisse gesammelt, daß er, rückversichert durch eine Berufsvereinigung, hinreichend qualifiziert ist, Psychoanalysen auszuüben.

Unter den genannten Bedingungen können sich nun beide Seiten einigen, eine Psychoanalyse zu beginnen. Zuvor werden, wie auch sonst im Geschäftsleben, die vertraglichen Bedingungen ausgehandelt: Zeitaufwand, Stundenzahl, Tageszeit, Urlaubsregelung, Honorar. Beide Parteien schließen ein Arbeitsbündnis (Greenson, 1967), in dem sie im Sinne einer symmetrischen Beziehung gleichberechtigte Partner sind.

Gleichzeitig wendet der Analytiker die psychoanalytische Methode innerhalb einer in typischer Weise *a-symmetrischen* Beziehung an, wobei der Analytiker der Experte ist und der Patient den vom Experten abhängigen Part übernimmt. Er wird dem Fachmann einen Vertrauensvorschuß einräumen und die professionelle Kompetenz des Psychoanalytikers mit einer monatlichen Überweisung honorieren, die allerdings heute, mit den obengenannten Einschränkungen, an die zuständige Krankenkasse delegiert wird, in die der Patient Beiträge eingezahlt hat. Der Patient muß sich nicht nur der Fachkompetenz des Analytikers unterwerfen, sondern auch der *Grundregel des Patienten*, nämlich alles zu sagen, was ihm in den Sinn kommt, sei es auch noch so belangslos, scheinbar unwesentlich oder peinlich. Die *Grundregel des Analytikers* besteht in dessen Abstinenz; das heißt: sich in bezug auf private Gefühle und Wünsche dem Patienten gegenüber zurückzuhalten und lediglich die psychoanalytische Methode professionell anzuwenden. Mit anderen Worten, er beschränkt sich auf die korrekte Anwendung seines handwerklichen Könnens.

Jetzt kann sich im Laufe der in dichter Folge stattfindenden Sitzungen das ereignen, was man den *psychoanalytischen Prozeß* nennt: Der Patient spricht das aus, was ihm durch den Kopf geht, äußert auch Gefühle und Körperempfindungen, während der Analytiker zuhört und sich seine Gedanken über das Gehörte macht. Er fühlt sich in den Patienten ein, versucht sich in das zu versetzen, was der Patient gerade entwickelt, sei es nun ein Leiden unter den Mißhandlungen eines Vorgesetzten, sein Haß auf den Ehepartner oder seine Eifersucht auf einen kürzlich aufgetauchten Rivalen. Während der Patient erzählt, läßt der Analytiker eigene Gefühle in sich aufsteigen; Gefühle, die er mit denen des Patienten teilt, aber auch Gefühle, die diejenigen Menschen empfinden, mit denen sich sein Patient auseinandersetzt. *Hört* der Analytiker auf das, was der Patient *sagt*, versetzt er sich wechselweise in die Position des Patienten und seiner Bezugspersonen, dann wird er nach und nach, zuerst unscharf, dann immer schärfer, *sehen*, um was es geht, was der Patient, ohne es zu wissen, ihm eigentlich sagen will. Der dialektische Prozeß zwischen Analysand und Analytiker besteht also im Wesentlichen aus »Sagen-Hören-Sehen« (O. Graf Wittgenstein, 1975 und 1978). Sieht der Analytiker einen sinnvollen Zusammenhang in dem Gesagten und in den vom Patienten geäußerten und in ihm ausgelösten Gefühlen, dann kann er versuchen, das Gesehene in Worte zu fassen und seinerseits dem Patienten zu sagen. Mit anderen Worten: der Analytiker *deutet* dem Patienten den diesem verborgen gebliebenen möglichen Zusammenhang.

Jetzt tritt ein analoger Ablauf von »Sagen-Hören-Sehen« auf seiten des Patienten ein. Der Patient hört, was der Analytiker sagt und, falls die Deutung stimmt, sieht er einen neuen Zusammenhang, der ihm einleuchtet, sinnvoll erscheint und den er als zutreffend *erkennt*. Kann er in der Deutung des Analytikers keinen Sinn erkennen, dann steht es dem Patienten innerhalb des Arbeitsbündnisses frei, dies zu sagen. In der symmetrischen Dimension des Arbeitsbündnisses bleibt der Patient nämlich, was oft mißverstanden wird, ständig, trotz regressiver Bewegung in infantile Entwicklungsphasen, für sich selbst verantwortlich. Der Analytiker kann auf dieser Ebene auch nicht von Widerstand sprechen, was ebenso umgangssprachlich wie fachterminologisch soviel heißt, daß der Patient der bewußt intendierten Suche nach Selbsterkenntnis einen unbewußten Widerstand entgegensetzt.

Bemerkt der Patient dagegen, ebenso wie der Analytiker, innerhalb des Arbeitsbündnisses einen *Widerstand* als eine Kraft, die sich dem Bewußtwerdens-Prozeß widersetzt, dann ist es ein integrierender Bestandteil der psychoanalytischen Methode, diesen Widerstand zu analysieren.

Die *Widerstandsanalyse* verfolgt dabei nach Wilhelm Reich (1933) das Ziel, herauszufinden, daß ein Widerstand vorliegt, auf welche Weise der Widerstand sich äußert und weshalb an einer bestimmten Stelle des analytischen Prozesses ein Widerstand auftritt.

Die Ursachen des Widerstandes sind sämtlich peinlicher Natur wie Gefühle der *Scham*, der *Angst*, der *Schuld*, der *Minderwertigkeit*, der *Depression*, des *Schmerzes*.

Die neurotische Konfliktlösung, die durch die Kompromißbildung des neurotischen Prozesses um den Preis des neurotischen Symptoms, der neurotischen Charakterstruktur oder anderer Verhaltensstörungen entstanden ist, hat gerade erreicht, daß diese peinlichen Gefühle in einem einigermaßen, wenn auch prekärem, ausgewogenem seelischen Gleichgewicht dem Bewußtsein entzogen sind *(primärer Krankheitsgewinn)*.

Die Psychoanalyse unterscheidet folgende Widerstandsformen:

a) *Verdrängungswiderstand:* Dabei handelt es sich um den Widerstand der sich gegen die Aufhebung der Verdrängung richtet, das heißt gegen die Bewußtmachung peinlicher Wünsche und Affekte. Was für die Verdrängung als spezielle Abwehrmaßnahme der Hysterie gilt, trifft auch für *Abwehrmechanismen* anderer neurotischer Störungen wie Affektisolierung, Reaktionsbildung (Zwangsneurose), Verschiebung (Phobie) oder Intellektualisierung, Identifizierung mit dem Angreifer und Verleugnung in Phantasie, Wort und Handlung zu.

b) *Übertragungswiderstand:* Dies ist der Widerstand, der sich bei der Wiederbelebung der entscheidenden pathogenen Beziehungsmuster innerhalb der Beziehung zwischen Analysand und Analytiker speziell im Laufe des psychoanalytischen Verfahrens unweigerlich einstellt. Einerseits drängt die pathogene Beziehung via *Wiederholungszwang* unaufhaltsam in die aktuelle Beziehung ein, die dadurch, daß die ursprünglichen Wünsche und Affekte die Oberhand bekommen, mehr oder weniger in Richtung auf das ursprünglich pathogene Beziehungsmuster »umfunktioniert« wird, andererseits wehrt sich das betroffene Individuum zugleich dagegen.

c) Widerstand aus *sekundärem Krankheitsgewinn:* Neurotische Konfliktlösungen führen in aller Regel zu einem sekundären Krankheitsgewinn, der darin besteht, daß die neurotische oder sonstige Verhaltensstörung dem Patienten dadurch Vorteile verschafft, daß andere auf ihn Rücksicht nehmen, mit Mitgefühl reagieren und ihn in der Krankenrolle bestätigen, was so weit gehen kann, daß sich das Individuum an den pflegenden und versorgenden Mitmenschen schadlos hält.

d) *Es- oder Triebwiderstand:* Darunter versteht man in der Psychoanalyse einen Widerstand, den der Trieb selbst gegenüber jedem Versuch seiner Modifizierung, Unterdrückung oder Zielablenkung entgegenstellt. Dieser Widerstand richtet sich also im polaren Gegensatz zum Verdrängungswiderstand unmittelbar gegen das therapeutische Verfahren mit dem Ziel der Befreiung sexueller und aggressiver Triebbedürfnisse.

e) *Über-Ich-Widerstand:* Hierunter werden, entsprechend dem psychoanalytischen Strukturmodell von Ich, Es und Über-Ich, in dem das Über-Ich als Gewissensinstanz die verinnerlichten Verbote der Eltern repräsentiert, die Widerstände zusammengefaßt, die sich speziell gegen Schuldgefühle richten, die dann entstehen, wenn Verbote durch unser Verhalten übertreten wurden.

f) Widerstände *durch falsches Vorgehen* und ungeeignete technische Maßnahmen im Sinne eines iatrogenen Widerstandes: Der Patient fühlt sich z. B. durch zu rasches Überwinden der Widerstände zu sehr beschämt oder verängstigt.

g) Widerstände, die *durch reale Schwierigkeiten* in den Beziehungen zu den nächsten Angehörigen entstehen: Ein Ehepartner setzt z. B. der Gesundung eines sich zuvor masochistisch unterwerfenden Partners Widerstand entgegen.

h) Widerstände, die sich *aus* den *verborgenen Befriedungen* ableiten: Ein Patient zieht aus dem therapeutischen Verfahren selbst verborgene Befriedigungen, die er zu erhalten wünscht. Eine Sonderform davon ist der *Erotisierungswiderstand,* der darin besteht, daß ein Patient den Therapeuten erotisch verführen will anstatt die Beziehung zu analysieren.

i) Widerstand *gegenüber Abhängigkeit:* Er tritt besonders bei langfristigen therapeutischen Verfahren auf. Er entspricht jedoch in aller Regel einer unbegründeten Angst vor einer gefürchteten früheren Abhängigkeit, die der Patient als Kind in der Beziehung zu wichtigen Bezugspersonen erlebte.

j) *Agieren:* Wenn im Laufe eines therapeutischen Verfahrens peinliche Erlebnisse nicht erinnert, sondern im Verhalten ausgedrückt werden, wenn eine Patientin z. B. einen Mann ihrer Umgebung verführt anstatt zu erinnern, wie sie einst von ihrem Vater verführt wurde (acting out), oder den Therapeuten selbst zu verführen versucht (acting in), sprechen wir von *Agieren,* eine ebenfalls häufige Widerstandsform.

Präzise definiert bezieht sich die Widerstandsanalyse immer auf die Widerstände, die innerhalb des psychoanalytischen Behandlungsverfahrens auftreten. Widerstände, die sich gegen das Bewußtwerden peinlicher Wünsche im Subjekt richten, werden Abwehr genannt. Deren therapeutische Überwindung würde dann streng genommen *Abwehranalyse* heißen. Da aber jede Abwehrmaßnahme im Patienten, die an der Neurose festhält, im Laufe des psychotherapeutischen Verfahrens durch Übertragungsprozesse in die Beziehung zwischen Analysand und Analytiker eingeht, wird die subjektive Abwehr zum Widerstand gegen das analytische Verfahren, d. h. zu einer Art Abwehrwiderstand, der nur unter Widerstandsanalyse des Analysewiderstandes aufgehoben werden kann.

Wiederholungszwang und die psychoanalytischen Gegenstände

Der erste psychoanalytische Gegenstand war der *Traum.* Im Traume werden unverarbeitete Bestandteile des Seelenlebens in Traumbildern manifest. Die Traumbilder werden hierbei ebenso durch aktuelle rezente Ereignisse des Vortages (sogenannter Tagesrest), durch nächtliche Sinneseindrücke oder Körperreize und durch längst vergangene, verdrängte, dennoch aber psychisch wirksam gebliebene ungelöste Konflikte bedingt. Anstößige Wünsche werden hierbei in entstellter, getarnter, verzerrter oder verhüllter Form zum Ausdruck gebracht, wobei viele Elemente zu einer bildhaften Gestalt verdichtet, affektiv stark bewegende Ereignisse auf harmlose Begebenheiten verschoben werden und alle Inhalte des Traumes abschließend eine sekundäre Bearbeitung erfahren. Wenn die Prämissen stimmen, daß Träume immer mit der Störung zu tun haben, deretwegen der Patient den Psychoanalytiker aufsucht, und daß sich Träume regelmäßig auf die Person des Therapeuten (als Helfer, gefürchteter Verführer, Ankläger, Richter usw., je nach Stand des therapeutischen Prozesses) beziehen, kann Traumanalyse heute noch sinnvoll und zweckmäßig sein. Ohne die Einfälle des Patienten zum Traum würde Traumanalyse aber leicht in die Irre führen. Traumanalyse ist auch nur im Kontext der aktuellen Lebenssituation des Patienten, im Zusammenhang mit dem aktuellen Stand des analytischen Prozesses und mit den besonderen biographischen Umständen des Patienten möglich. Insofern erscheinen die freien Assoziationen zum Traum heute wichtiger als der Traum selbst.

Die freien Assoziationen des Patienten sind deshalb ein weiterer psychoanalytischer Gegenstand. Sie gehen aus von den den Patienten gerade bewegenden Erlebnissen, betreffen die Äußerungen wichtiger Bezugspersonen, beziehen sich auf einen Satz des Analytikers aus der vorausgegangenen Stunde oder sie folgen einem unbestimmten Gefühl oder einer Körperempfindung. Sie scheinen lange Zeit ziellos und unzusammenhängend zu sein wie die Teile eines Puzzlespiels. Im Laufe des analytischen Prozesses setzen sich die einzelnen Teile aber unmerklich zu einem nach und nach Gestalt annehmenden Bild zusammen. Die zuvor unzusammenhängenden Teile ergeben jetzt eine sinnvolle ganze Gestalt.

Noch wichtiger als Widerstandsanalyse, Traumanalyse und Analyse der freien Assoziationen ist heute die Analyse der *Beziehung*, die sich im Laufe der Zeit zwischen den am psychoanalytischen Prozeß beteiligten Personen entwickelt. Um das Beziehungsmoment als heute aktuellen psychoanalytischen Gegenstand zu betonen, wählte ich als Bezeichnung für eine Supervisions-Veranstaltung im Wintersemester 1979/80 ausdrücklich den Begriff »*Beziehungs-Analyse*« für die Supervision praktischer Arbeit von Psychologiestudenten mit ihren ersten Klienten. Innerhalb des Arbeitsbündnisses entwickelt sich nämlich im Laufe des psychoanalytischen Prozesses eine besondere Art der Beziehung, die in zunehmendem Maße die Wahrnehmung beider am analytischen Prozeß beteiligten Personen verzerrt. Die real bestehende Beziehung zwischen den beteiligten Personen wird durch eine irreale, in die reale Beziehung hineingetragene oder über-tragene Beziehung gestört. Diese irreale Beziehung stammt in aller Regel nach psychoanalytischer Erfahrung aus der frühen Kindheit des Patienten. Wird der Analytiker auf der realen Ebene der Arbeitsbeziehungen nach wie vor als Helfer erlebt, erscheint er in der durch *Übertragung* verzerrten Beziehung, wie oben im Zusammenhang mit der Traumanalyse schon erwähnt, zum Beispiel als gefürchteter Verführer, als Ankläger oder Richter. Mit anderen Worten: der Analysand erlebt den Analytiker so, wie wenn er ein Verführer, Ankläger oder Richter wäre. Die Äußerungen des Patienten nehmen bei Zunehmen des Übertragungsanteils mehr und mehr irreale Elemente an, die nicht dem Analytiker als realer Person gelten, sondern der irreal erlebten Person. Er wird zum Analytiker so sprechen, wie wenn dieser ihn tatsächlich verführen, anklagen, verurteilen oder strafen würde. Entsprechende Gefühle auf seiten des Patienten wie Angst vor Verführung, Anklage, Strafe sind dabei wesentlicher Bestandteil des übertragenen Beziehungsmusters.

Aufgabe des Analytikers ist es nun, als neuem wichtigem Gegenstand der psychoanalytischen Methode, die Merkmale des übertragenen Beziehungsmusters durch konsequente *Übertragungsanalyse* herauszuarbeiten. Im idealen Fall wird ihm hierbei der im Arbeitsbündnis mitarbeitende Patient effektiv helfen. Im weniger günstigen Fall ist der Analytiker auf Vermutungen angewiesen, die er nach der Methode »Versuch und Irrtum« anwendet. Ist eine Übertragung im Sinne einer alle Gefühle einschließenden Beziehung zu einer früheren wichtigen Bezugsperson aber einmal entstanden, dann ist sie auch für den Analytiker aufgrund dessen professioneller Erfahrung relativ leicht zu erkennen. Sieht der Analytiker somit die übertragene Beziehung, kann er sie in Form einer Deutung dem Patienten mitteilen, etwa: »Sie verhalten sich fast so, als ob Sie glaubten, ich würde Sie jetzt bald sexuell verführen« oder »als ob ich Sie jetzt bald Ihrer verbotenen Wünsche wegen anklagen und verurteilen würde«.

Woher holt der Analytiker seine Sicherheit für die Deutung der Übertragung? Aus seiner *Gegen-Übertragung*, womit wir bei einem heute besonders aktuellen Gegenstand der psychoanalytischen Methode sind. Gegenübertragung ist die Reaktion des Analytikers auf die Übertragung des Patienten; das heißt: erlebt der Patient den Analytiker zunehmend als Verführer, dann wird er in seiner Gegenübertragung Gefühle wahrnehmen, wie wenn er tatsächlich ein Verführer wäre. Die eingangs genannte Grundregel der Abstinenz des Analytikers erlaubt ihm dann, die in der Gegenübertragung gefühlten Gefühle als Reaktion auf die Übertragung des Patienten zu erkennen, von Gefühlen, die nichts mit dem gerade behandelten Patienten zu tun haben, zu unterscheiden und für das Verstehen des sich im Übertragungs-Gegenübertragungs-Geschehen manifestierenden Beziehungsmusters zu nutzen.

Während sich die Übertragung und Gegenübertragung zwischen den am analytischen Prozeß beteiligten beiden Personen in einer *horizontalen* Dimension abspielt, laufen die der Gegenübertragung-Analyse dienenden innerseelischen Prozesse im Analytiker in einer *vertikalen* Dimension ab. Zur *Gegenübertragungs-Analyse* des Analytikers gehört meiner Ansicht nach stets auch die Analyse einer möglichen Übertragung des Analytikers auf den Patienten. Deren Analyse ist um so dringlicher, als der Patient auf die Übertragung des Analytikers genauso mit einer Gegenübertragung reagiert wie der Analytiker auf die Übertragung des Patienten. Der Analytiker hat zwar in seiner Lehranalyse diejenigen Übertragungen, die er auf seinen Lehranalytiker entwickelt hat, kennengelernt und weitgehend abgebaut. Da es aber den eingangs genannten idealen Analytiker nicht gibt, wird der Analytiker gut daran tun, wie es auch empirisch abgesichert ist (Beckmann, 1974) mit der Möglichkeit einer Übertragung auf den Patienten zu rechnen und eine solche als wahrscheinlich anzunehmen, wenn er in sich selbst zunehmend Gefühle entdeckt, die nicht zur Übertragung des gerade in Behandlung befindlichen Patienten passen.

Wesentliches Merkmal des psychoanalytischen Prozesses ist es nun, daß sich gerade solche Beziehungsmuster, die konflikthaft besetzt sind, in geradezu zwanghafter Weise wiederholen. Freud (1920) spricht daher folgerichtig von *Wiederholungszwang*. Das sich zwanghaft wiederholende Beziehungsmuster interferiert mit der realen Beziehung und stört diese dadurch. Da das zuvor nur innerseelisch störende Beziehungsmuster über den psychoanalytischen Prozeß aber zu einem inter-personalen Phänomen zwischen den am psychoanalytischen Prozeß beteiligten Personen geworden ist, wird es unmittelbar als wesentliches Element der psychoanalytischen Methode der Beziehungs-Analyse zugänglich.

Auf der jetzt gewonnenen Grundlage wird klar, worin der psychoanalytische Prozeß besteht: Er entspricht einer *Folge von sich immer wieder neu konstellierenden Beziehungsmustern,* und zwar in der horizontalen Dimension von Übertragung und Gegenübertragung. Diese Beziehungsmuster werden nun laufend in dem Maße, wie sie entstehen und Gestalt annehmen, in vertikaler Dimension zum Gegenstand der Analyse gemacht.

Sind sie analysiert, verschwinden sie und machen neuen Beziehungsmustern Platz, die dann ihrerseits analysiert werden müssen. Bringt der Patient sehr viele ungelöste konflikthaft besetzte Beziehungen in die Analyse – nicht nur aus dem dritten bis fünften Lebensjahr, sondern auch aus dem ersten und zweiten Lebensjahr, und ist er darüberhinaus zusätzlich zu den konflikthaften Beziehungen der Kindheit konflikthafte Beziehungen im Erwachsenenalter eingegangen, muß eine zwar endliche, aber relativ große Zahl gestörter Beziehungsmuster analysiert werden, was die eingangs vielleicht Verwunderung auslösende lange Dauer psychoanalytischer Prozesse erklärt.

Neubeginn und die reale Beziehung zwischen Analytiker und Analysand

Eine reale Dimension der horizontalen Beziehung zwischen Analytiker und Analysand haben wir bereits kennengelernt, das Arbeitsbündnis. Eine *zweite,* nämlich die irreale Dimension der Beziehung zwischen Analysand und Analytiker haben wir uns mit den Begriffen Übertragung und Gegenübertragung angeeignet. Die Beziehung zwischen Analysand und Analytiker schließt aber noch eine *dritte* horizontale Dimension ein, die ebenso real wie das Arbeitsbündnis ist, die ich jedoch davon abgrenzen möchte. Es geht um die *Ebene einer rückhaltlosen Akzeptanz des Patienten im Sinne eines mütterlichen oder väterlichen Annehmens der Person des anderen.*

Erst auf der dadurch geschaffenen Basis wird es dem Patienten möglich, dem Analytiker zu trauen, sich Einfällen zu überlassen und sich in die sich entwickelnde intime Beziehung einzulassen. Ohne die Vorleistung einer fundierenden Akzeptanz des Patienten wird sich bei noch so klarem Arbeitsbündnis der analytische Prozeß nicht entfalten können. Dazu gehört als wesentliche Voraussetzung eine Atmosphäre, in der sich der Patient wohl fühlen kann, eine warme Ausstrahlung, eine gute Einfühlungsgabe und eine überzeugende echte Haltung des Analytikers; Eigenschaften, wie sie als nicht besitzergreifende Wärme, Einfühlung und Echtheit in den drei Grundvariablen der klienten-zentrierten Therapie oder, auf deutsch, der Gesprächspsychotherapie (Rogers, 1951) zusammengefaßt sind.

Ist die Übertragung durchgearbeitet und damit aufgelöst, *verliert* der Patient etwas, was ihm bisher, so sehr es ihn auch in krankhaftem Wiederholungszwang eingeengt hat, auch gestützt hat. Er *gewinnt damit aber die Chance einer neuen übertragungsfreien Beziehung* zur anderen Person.

Wie alle Chancen macht auch diese Chance Angst: Der Patient hat Angst vor der übertragungsfreien Beziehung, da er nicht weiß, welche Überraschungen ihm die neue Art der Beziehung bringt. Es ist die Angst vor der Freiheit, die den Menschen dann erfaßt, wenn er den Sprung in die Freiheit wagt, was, im Sinne der Existenzphilosophie Karl Jaspers' (1956) immer auch soviel heißt wie: das Wagnis der Kommunikation eingehen, in endlicher Geschichtlichkeit, um zu einer »Existenz als Unbedingtheit in Situation, Bewußtsein und Handlung« und damit zur »Existenzerhellung« zu gelangen.

Der *Neubeginn* (Balint, 1966) kann dabei ein erstes passives Fallenlassen sein in eine vertrauende Beziehung zu einem anderen, die der Patient als Kind nie gelernt hatte oder ein erstes aktives den anderen Erobern, wie es dem Patienten in der Kindheit verwehrt war. So eröffnet die Analyse des Wiederholungszwanges die Chance des Neubeginns, wir brauchen sie nur zu nutzen.

2. Persönlichkeit und Empathie – zwei wichtige Voraussetzungen psychoanalytischen Handelns

1. Persönlichkeit

Es ist erstaunlich, daß das Problem des Einflusses der ärztlichen Persönlichkeit auf den therapeutischen Prozeß kaum diskutiert wird. Dabei ist es eigentlich eine Binsenwahrheit, daß sich die Person des Arztes in vielfältiger Weise auf den Behandlungsverlauf auswirkt. Diese inzwischen auch empirisch belegte Tatsache ist indessen selbst unter Psychoanalytikern weitgehend unbekannt. Hier herrscht das Bild von Freuds Spiegelgleichnis vor, in dem der Arzt lediglich die Übertragung des Patienten auffängt und zurückspiegelt. Der Analytiker verhält sich »objektiv neutral«. Lediglich Riemann (1959/60) und Klauber (1967) sahen im Analytiker mehr als einen objektiven Spiegel.

Die Persönlichkeit des Therapeuten wirkt sich je nach dessen *Alter, Geschlecht, Stand* und *Ausbildung* auf die Behandlung aus. So ist es ein Unterschied, ob etwa ein älterer, männlicher Kollege oder eine jüngere Therapeutin einen bestimmten Patienten in Behandlung nimmt, ob unser Kollege oder unsere Kollegin mehrjährige Erfahrungen nach langer Lehranalyse, oder ohne eine solche, in der psychotherapeutischen Praxis gesammelt oder erst ihre Praxis eröffnet hat. Es wird auch seine Folgen zeitigen, ob der Therapeut verheiratet ist, ledig oder geschieden, ob er selbst Vater oder Mutter von einem oder mehreren Kindern ist oder ob er es vorzog, kinderlos zu bleiben, und schließlich, ob er aus der Oberschicht, aus dem Mittelstand oder aus Arbeiterkreisen stammt: So mag ein junger Kollege mit ungebrochenem Enthusiasmus manchen schweren Fall meistern, der auf die routinierten Bemühungen eines älteren trotz dessen langjähriger Erfahrung nicht anspricht. Ein weiblicher Therapeut mag eine Patientin mit gestörter weiblicher Identität und Ängsten vor der Geburt eines Kindes leichter verstehen als ein Mann. Andererseits mag die spezifische männliche Problematik des einen oder anderen Patienten mit einer besonderen Form von Sadismus der einen oder anderen Kollegin schwer einfühlbar und verständlich sein. Wenn der Arzt verheiratet ist und Kinder hat, wird er vielleicht die Sorgen eines kinderreichen Vaters besser verstehen können als ein lediger Therapeut. Wenn er zum Beispiel aus einer Arztfamilie stammt, wird er die Versagungen, die ein Psychologe als Kind eines Kinderarztes und einer Kinderärztin erfahren hat, besser verstehen, als wenn er in Arbeiterkreisen aufwuchs. Andererseits wird ein aus der sogenannten »Unterschicht« herkommender Kollege sich wahrscheinlich eher in die Probleme eines sozialen »Aufsteigers« einfühlen können als ein in geordneten bürgerlichen Verhältnissen großgewordener Therapeut.

Auch die *politische* Einstellung des Arztes wird sich unter Umständen auf den Behandlungsprozeß auswirken, wenn wir auch glauben, in diesem Punkt wertneutral sein zu können: Es ist sicher nicht ohne Einfluß, ob ein Kollege, der in der Studentenbewegung im SDS Vorsitzender war, einen linksorientierten Intellektuellen in Therapie nimmt oder ein konservativ eingestellter CDU-Wähler, der die Politisierung der Hochschulen ablehnt. Rückwirkungen aus der *religiösen* Haltung des Therapeuten sind ebenfalls nicht von der Hand zu weisen. Ein überzeugter Atheist wird die Schuldgefühle und die Ängste vor dem Tod bei seinem Patienten wahrscheinlich anders einschätzen als ein überzeugter Christ. Schließlich macht es einen Unterschied, ob ein Analytiker *künstlerische* oder musische Neigungen hat oder in dieser Hinsicht völlig unbegabt ist. So erfuhr ich von einem Kollegen, wie eine besonders musikalisch talentierte Patientin von dem einen Therapeuten überhaupt nicht verstanden worden war, während ein anderer sie in ihrem Wunsch, Pianistin zu werden, annehmen konnte, so daß sie sich progressiv weiterentwickelte, was bei dem ersten Kollegen nicht möglich war. So wirken sich eine bestimmte persönliche Vorliebe, ja Faszination für ein Thema des Patienten ebenso aus wie Temperament und Charakter des Therapeuten.

Eine besondere Rolle spielen die Leitbilder des Arztes. Sie sind größtenteils unbewußt. *Leitbilder* sind Ideale oder Wünsche, bildhafte Vorstellungen einer Zielgestalt, die, im Gegensatz zu Vorbildern, mehr von innen her wirken und strukturtheoretisch im Ich-Ideal beziehungsweise in der Ideal-Selbstrepräsentanz des Analytikers zu lokalisieren sind. Leitbilder beeinflussen die Hypothesenbildung, die Versuchsplanung und die Interpretation von Ergebnissen (Rosenthal-Effekt). Aus derartigen Leitbildern stammt auch die von Balint

(1957) beschriebene sogenannte *»apostolische Funktion«* des Arztes, die seine Persönlichkeit , seine wissenschaftlichen Überzeugungen, seine Verhaltensautomatismen kennzeichnet. »Jeder Arzt (hat) eine vage, aber fast unerschütterliche feste Vorstellung davon, wie ein Mensch sich verhalten soll. Sie ist unglaublich zäh und durchdringt ... praktisch jede Einzelheit der Arbeit des Arztes, als ob (er) eine Offenbarung darüber besäße, was das Rechte für seinen Patienten sei«. Der Arzt meint, es sei seine »heilige Pflicht, die Unwissenden und Ungläubigen ... zu diesem, seinem Glauben zu bekehren«, ein »Glaubenseifer«, der durchaus »moralische Züge« trägt.

Innere Leitbilder bestimmen ferner die bewußte (und unbewußte) Einstellung des Arztes hinsichtlich des sexuellen Zusammenlebens der Menschen. Mir wurde zum Beispiel bei der Diskussion eines Vortrages, in dem ich die Schuldgefühle einer verheirateten Frau, die mit ihrem Schwager außereheliche Beziehungen unterhielt, als Folge eines allzu strengen Über-Ichs verstand, vorgeworfen, ich hätte zu viel Verständnis für diesen »Fehl-Tritt« gehabt, indem ich die Schuldgefühle auf natürlich Triebwünsche zurückgeführt hatte. Ein besonders heikler Punkt dürfte die Beurteilung von sexuellen Perversionen sein, die für die einen bedauerliche geschlechtliche Verirrungen, für die anderen normale Erscheinungen sind.

Ein weiteres Leitbild prägt das professionelle Verhalten des Arztes: Ein besonders strenges »psychoanalytisches Über-Ich« mag einen Therapeuten dazu zwingen, Psychoanalyse in besonders reiner Form durchzuführen und jede weiteren Anwendungen mit Variationen oder Modifikationen als illegitim anzusehen, die er dann entweder überhaupt nicht ausübt, oder, wenn er es tut, nur mit schlechtem Gewissen.

Auch die *Frustrationstoleranz,* die ein Arzt an seine Patienten oder an sich selbst stellt, hängt von im Über-Ich lokalisierten Leitbildern ab. So wird zum Beispiel der eine Kollege eine Patientin, die sich von ihrem Freund ständig quälen und mißhandeln läßt und dieses Quälen und Mißhandeln, das sie selbst erfährt, am Analytiker abreagiert, als unerträglich empfinden und ihr ein masochistisches Verhalten früh deuten, während ein anderer es als notwendiges Durchgangsstadium zur Stabilisierung des Ich ansieht. In einem weiteren Fall wird der eine Arzt dazu neigen, eine Gehstörung als hysterisch bedingt anzusehen und tiefer liegende Körper-Schema-Störungen zu übersehen mit der Folge einer Überforderung, während der andere Kollege die Körper-Schema-Störung womöglich überbewertet und den Patienten deswegen zu sehr unterfordert und schont. Hier müssen wir besonders darauf achten, daß die Forderungen, die wir an uns selbst stellen, nicht die Forderungen sein dürfen, die wir an unsere Patienten stellen. Was für den einen gut ist, braucht für den anderen nicht auch gut zu sein.

Kein Analytiker wird von sich behaupten wollen, er könne alle psychischen Verfassungen und zwischenmenschlichen Beziehungskonstellationen verstehen. Freud stellte schon 1911 unmißverständlich fest: *»Der Arzt kann dem Patienten nur so weit helfen, wie die eigenen Komplexe und inneren Widerstände es gestatten.«* Aus Erfahrungen in der Kontrolle von Behandlungen und in Fall-Seminaren habe ich den Eindruck gewonnen, daß manche Analytiker spezifische Schwierigkeiten haben, bestimmte Bereiche der sich um drei Personen drehenden sogenannten »ödipalen Konflikte« wahrzunehmen. Den einen bereiten homosexuelle Übertragungsangebote Schwierigkeiten, während für andere eine verführerische heterosexuelle Übertragungsliebe problematisch ist. Wieder andere weichen gern aggressiven Regungen wie Haß, Rache oder mörderischer Destruktivität aus oder deuten diesbezügliche Regungen des Patienten zu früh oder signalisieren womöglich averbal dem Patienten, daß derartige Aggressionen unerwünscht sind. Besonders schwierig ist meiner Meinung nach die »Übertragungsspaltung« (Kutter, 1976) von Patienten mit Grenzfall-Persönlichkeit zu ertragen, wenn zum Beispiel ein als Rivale empfundener Kollege vom Patienten idealisiert wird, während man selbst entwertet oder geringschätzig behandelt wird. Wiederbelebte Konflikte aus dem prae-ödipalen Bereich sind überhaupt schwerer zu ertragen als solche der ödipalen Ebene: Trennungsängste, Objekt- oder Ich-Verlust-Ängste, untergründige Neidgefühle oder Ängste und entsprechende Wünsche nach Verschmelzung, Verschlingen beziehungsweise Verschlungenwerden, wie sie besonders bei psychotischen Patienten, aber auch bei Patienten mit delinquentem Verhalten und psychosomatischen Symptomen nicht selten sind, lösen leicht entsprechende Ängste beim Behandler aus und bringen ihn dazu, diesen Bereich beim Patienten zu vermeiden. Ich selbst machte an zwei Fällen, die aus Arbeiterkreisen stammen, die Erfahrung, daß mir anfangs die ungebrochene und besonders die direkte Vitalität, sowohl in ihrem erotischen als auch in ihrem aggressiven Bereich, mit ihrer Neigung, diesbezügliche Regungen gleich in die Tat umzusetzen, Schwierigkeiten machte; ehe ich lernte, diese Regungen als Ausdruck einer grundsätzlich zu bejahenden Vitalität anzuerkennen. Unsere Fähigkeit, uns ebenso in eine erotisch aufgeladene wie in eine aggressiv gespannte Beziehung einzulassen mit den dazugehörigen Affekten und Leidenschaften hängt natürlich davon ab, daß uns diese Emotionen selbst nicht fremd sind, und daß wir sie als zur Conditio humana gehörend empfinden.

2. Empathie

Empathie heißt auf deutsch: Einfühlung. Gemeint ist die Einfühlungsfähigkeit des Analytikers in seinen Patienten, aber auch des Lehrers in seinen Schüler, des Psychologen in seinen Klienten, des Beraters in den Ratsuchenden. Ich definiere *Einfühlungsfähigkeit* oder *empathische Kompetenz* als einen wichtigen Teilbereich *einer umfassenden, sozialen, interpersonalen oder kommunikativen Kompetenz, der sich auf die momentane gefühlsmäßige Befindlichkeit des Patienten bezieht* (Kutter, 1981 a). Dabei handelt es sich um eine wesentliche Voraussetzung nicht nur jeden fremd-seelischen Verstehens, sondern speziell auch des psychoanalytischen Handelns. Wie der Name Ein-*Fühl*ung sagt, geht es um einen gefühlsmäßigen Prozeß, eine »einfühlende Einstellung« (Rogers, 1951, S. 42) oder um einen »Einfühlungsprozeß«, über den sich der Therapeut »die Einstellung des anderen vollkommen zu eigen« macht einschließlich der »Fähigkeit, diese Einstellung tief und echt zu übernehmen«. Trifft die Einfühlung des Therapeuten die Gefühle des Klienten, dann hat er die Fähigkeit der »akkuraten Empathie« (Truax und Carkhuff, 1967). Heute meint Einfühlung in der Gesprächstherapie vorwiegend die »Verbalisierung emotionaler Erlebnisinhalte« (Tausch, 1973), also das Benennen gefühlsmäßiger Erlebnisse.

In psychoanalytischer Perspektive hat Einfühlung sehr viel mit *Nachahmung* und *Identifizierung* zu tun (Freud

1921, S. 121). Fühlen wir uns in den Patienten ein, dann ahmen wir in der Vorstellung nach, wie er sich verhält, identifizieren uns mit ihm und versetzen uns in seine Lage, so, als ob wir gleichsam er oder sie wären. All dies sind *intuitive Vorgänge,* die sich nicht direkt beobachten lassen, die sich auch nicht objektiv im Sinne der Naturwissenschaft überprüfen lassen, die aber überraschend, unmittelbar, unvorbereitet auftauchen und von »eigenartiger Klarheit bestimmt« sind (Reik, 1935).

Der gut ausgebildete Psychoanalytiker kann seine Einfühlung selektiv steuern, das heißt, gleichsam wie einen Fühler in den Patienten hineinversenken, um dessen Gefühle zu er-fühlen und danach aber wieder, um im Bilde zu bleiben, zurückziehen. *Das aktive Moment der Einfühlung* besteht also darin, daß sich der Analytiker in den anderen »hinein- und heraus-versetzt« (Winterstein, 1931, S. 221). Empathie im engeren Sinne hat also wesentlich mit Identifizierung zu tun, ist vorübergehender Natur und besteht vorwiegend aus der aktiven Komponente des sich in den andern gefühlsmäßig Hinein-Versetzens.

Die andere wichtige Fähigkeit des Analytikers ist *die Fähigkeit des Reagierens auf die Gefühle des Patienten,* also: *seine Reaktionsfähigkeit.* Die hier genannte Reaktionsfähigkeit ist identisch mit der Gegenübertragung des Analytikers als Reaktion auf die Übertragung des Patienten, wie sie bereits im ersten Abschnitt beschrieben wurde. Dort wurde auch schon auf die Notwendigkeit hingewiesen, die Reaktion auf die gefühlsmäßige Übertragung des Patienten von Gefühlen zu unterscheiden, die mit dem Patienten nichts zu tun haben, eine Fähigkeit, die in vertikaler Dimension zu der in horizontaler Dimension wahrgenommenen Gegenübertragung hinzukommen muß, um die indirekt durch den Patienten ausgelösten eigenen Gefühle von direkt ausgelösten differenzieren zu können (Dantlgraber und Loch, 1976; Kutter, 1981 a).

Einfühlungsfähigkeit im engeren Sinne ist, abgesehen von der Reaktionsfähigkeit neben der Persönlichkeit des Therapeuten die zweite wichtige *Voraussetzung* von *Verstehen* im Sinne eines hermeneutischen Prozesses, wie er in philosophischer Sicht von Gadamer (1965) beschrieben und heute sozialwissenschaftlich als »objektive Hermeneutik« (Oevermann, 1979) methodisch definiert wird. *Objektive* Hermeneutik befaßt sich hierbei mit dem Verstehen objektiv vorgegebener Regeln in zwischenmenschlichen Beziehungen, während sich *subjektive* Hermeneutik mit den subjektiven Störungen dieser Regeln beschäftigt. Um die hohen Ziele psychoanalytischen Verstehens komplizierter Zusammenhänge oder einer Interpretation eines ebenso komplizierten Textes geht es aber im vorliegenden Beitrag nicht. Mir kommt es lediglich darauf an, zu verdeutlichen, daß neben der einen wichtigen Voraussetzung psychoanalytischen Handelns, nämlich dem Persönlichkeitsfaktor, die Einfühlung eine zweite wesentliche Voraussetzung nicht nur psychoanalytischen Handelns, sondern jeden zwischenmenschlichen Verstehens darstellt. Dies hier herauszustellen ist deswegen notwendig, weil diese beiden Voraussetzungen gegenüber dem hohen Anspruch psychoanalytischer Kompetenz (Argelander, 1974) häufig vernachlässigt werden.

Um sie zu trainieren ist auch keine volle psychoanalytische Weiterbildung notwendig: hierzu reichen vielfach Selbsterfahrungs-Gruppen, deren Training in psychosozialer Kompetenz (Ohlmeier und Sandner, 1979) die von uns definierte empathische Kompetenz einschließt, gruppendynamische Seminare mit dem Ziel der Erweiterung von Selbst- und Fremdwahrnehmung und an der Methode Michael Balints (1957) orientierte Supervisions-Gruppen. Besonders in den letztgenannten Gruppen können die Beteiligten lernen, sich

a) in den von ihnen behandelten Klienten einzufühlen und

b) mitzufühlen, wie der berichtende Teilnehmer sich fühlt.

Hierbei ist es möglich, bereits durch eine nur einjährige Teilnahme an einer dreißig Sitzungen umfassenden Supervisions-Gruppe die Einfühlungsfähigkeit signifikant zu verbessern (Kutter, 1985). Die Effekte psychoanalytisch orientierter Supervisions-Gruppen auf das Training der Einfühlungsfähigkeit konnten wir dadurch empirisch absichern, daß wir Einfühlung über eine spezielle Instruktion des Gießen-Tests (Einfühlung in das Selbstbild des anderen mit dem Selbstbild des anderen als Außenkriterium) insofern operationalisiert haben, daß der absolute Profilabstand zwischen Einfühlungsbild und Selbstbild die Einfühlung mißt.

Dieses Ergebnis empirischer Untersuchungen hier abschließend zu erwähnen erscheint deswegen wichtig, weil die psychoanalytische Methode heute nicht mehr wie in ihren Gründerjahren für sich selbst spricht und von einem begeisterten Publikum rezipiert wird, sondern zunehmend Gegenstand wissenschaftlicher Untersuchungen wird, die das psychoanalytische Verfahren auf seine Wissenschaftlichkeit hin überprüfen (Fisher und Greenberg, 1977; Marmor und Woods, 1980; Kline, 1972). Daher kann sich die Psychoanalyse trotz zunehmender Konkurrenz durch neue psychologisch fundierte Therapieverfahren sehr wohl behaupten (Garfield und Bergin, 1978). Dem Psychoanalytiker schadet es in diesem Zusammenhang nicht, wenn er sich selbst für die empirische Überprüfung seiner Methode einsetzt und Forschung nicht als Legitimierungszwang oder Selbstsabotage gegenüber der eigenen als nicht empirisch überprüfbar empfundenen Methode empfindet.

3. Fall und Methode – Muß sich der Fall der Methode oder die Methode dem Fall anpassen?

1. Der Fall paßt sich der Methode an oder er fällt heraus

In der Regel ist der Psychoanalytiker methodisch orientiert. Er hat die psychoanalytische Methode während der Lehranalyse in reiner Form an eigener Seele erfahren. Daher wird er dazu neigen, das an sich selbst Erfahrene auch bei seinen Patienten anzuwenden. Seine spezifische Art des Analysierens wird hierbei durch Identifizierungen mit dem Lehranalytiker wesentlich beeinflußt.

Das Resultat eines derartigen Vorgehens ist für viele potentielle Patienten verheerend: Diejenigen nämlich, die die Eigenschaften, wie wir sie unter 1.1 für den idealen Patienten definiert haben, nicht aufweisen, werden sich als für die Psychoanalyse ungeeignet erweisen. Wie in 1.2 im einzelnen ausgeführt, variieren Persönlichkeit und Einfühlungsfähigkeit des Psychoanalytikers von Fall zu Fall erheblich: Während der eine Analytiker ein und denselben Patienten ablehnt, wird ihn vielleicht der andere, weil er sich ihm in seiner Persönlichkeit eher gewachsen fühlt, und weil er sich besser in ihn einfühlen kann, akzeptieren. Wieder andere Analytiker mögen versuchen, über Modifikationen und Variationen des psychoanalytischen Verfahrens den Patienten doch noch zu erreichen. Dabei mögen sie zu der unter 5.3 beschriebenen Variation der vereinfachten Psychoanalyse rekurrieren, die jeder während seiner Ausbildungszeit als Durchgangsstadium erprobt hat. Wieder andere werden dazu neigen, zusätzlich stützende Maßnahmen anzuwenden im Sinne einer supportiven Psychotherapie, oder sie beschränken sich auf eine psychoanalytisch orientierte Beratung, wie wir sie unter 4.1 vorstellen werden. In besonders kritischen Fällen mag der Therapeut sogar, ist er gleichzeitig Psychiater, eine eher psychiatrische Haltung einnehmen, den Patienten entsprechend der psychiatrischen Diagnostik klassifizieren und womöglich medikamentös therapieren. Befriedigend wären derartige psychiatrische Verfahren in keinem Fall. Praktisch bleibt dem Psychoanalytiker, will er sich nicht auf weniger schwer kranke Patienten, die jung, attraktiv, sprachlich begabt, intelligent und ohnehin erfolgreich sind, beschränken, in vielen Fällen nichts anderes übrig, als, um dem ihm gegenübersitzenden Fall gerecht zu werden, Modifikationen der Methode anzuwenden.

2. Die Methode wird je nach Fall gewählt

Die Psychoanalyse ist im Gegensatz zur Medizin weit davon entfernt, entsprechend der Fülle der vorkommenden psychischen Störungen eine adäquate Vielfalt von Methoden der Therapie zur Verfügung zu haben. Die klassische psychoanalytische Methode, die Anwendungen der Psychoanalyse in Form der Beratung, der analytischen Psychotherapie und der Kurztherapie sowie die drei Variationen des Standardverfahrens werden weiter unten abgehandelt. Unsere eigene Darstellung blieb dabei, wie die der meisten Psychoanalytiker, nicht fall-orientiert, sondern methoden-orientiert.

Im folgenden Beispiel kam es geradezu zu einem Kampf um die Frage, ob nun der Patient sich der Methode anpassen solle oder ob der Arzt nicht Methoden finde, die zum Patienten passen:

Ein bei Beginn der Behandlung fünfundvierzig Jahre alter Patient kommt nach jahrelangen erfolglosen Vorbehandlungen mit Medikamenten, autogenem Training, Akupunktur und anderen Maßnahmen in Psychotherapie. Er berichtet über Benommenheit, Gefühle des Nicht-richtig-da-Seins, des Untergetaucht-Seins, er erlebt die Umwelt wie durch einen Schleier verhüllt. Er funktioniert zwar sowohl beruflich als auch privat, jedoch ohne innere Anteilnahme, ohne Fühlen und Erleben.

Die Kindheitsjahre standen unter erheblicher emotionaler Deprivation: Der Vater war Waldarbeiter und vielfach arbeitslos, die Mutter fühlte sich in zweiter Ehe mit dem Vater des Patienten, nachdem sie schon zwei Kinder in erster Ehe geboren hatte, überfordert, war wahrscheinlich ständig mehr oder weniger sub-depressiv und konnte deswegen nicht die nötige Sorgfalt in der Erziehung aufbringen. Zur frühen emotionalen Deprivation kommt während der Adoleszenz im sechzehnten Lebensjahr eine massive Traumatisierung nach einem vergleichsweise geringen Delikt (Einbruch in ein Wochenendhaus, verführt von älteren Kameraden) mit Verhaftung, Einweisung ins Konzentrationslager, Untersuchungshaft, Verurteilung und halbjähriger Einzelhaft in der Jugend-Strafanstalt. Während dieser Zeit muß es zu einer Art Haftpsychose mit wütendem Hämmern gegen die Zellentür und langanhaltendem Ausnahmezustand gekommen sein. Die Zeit nach der Entlassung mit Spießrutenlaufen, massiver Scham und wiederholter real vorgekommener Diskriminierung verstärkten die Traumatisierung.

In diesem Fall gelang es nicht, trotz immer wiederholter neuer Versuche, sich in den Patienten sowohl in seiner massiven Versagung in der Kindheit als auch in seiner Extrem-Traumatisierung in der Adoleszenz einzufühlen und ihn zu verstehen, zu einer gemeinsamen Ebene zu kommen. Während der Analytiker versuchte, vom Patienten Träume, freie Assoziationen und eigene Einsichten zum Übertragungs-Gegenübertragungs-Geschehen zu erhalten, verharrte der Patient hartnäckig auf der Ebene der Symptomschilderung, wich auf medizinische Vorstellungen aus und versuchte, den Therapeuten in eine ärztliche Position zu bringen, damit er ihm konkret helfe. Selbstverständlich wurden auch diese Äußerungen des Patienten, der psychoanalytischen Methode entsprechend, als Versuche, den Therapeuten in eine real helfende Rolle zu drängen, verstanden und interpretiert, der Patient konnte jedoch mit den psychoanalytischen Deutungen nichts anfangen.

In einem *anderen* Fall kommt es über eine entscheidende Vorleistung des Therapeuten zu einer Einigung über die anzuwendende Methode. Die Patientin war Tochter eines Arbeiters und einer jungen, unerfahrenen Mutter, fühlte sich ebenfalls extrem vernachlässigt und zudem zwischen den sich einander bekämpfenden Eltern hin- und hergerissen. Im Gegensatz zum vorausgegangenen Fall gelang es ihr aber, dank einer sehr guten Intelligenz, sich sozial weiter zu entwickeln, ein Studium aufzunehmen und Lehrerin zu werden. Gleichzeitig entwickelte die Patientin eine zunehmende Arbeitsstörung mit Denkblockaden, gefolgt von Wutausbrüchen und verbunden mit Gefühlen, die eigene psychische Verfassung nicht mehr kontrollieren zu können. Wie allen anderen Menschen brachte die Patientin auch dem Therapeuten ein fundamentales Mißtrauen entgegen.

Dieses basale Mißtrauen konnte deswegen relativ rasch

überwunden werden, weil ich, entgegen aller Regel, die Behandlung begann, ehe das Problem der Finanzierung einwandfrei gelöst war. Es kam der Patientin darauf an, zu testen, ob der Analytiker sie auch ohne Geld, trotz ihrer chaotischen inneren Verfassung und trotz ihrer mühsam abgewehrten zerstörerischen Affekte akzeptierte. Nachdem die Patientin den Analytiker einige Male auf die Probe gestellt hatte, ob er auch wirklich zuverlässig zu ihr steht, und der Analytiker die Prüfungen bestanden hatte, war es möglich, auf der nun entstandenen basalen Ebene uneingeschränkter Akzeptanz mit der Patientin ein Arbeitsbündnis zu schließen, in dessen Rahmen sich ein psychoanalytischer Prozeß in der Weise entwickeln konnte, wie wir ihn eingangs unter 1.1 geschildert haben. Die im Gegensatz zum vorher genannten Fall günstige Entwicklung, von der die Patientin erheblich profitiert hat, wie sie mir später mehrfach bestätigte, war rückblickend nur deswegen möglich, weil der Analytiker, im Gegensatz zum vorhergenannten Fall, in Abweichung von der klassischen Methode einen »Parameter« (K. Eissler, 1953) eingeführt hatte, die Methode damit dem Fall anpaßte, um so erst die Voraussetzung dafür zu schaffen, daß die Patientin ihrerseits das Angebot des Analytikers annehmen konnte.

In einem *dritten* Fall, der mir nach bereits einjähriger Analyse bei einer Kollegin wegen Ortswechsel des Patienten überwiesen worden war, kam es zu einer massiven Verschlechterung einer existentiell bedrohlichen Symptomatik mit Todesangst, objektivierbaren Herzrhythmusstörungen, gefolgt von Kollapszuständen. In diesem Fall wäre es unmöglich gewesen, den Patienten, wie es heute leider immer noch häufig vorkommt, zuerst einer Wartezeit von womöglich ein bis zwei Jahren auszusetzen, ihn dem Nervenarzt zu überweisen zur medikamentösen Behandlung oder in ein Krankenhaus abzuschieben. Organische Ursachen waren durch vorausgegangene internistische Untersuchungen einwandfrei ausgeschlossen. Der Patient suchte Vertrauen beim ihm empfohlenen neuen Therapeuten, erlebte jedoch dessen zunächst neutral distanzierte Haltung, dessen Abwarten bis zur langsamen Entwicklung einer Übertragungsneurose, um diese dann deuten zu können, als eine schwere Zurückweisung und Enttäuschung, zumal der Therapeut ihm zunächst nur eine

Stunde pro Woche und erst nach zwei Monaten zwei Stunden pro Woche anbieten konnte und im Falle akuter Rezidive Extra-Stunden verweigerte. Erst über das Angebot einer dritten Stunde konnte sich ein psychoanalytischer Prozeß entwikkeln, in dessen Verlauf bei überdurchschnittlichem persönlichem Einsatz beider beteiligten Personen die zunächst auf Therapeutenseite nicht voll realisierten massiven Traumata nacheinander aufgearbeitet werden konnten: Die massive Entwertung einer nach dem Tod der ersten Frau in größter Not geheirateten zweiten Frau, Schmerz und Trauer im Anschluß an Krankheit und Tod der ersten Frau, Entfremdung von der Tochter, sich wiederholende berufliche Fehlschläge während einer mit großem Ehrgeiz begonnenen Karriere, der Verlust des geschätzten Großvaters, die Entwertung und mangelnde Anerkennung durch den Stiefvater, die emotionale Versagung durch eine sehr wahrscheinlich depressive Mutter, die ihren Mann, den Vater des Patienten, zu einer Zeit verloren hatte, als dieser neun Monate alt war.

Auch in diesem Fall wurde, wie in dem zweitgenannten, die Methode dem Fall angepaßt. Ich nahm den Patienten als Arzt in seinen Todesängsten und Herzrhythmusstörungen ernst, räumte ihm im Notfall Extra-Stunden ein und gab zu, daß ich ihm mit meiner anfänglich distanziert neutralen Haltung nicht gerecht wurde. Daraufhin konnte der Patient in dem sich entfaltenden psychoanalytischen Prozeß zunehmend massive Vorwürfe äußern, den Therapeuten gezielt verbal angreifen und mit entsprechenden Ängsten verbundene massive Aggressionen in der psychoanalytischen Stunde abreagieren, gefolgt von einer spürbaren Erleichterung. Der Patient bestätigte hierbei mehrfach, daß sich ohne die beiden Voraussetzungen, nämlich 1. dem Patienten im Notfall jederzeit ärztlich beizustehen und 2. ihn in seinem massiv verschlechterten Gesundheitszustand voll zu akzeptieren, nie ein psychoanalytischer Prozeß hätte entwickeln können, in dessen weiterem Verlauf sich übrigens herausstellte, daß die Überweisung von der früheren Therapeutin an mich und der Ortswechsel unbewußt einem grandiosen Wiederholungszwang entsprachen: Als der Patient ein Jahr alt war, hatte ihn nämlich die nach dem Tod ihres Mannes völlig überforderte Mutter der Großmutter überantwortet, die ihn nicht haben wollte.

3. Schlußfolgerungen

Bei schweren Fällen muß sich die psychoanalytische Methode dem Fall anpassen. Hierbei bewähren sich folgende Phasen:

1. Akute *Notfallpsychotherapie* im Sinne von Bellak und Small (1972);

2. *Aufbau einer fundierenden realen Beziehung* mit einem minimalen Ausgleich erlebter Defizite in Form von erhöhtem Zeitangebot, echter menschlicher Zuwendung, absoluter Aufrichtigkeit und weitgehendem Entgegenkommen seitens des Therapeuten gegenüber dem Patienten;

3. erst dann, wenn auf der unter 2. geschaffenen Voraussetzung eine tragende Beziehung aufgebaut werden konnte, kann ein *Arbeitsbündnis im Sinne der psychoanalytischen Methode* geschlossen werden und die eigentliche Widerstands- und Übertragungs-Analyse wie unter 1.1 ausgeführt beginnen. In der hier vertretenen Auffassung wäre es völlig verfehlt, den dritten Schritt vor dem ersten und zweiten Schritt zu tun. Bei den hier genannten schweren Fällen ist der Analytiker aufgerufen, sich seiner ärztlichen Herkunft zu erinnern, dem Patienten zuerst als Arzt beizustehen, ihn als Mensch ernst zu nehmen, um dann erst im dritten Schritt ihn als Psychoanalytiker methodisch korrekt zu behandeln. Damit kommt der Arzt dem Patienten entgegen und der Therapeut kann dort anfangen, wo der Patient steht.

Natürlich wird der Therapeut in jedem Fall in wiederholten Vorgesprächen versuchen, präzise abzuschätzen, ob der Patient in der Lage ist, den Anforderungen der psychoanalytischen Methode zu entsprechen, oder ob er hierzu nicht fähig ist. Bestehen akute, das Wohlbefinden drastisch einschränkende Symptome, muß im Sinne des erstgenannten Schrittes ebenso akut geholfen werden. Jetzt kommt es darauf an, daß der Arzt dann dem Patienten real beisteht, wenn dieser in der größten Not ist. Dabei kann oft ein schlichtes Verstehen per Telefon dem Patienten in höchster Not eine echte Hilfe sein. Im Hinblick auf den zweiten Schritt sind alle Ansätze des Patienten, Hilfe zu suchen, eine Beziehung einzugehen und zu vertrauen, aufrichtig anzunehmen, um die für das eigentliche psychoanalytische Vorgehen notwendige gemeinsame Basis erst zu schaffen. In vielen Fällen sind hier klare Informationen über die psychoanalytische Methode wichtig. Erst wenn die genannten beiden Voraussetzungen erfüllt sind, kann sich unter Beachtung der jeweiligen Grundregel das Übertragungspotential des Patienten entfalten, die Gegenübertragung des Therapeuten darauf einstellen und damit Psychoanalyse ereignen.

4. Beratung, Psychotherapie und Kurztherapie – drei praktische Anwendungen der Psychoanalyse

1. Psychoanalytische Beratungsmethoden

In *Beratung* geht es um die Beantwortung von Fragen, das Vermitteln von Informationen, das Erhalten von gesuchtem Rat. Die Beratung ist um so erfolgreicher, je mehr der Berater in dem Bereich, aus dem heraus er beraten soll, kompetent ist. Er benötigt also ein spezielles Wissen, um dem Ratsuchenden in Fragen der Erziehung, der Ehe, des Berufes oder des Studiums entsprechend beraten zu können. Je nach Beratungsgegenstand spricht man daher auch von verschiedenen Arten der Beratung, wie sie z. B., nach Themengruppen geordnet, im Handbuch der »Familien- und Lebensberatung« (1975) ausführlich dargestellt sind. Uns geht es im folgenden um psychoanalytische Beratungsmethoden. Dabei unterscheiden wir grundsätzlich *zwei Methoden:*
a) Beratungsmethoden, die nur die psychoanalytische Theorie in der Beratungssituation anwenden und
b) Beratungsmethoden, die nicht nur die psychoanalytische Theorie, sondern explizit *die aus der psychoanalytischen Behandlungsmethode gewonnenen Techniken* wie Interpretation bzw. Deutung der unbewußten Psychodynamik unter besonderer Berücksichtigung von Widerstand und Übertragung *anwenden.*

A. Beratungsmethoden auf der Grundlage der psychoanalytischen Theorie

Beratung bei sexuellen Konflikten
Ein Beispiel dafür ist die ratsuchende Mutter mit ihrem fünfjährigen onanierenden Kind. Die Mutter ist beunruhigt und fürchtet, das Kind könnte sich schädigen. Nun können wir aus Kenntnis der psychosexuellen Entwicklungsstufen, wie sie die Psychoanalyse dargestellt hat, sagen, daß ein derartiges Verhalten zur normalen Entwicklung des Kindes gehört und kein Anlaß für gesundheitliche Schädigungen ist. Im günstigsten Fall ist die Mutter durch diese Information beruhigt. Im weniger günstigen Fall ist sie es nicht. Dann besteht der Verdacht, daß sie selbst sexuelle Konflikte hat. Nun können wir sie fragen, ob sie diesbezügliche Fragen oder Probleme habe

und versuchen, sie im Hinblick auf ihre Person zu beraten. Im günstigen Falle gelingt uns dies; etwa im Sinne einer nachgeholten Aufklärung über normale sexuelle Vorgänge, wie sie Freud (1905a) in den »Drei Abhandlungen zur Sexualtheorie« beschrieben hat. Gelingt dies nicht, dann sind die Ängste und Abwehrmechanismen so stark ausgeprägt, daß wir im Wege von Beratung das Ziel, die Frau zu beruhigen, nicht erreichen können. Dann ist ein psychoanalytisches Behandlungsverfahren angezeigt. Schon damit ist der fundamentale Unterschied zwischen Beratung relativ bewußtseinsnaher Konflikte und Behandlung unbewußter Psychodynamik deutlich geworden.

Beratung in sozialen Konflikten

Ein Student ist mit der Wahl seines Studienfaches unzufrieden, ein Arbeiter kommt ständig in Schwierigkeiten mit seinem Vorarbeiter oder ein Angestellter leidet unter der Unmöglichkeit sozialen Aufstiegs. Derartige Konflikte können ganz bewußt sein, sie können aber auch hinter diffusen vegetativen Störungen, wie sie in einem hohen Prozentsatz der Klientel der allgemeinärztlichen Praxis beklagt werden, verborgen sein. Denken wir im Verlauf derartiger Störungen daran, daß neben den häufigen sexuellen Konflikten auch soziale Konflikte die Ursache sein können, so ist es möglich, hier effektiv mit einfachen Maßnahmen psychoanalytischer Beratung zu helfen. Aber auch in fortgeschrittenen Stadien chronifizierter Neurosen oder psychosomatischer Erkrankungen kann eine einfache, die psychoanalytische Theorie berücksichtigende Beratung wirksame Abhilfe schaffen. Beispielhaft dafür steht die als »Betriebsneurose« einzuordnende Erkrankung eines Werkmeisters an rezidivierenden Magengeschwüren. In seinem Fall waren natürlich entsprechende, tief unbewußte psychodynamische Prozesse Ursache der psychosomatischen Erkrankung. Eine diesbezügliche Behandlung hätte aber nicht nur sehr lange gedauert und entsprechend viel gekostet, sondern wäre auch prognostisch unsicher gewesen, da in diesem Fall ein tyrannisch auftretender, unterdrückender autoritärer Chef die wesentliche aktuelle Ursache der psychosomatischen Störungen darstellte. Ein Wechsel des Arbeitsplatzes mit befriedigenden sozialen Bedingungen brachte endgültige Heilung. G. Struck (1970) nennt diese Art von Beratung insofern »Konfliktberatung«, als »solche Konflikte angesprochen (werden), die eine Reaktion auf Nichtbewältigen schwieriger Umweltsituationen« darstellen und hält sie für eine besonders geeignete »Methode« in der ärztlichen Sprechstunde, ohne daß hierfür spezielle psychoanalytische Kenntnisse notwendig wären.

Beratung in seelischen Entwicklungskrisen

Im Laufe von »Wachstum und Krisen der gesunden Persönlichkeit« (E. Erikson 1966) kommt es zu bestimmten Phasen, die sich kritisch zuspitzen können und bei Nichtbeachtung, etwa durch eine frühzeitig erfolgende angemessene Beratung, zu neurotischen Störungen im Sinne von Krankheit führen können. Diesbezüglich gefährdete Entwicklungsphasen sind die sexuelle Reifung, die Einschulung, die Pubertät, die Schulentlassung, die Partnerwahl, die Berufswahl. In diesen kritischen Lebensperioden kann es zu Vertrauenskrisen kommen etwa zwischen zwei Ehepartnern, zu einer Identitätskrise, wenn jemand sich z. B. seiner Identität im Hinblick auf verschiedene soziale Rollen nicht sicher ist, zu Leistungskrisen bei beruflichem Streß oder zu Krisen, die sich während einer Liebesbeziehung um Nähe und Distanz drehen. Denken wir an derartige Möglichkeiten, dann können diese Krisen oft durch einige wenige Beratungen erfolgreich gemeistert werden.

Beratung in sozialen Krisen

Hier geht es um Krisen in engem ursächlichen Zusammenhang mit Trennung von wichtigen Bezugspersonen. Darauf hat Lindemann (1944) nachdrücklich aufmerksam gemacht. Lindemann unterscheidet neben der normalen Trauer eine akute pathologische Trauer als ein charakteristisches Syndrom, und zwar als Ergebnis einer pathologischen Verarbeitung von Trauer nach Verlust. Es kann sich in allgemeiner motorischer Unruhe, hypochondrischen Befürchtungen ebenso äußern wie in psychosomatischen Symptomen. Dahinter sind Wut über den erfahrenen Verlust einer wichtigen Bezugsperson, Ressentiment ihr gegenüber oder auch eine unbewußte Identifizierung mit ihr verborgen. Es kommt nun bei solchen Fällen pathologischer Reaktion auf Verlust einer nahen Bezugsperson darauf an, herauszufinden, welche bestimmte Rolle diese Bezugsperson für den Patienten gespielt hat. Wir denken hierbei an typische Traumatisierungen von Kindern, die zum »Substitut für eine Elternfigur, Gattensubstitut oder Substitut für eine Geschwisterfigur« gemacht werden (Richter, 1963), aber auch Erwachsene können gegenseitig in die Rolle eines derartigen Substitutes geraten. Sie können darüber hinaus durch Projektion abgewehrte eigene Selbstanteile bedeuten; z.B. gezwungen sein, das »ideale Selbst« zu spielen oder »Substitut der negativen Identität« in der Sündenbockrolle darzustellen.

In der gezielten Beratung nach Verlust derart besetzter Bezugsobjekte ist es wichtig, deren unbewußte Bedeutung zu erraten. Gelingt dies, so kann die pathologische Trauer in das umgewandelt werden, was *Freud* (1916, S. 431) treffend »Trauerarbeit« nannte. Ist die Krise relativ bewußtseinsnah, so ist es auch möglich, durch Beratung effektiv zu helfen. Ist dies nicht der Fall oder erweist sich die Krise angesichts der beschränkten Möglichkeiten des betreffenden Patienten als nicht überwindbar, so kann ein Ersatz für das verlorene Objekt Abhilfe schaffen. Man denke an einen neuen Lebensgefährten oder die Übernahme einer sozialen Aufgabe. Beratung in Fällen psychischer oder sozialer Krisen heißt im angelsächsischen Schrifttum »Krisen-Intervention« (*Parad*, 1965).

Bei der bisher genannten Konflikt- und Krisenberatung wenden wir uns unter Nutzung psychoanalytischer Theorie und Erfahrung an relativ bewußtseinsnahe Persönlichkeitsanteile unserer Patienten. Es geht um Erkenntnis und Einsicht in Zusammenhänge, die der Patient aus Unwissenheit und wegen geringerer innerer Widerstände nicht hat wahrnehmen können. Die Beratung besteht also vornehmlich aus »Erkenntnisarbeit« (Lüders, 1974, S. 83). Wir bewegen uns vorwiegend auf der kognitiven Ebene, wenn wir dem Patienten veranschaulichen, in welcher Art von Konflikt er steht, und indem wir ihn auf das Grundsätzliche des Konfliktes bzw. der Krise hinweisen und ihm zeigen, wie er, individuell spezifisch, ganz persönlich, je nach Vorerfahrung und aktueller Lebenssituation, darauf reagiert.

Soll die Beratung nicht nur die kognitive Ebene, sondern auch die emotionale Ebene erreichen, dann müssen wir dem Ratsuchenden vermitteln, welche Gefühle ihn besonders bedrängen; von seiner Angst sprechen, seinen Schuldgefühlen, seinem nicht überwundenen Ressentiment, seinem unterdrückten Haß, seiner Eifersucht, seinem Neid. Indem ich auf diese Weise die ihn bedrängenden Gefühle benenne, sind die Gefühle Gegenstand der Beratung, wie dies besonders in der sog. »klientenzentrierten Gesprächstherapie« C. Rogers (1951) geübt wird. Dieses Verfahren ist in der Tat in Fällen akuter Konfliktsituationen und Krisen eine wirksame Hilfe, wenn es auch für Verstehen und Verändern komplizierterer Neurosen und anderer psychischer Störungen nicht ausreicht. Wenn es explizit mit diesem Verfahren oder implizit im Rahmen einer einfachen Konfliktberatung bzw. Krisenintervention gelingt, die emotionale Dimension erreichende Wirkungen zu erzielen, dann liegt dies an der Wirkung der »Droge Arzt« (Balint, 1957, S. 16) bzw. seiner Wärme, Echtheit, Mitfühlen und Verstehen ausstrahlenden Persönlichkeit; Eigenschaften, auf die die genannte, klientenzentrierte Gesprächstherapie besonderen Wert legt; Eigenschaften, die gleichermaßen für die ärztliche und psychoanalytische Praxis von Bedeutung sind. In psychoanalytischer Sicht nimmt der Arzt in solchen Fällen die Funktion eines »Hilfs-Ich« oder einer realen Bezugsperson ein. Er wirkt dadurch nicht nur durch seine Persönlichkeit, sondern durch einfache Unterstützung. Eine derartige, unterstützende Beratung trifft sich im Ziel mit unterstützender bzw. supportiver Psychotherapie.

Um psychoanalytische Beratung im strengen Sinne des Wortes handelt es sich, wenn nicht nur die Theorie der Psychonalyse, sondern auch deren Techniken in der Beratung Anwendung finden. Auch hierbei können wir zwei Unterformen unterscheiden.

B. Die psychoanalytische Beratungsmethode mit Klärung, Reflexion und Konfrontation

Diese Beratungsmethode deckt sich weitgehend mit der von W. Lüders (1974, S. 92) beschriebenen »Verstehensarbeit«, ein Ausdruck, in dem gleichermaßen die emotionale Ebene des Verstehens und die kognitive des an den Konflikten und Krisen Arbeitens zusammengefaßt ist. Im Zuge dieser Verstehensarbeit können wir dem Patienten Entscheidungshilfen geben, indem wir ihn z. B. fragen, warum ihn gerade der Verlust einer bestimmten Person so trifft, wie er damit bisher umging, und indem wir weiter fragen, was ihn in seinen eigenen Bemühungen, die Krise zu meistern, bislang behindert hat. Mit dem Patienten gemeinsam versuchen wir dann Lösungsmöglichkeiten (Houben, 1975, S. 37) herauszuarbeiten, durch Klarifikation, Konfrontation und Reflexion in einem bestimmten Bereich ablaufende Ich-Regressionen als Äußerungen der Krise zu begreifen bzw. als »krisenbedingte Abwehr«, wobei ich bewußtseinsnahe Anteile dieser Abwehr durchaus »deuten« kann. Damit ist aber ein Verfahren benannt, das mit Fug und Recht als psychoanalytische Beratung mit Hilfe von Techniken aus der klassischen Psychoanalyse bezeichnet werden kann. Dabei bewegen wir uns allerdings in einem Bereich, den W. Loch (1971) schon nicht mehr dem der Beratung zuordnet, sondern dem der Therapie: »Die Beratung hört dort auf, wo die Deutung ›dynamisch unbewußten‹ Materials, ›unbewußter Erlebnisweisen‹ anfängt«. Ich bin nicht dieser Ansicht, sondern stehe auf dem Standpunkt, daß es auch im Rahmen von Beratung durchaus möglich, in bestimmten Situationen sogar angezeigt ist, ebenso wie in der klassisch-psychoanalytischen Situation die unbewußte Psychodynamik in ihrem Abwehr- und Übertragungsaspekt zu deuten. Es ist dann eine semantische Frage, ob ich dieses Vorgehen dann als Therapie oder Beratung bezeichne. Wir assoziieren mit Therapie ärztliche Praxis und mit Beratung psychologische Tätigkeit, wenn wir den Ort der Beratung als ausschlaggebend für die Bezeichnung professionellen Handelns ansehen. Gehen wir aber vom Gegenstand dessen aus, mit dem wir umgehen, z. B. einer aktuellen Krise, die eine bestimmte unbewußte Psychodynamik wiederbelebt hat, dann spielt es keine Rolle, ob ich eine die unbewußte Psychodynamik einschließende Deutung nun Beratung oder Therapie nenne.

Lüders (1974, S. 130) spricht im Rahmen seiner »psychotherapeutischen Beratung« auch ausdrücklich von »Deutungsarbeit«. Eine derartige psychotherapeutische Beratung fällt, praktisch gesehen, mit dem Bereich psychoanalytischer Behandlungsmethoden zusammen: Beschränkt sie sich auf einen Fokus und begrenzt sich auf zehn bis zwanzig Sitzungen, wird sie identisch mit Fokaltherapie; bezieht sie eine ganze unbewußte Konfliktkonstellation ein und dehnt sich bei zwei bis drei Sitzungen pro Woche über ein bis drei Jahre aus, dann kann die Beratung dem entsprechen, was wir »Psychoanalytische Psychotherapie« nennen.

2. Psychotherapie

Gegenüber der klassischen Psychoanalyse möchte ich hier nicht nur semantisch, sondern inhaltlich begründet, als eigenständiges psychoanalytisches Behandlungsverfahren die sog. »psychoanalytische Psychotherapie« abgrenzen. Sie ist äußerlich wie die »analytische Psychotherapie« durch eine geringere Häufigkeit der Sitzungen pro Woche (2 oder 3), eine kürzere Behandlungsdauer (1–3 Jahre) und gegenüber der klassischen Psychoanalyse durch ein begrenztes Behandlungsziel definiert.

Während aber »analytische Psychotherapie« als am meisten geübte psychotherapeutische Maßnahme die Basis aller psychotherapeutischen Schulrichtungen in der Bundesrepublik Deutschland darstellt, aus der heraus sich – historisch gesehen – in Angleichung an den internationalen Standard die klassische Psychoanalyse entwickelt hat, stellt die »psychoanalytische Psychotherapie« ihrerseits eine Anwendung dieser klassischen Psychoanalyse dar. Sie ist im Gegensatz zur »analytischen Psychotherapie« ausdrücklich als eine Anwendung der Psychoanalyse zu bezeichnen, da sie gleichermaßen theoretisch wie praktisch auf deren Grundlagen aufbaut. Dieses Verfahren ist hinreichend erforscht und kann als erfolgreich in vielen Fällen sowohl klassischer als auch nach-klassischer Neurosen empfohlen werden (Kernberg et al., 1972). In der »psychoanalytischen Psychotherapie« entwickelt sich nicht die volle regressive Übertragungsneurose, sondern nur eine umschriebene Übertragungskonstellation. Auf diese Übertragungskonstellation stellt sich der Therapeut selektiv ein. Es kommt also wie bei der Fokaltherapie und der »fokalen Gruppentherapie« zu einer Akzentuierung bzw. Fokussierung derjenigen Bereiche in der Übertragung, in denen sich die pathologischen Prozesse abspielen. Im Gegensatz zur klassischen Psychoanalyse ist nicht allein die Deutung der unbewußten Psychodynamik Instrument der Behandlung, sondern auch die Klarifikation, bei der lediglich das Material unter bestimmten Gesichtspunkten geordnet und Zusammenhänge vermittelt werden sowie die Konfrontation, in denen z. B. gegenwärtige Konfliktsituationen als Spiegelungen früherer verknüpft werden. Entscheidend dabei ist, daß die ursprünglich schädigende Objektbeziehung, die sich innerseelisch als nicht integrierte Struktur niedergeschlagen hat, via Übertragung in der Arzt-Patienten-Beziehung reaktiviert und damit »in Szene gesetzt« wird. Wenn nun der Therapeut sich abwechselnd »konkordant« mit seinem Patienten und »komplimentär« mit dessen Bezugspersonen identifiziert (Racker, 1968, S. 134) und die dazugehörigen Affekte wie Ängste, Schuld-, Scham- und Minderwertigkeitsgefühle sowie Haß, Eifersucht, Neid u. a. im Gefühl der Beteiligten unmittelbar gegenwärtig sind, dann wird das pathogene Beziehungsmuster entsprechend dem Sprichwort »man soll das Eisen schmieden, solange es heiß ist« bearbeitbar.

»Psychoanalytische Psychotherapie« strebt dann ein begrenztes Behandlungsziel an, wenn nicht die ganze Breite der pathogenen abgewehrten Objektbeziehungen aufgearbeitet wird, sondern nur die entscheidende Objektbeziehungskonstellation. Bei den klassischen Neurosen wie Hysterie, Phobie und Zwangsneurose sind dies die ebenso klassischen ödipalen Konflikte als zentraler Komplex der Neurosen. Bei den »nach-klassischen Neurosen« sind es die präödipalen Konflikte der »Seperations-Individuations-Phase« mit ihrer fehlenden Unabhängigkeit und ihrer Ich-Störung, bei nicht genügend differenzierten und integrierten Objekt- und Selbstrepräsentanzen.

Während sich bei der ersten Gruppe von Störungen keine besonderen technischen Schwierigkeiten ergeben, sind bei der Gruppe der Ich-Störungen folgende Merkmale der »psychoanalytischen Psychotherapie« in der Anwendung bei derartigen Fällen hervorzuheben: Die Behandlung findet nicht im klassischen »setting« mit Couch und Sessel statt, sondern im Gegenübersitzen. Dadurch ist eine bessere Orientierung in der Realität möglich, da ich-gestörte Patienten dazu neigen, Realität und Phantasie durcheinanderzubringen. Der »äußere Rahmen« muß stabil und die »innere Einstellung« des Arztes durch Zuverlässigkeit, Sicherheit und Wahrhaftigkeit geprägt sein. Auf diese Weise entsteht eine ordnende Struktur, innerhalb deren Rahmen sich der Patient orientieren und Sicherheit finden kann. Auf diese

Weise können sich gleichermaßen die alten, konflikthaften Objektbeziehungen im Übertragungs-Gegenübertragungsfeld zwischen Patient und Therapeut abbilden und neue Verhaltensweisen im Sinne eines »Neubeginns« (Balint 1932) bilden. Voraussetzung dazu ist, daß die in der Übertragung sich darstellenden pathogenen Objektbeziehungen im Laufe der psychoanalytischen Bearbeitung sich auflösen bzw. »vernichtet« (Freud 1905b, S. 281) werden. Verfährt der Therapeut auf diese Weise, dann ist es nicht notwendig, daß er, gleichsam aus seiner psychoanalytischen Neutralität herausgehend, unmittelbar elterliche Funktionen übernimmt, er verhält sich vielmehr wie in der klassischen Psychoanalyse objektiv und neutral. Unter diesen Umständen muß es auch nicht zu Identifikationen mit dem Therapeuten kommen. Material zur Überwindung der Ich-Störung bleibt vielmehr das im Patienten liegende, unausgeschöpfte Potential an noch nicht strukturierten und integrierten Ich-, Über-Ich-, Ich-Ideal und Es-Anteilen des Patienten. Dabei dürfte klar geworden sein, daß »psychoanalytische Psychotherapie« mit Ich-Stützung, Suggestion, Manipulation u. ä. nichts zu tun hat, sondern daß es sich, wie in diesem Abschnitt eingangs betont, um eine »legitime« Anwendung von Psychoanalyse handelt und nicht um ein »illegitimes Kind«.

Das Verfahren unterscheidet sich daher qualitativ grundsätzlich nicht von der klassischen Psycho-Analyse, wohl aber quantitativ hinsichtlich der äußeren Kennzeichen und im Hinblick auf die Begrenzung des Therapieziels auf entweder prä-ödipale oder ödipale Konflikte. Daß mit diesem Verfahren auch schwerere Fälle von nach-klassischen Neurosen, narzißtischen Persönlichkeitsstörungen bzw. Grenzfälle behandelt werden können, ist ein besonderer Vorzug, wenn der Umgang mit solchen Patienten im Rahmen dieses Verfahrens auch besondere Erfahrung erfordert und als Frucht der Reife einer langen klassisch-psychoanalytischen Ausbildung bezeichnet werden kann. In Anbetracht der seit 1. 7. 1976 geltenden neuen Psychotherapie-Richtlinien mit ihrer Limitierung auf in der Regel hundertsechzig, in besonderen Fällen zweihundertvierzig und nur ausnahmsweise mehr Sitzungen, dürfte dieser speziellen Anwendung der Psychoanalyse besondere Aktualität zukommen.

3. Kurztherapie

Versuche, das klassische Verfahren abzukürzen, sind so alt wie die Psychoanalyse selbst. Beweise dafür liefert schon S. Freud in dem Fall Dora, der elf Wochen lang, und in dem Fall des sog. »Rattenmanns«, der elf Monate lang behandelt wurde.

Ebenso als ist die Kontroverse, ob derartige Versuche noch Psychoanalyse im strengen Sinn des Wortes sind. Es geht hier aber nicht um die sog. »aktive Technik« (*Ferenczi,* 1964, S. 86), mit deren Hilfe man »latente Widerstände durch Aktion zutage fördern kann«. Auch die sog. »manipulative Technik« (Alexander und French, 1946), bei der der Therapeut nach Formulierung des Konflikts einen Behandlungsplan entwirft und z. B. bei großer Neigung des Patienten, sich in Abhängigkeit zu begeben, die Stundenzahl reduziert oder bei Notwendigkeit der Durcharbeitung von tieferliegenden Konflikten diese erhöht, ist hier nicht gemeint. Es geht vielmehr um Methoden, bei denen von Anfang an eine begrenzte Sitzungszahl (10–20) bei einer Sitzung pro Woche vereinbart werden. Die Behandlung beschränkt sich auf die psychoanalytische Bearbeitung nur eines Konfliktes, des sog. Fokus, der im Wechselspiel von Übertragung und Gegenübertragung ständiger Mittelpunkt der Behandlung ist, auf den sich alle Äußerungen von Patient und Analytiker beziehen. Nach Loch (1967) müssen hierzu Patient wie Analytiker »in drei Übertragungs-Gegenübertragungs-Dimensionen eine gute Kommunikation herstellen können«, und zwar:

1. auf der Ebene des »Arbeitsbündnisses« (Greenson 1973, S. 202);

2. in der Dimension der »milden positiven Übertragung« (Freud 1914, S. 131), d. h. einer wohlwollenden inneren Einstellung gegenüber dem Arzt oder der »anaklitisch-diatrophischen Gleichung« (Gitelson, 1962, S. 194), einer Art guter Beziehung, innerhalb derer man sich anlehnen, entspannen und wohl fühlen kann, sowie

3. die eigentliche Übertragungs-Gegenübertragungsebene, in die hinein sich die neurotischen Objektbeziehungen entfalten und so der Bearbeitung zugänglich werden. Dabei macht der Patient dem Arzt immer ein unbewußtes »Angebot« (*Balint,* 1957, S. 42), auf das dieser eingeht, indem er gewisserma-

ßen die Rolle, die ihm der Patient »zuschiebt«, ein Stück weit »annimmt«. Statt aber diese Rolle nun zu »spielen«, was einem »Mit-Agieren« gleichkäme, fühlt der Arzt in seiner Gegenübertragung, was der Patient mit ihm »macht«, ob er ihn etwa zu einer strafenden Maßnahme »zwingen« oder in eine enge symbiotische Beziehung »hineinziehen« will. Gleichzeitig *reflektiert* er, was er auf dem Hintergrund seiner theoretischen Kenntnisse fühlt und überprüft, so rasch wie möglich, welche Objektbeziehung und welche Affekte sich im Hier und Jetzt der Arzt-Patienten-Beziehung reaktiviert bzw. wieder inszeniert haben. Hat der Arzt auf diese Weise verstanden, wie der Patient ihn behandelt, und wie er ihn in einer bestimmten Weise dazu bringen will, seinerseits ihn in einer bestimmten Weise zu behandeln, dann kann er dies ihm sagen, d.h. deuten. Das Verstehen dessen, was in der Beziehung geschieht, kann von beiden Beteiligten gefühlt, erkannt werden. Diese Erkenntnis kann dabei plötzlich wie ein Blitz (»flash«) aufleuchten (Balint, Ornstein und Balint, 1973, S.197), gleichsam in einem »Augenblick der Wahrheit«. Sie kann sich aber auch ganz allmählich, über das gemeinsame Wechselspiel von Angebot, Verstehen und Deuten langsam »herauskristallisieren« (S.200). Ein derartiges Verfahren ist intensiv für beide Beteiligten. Voraussetzungen auf seiten des Patienten sind starker Leidensdruck und eine früh entstehende intensive Übertragung, auf seiten des Arztes ein »Enthusiasmus des Analytikers« (Malan, 1965, S.27) und eine Bereitschaft, sich in die Beziehung »tief einzulassen« (S. 345). Die Voraussetzungen auf seiten des Analytikers sind also enorm und nur leistbar, wenn der Arzt im Austausch mit Kollegen seine Gegenübertragung kontinuierlich kontrollieren und mit Hilfe der Spiegelung in der Analytikergruppe oder durch Supervision gut verstehen kann. Mit Hilfe dieses Verfahrens ist es aber möglich, nicht nur leichtere Fälle von klassischen Neurosen, sondern auch schwerere Fälle chronifizierter Neurosen im Sinne von Charakterstörungen dauerhaft zu bessern, wenn nicht zu heilen. Voraussetzung dazu ist, daß der Fokus demjenigen Symptom, unter dem der Patient besonders leidet, auch wirklich zugrunde liegt. Ist dies der Fall, genügt es in der Tat, sich in »selektiver Aufmerksamkeit« ständig auf diesen Zentralkonflikt zu konzentrieren unter »selektivem Nichtbeachten« (Balint et al., S.204) anderer

Konflikte, die im Gegensatz zum Standardverfahren der Psychoanalyse bei der Kurztherapie natürlich unbeachtet bleiben.
Im Hinblick auf die *Indikationen* zur Kurztherapie kann man eine konservative, radikale und liberale Indikation unterscheiden (Kutter, 1981 b). Der *konservativen* Indikation entsprechen besonders Fälle mit leichteren Neurosen und kurzer Symptomdauer, die von Erikson berschriebenen »psycho-sozialen« Krisen der Adoleszenz und des frühen Erwachsenenalters mit den Problemen der Partner- und der Berufswahl. Tiefgreifende Störungen in der Infantil- und narzißtischen Übertragungsdimension schließen dagegen eine Kurztherapie weitgehend aus (Loch, 1967, S. 99). Gute Ichfunktionen, eine nicht zu starre Abwehr, die Fähigkeit, Gefühle und Affekte zulassen zu können, eine überdurchschnittliche Intelligenz und ein Sinn für psychologische Zusammenhänge sowie eine positive Reaktion auf Probedeutungen sind weitere Merkmale für eine konservative Indikation. Archaische Überichstrukturen und Borderline-Persönlichkeiten stellen dagegen eine Contra-Indikation dar.

Von *radikaler* Indikation spreche ich dann, wenn ernstere Störungen mit langer Vorgeschichte, Borderline-Fälle und chronofizierte Neurosen, ja sogar solche mit paranoiden Störungen mit Kurztherapie behandelt werden. Daß sich auch bei derartigen schwierigen Fällen Kurztherapie bewährt hat, beweist der von Balint, Ornstein und Balint (1973) beschriebene Fall mit paranoiden Störungen. Contra-Indikationen bei radikaler Indikation sind allenfalls vorausgegangene ernste Suizidversuche, ausgeprägte Drogenabhängigkeit, überzeugte Homosexualität, langfristige stationäre Aufnahmen, chronische Zwangssymptome und gegen sich selbst oder gegen andere gerichtetes destruktives Agieren (Malan, 1976).

Die *liberale* Indikation schließt ebenso günstig gelagerte Fälle klassischer Neurosen mit ödipalen Konflikten ein wie solche nachklassischen Neurosen mit früh erworbenen Ich-Störungen, die auf Probedeutungen gut ansprechen und bei denen sich unter Mitarbeit des Patienten ein Fokus finden läßt.

Jeder Indikation entspricht eine bestimmte Interventionstechnik:

Die *konservative* Interventionstechnik ist dabei vorwiegend passiv, abwartend. Wichtige Voraussetzung ist ein gutes Arbeitsbündnis, in dessen Rahmen der Patient mit Hilfe des Analytikers den Fokus weitgehend selbst bearbeiten kann.

Im Gegensatz dazu wird bei der *radikalen* oder intensiven Interventionstechnik Angst geradezu provoziert (Sifneos, 1972), die Haltung des Therapeuten ist aktiv, ebenso strategisch wie taktisch, wobei es das Ziel des Therapeuten ist, den fokalen Konflikt ständig vertiefend zu bearbeiten und ihn in Kongruenz mit dem tieferliegenden Kernkonflikt zu bringen (Malan, 1976). Dazu gehören ebenso konsequente Deutungen des Widerstandes wie der Übertragung. Gelingt es hierbei, neben der Übertragung als solcher, die infantile Eltern-Kind-Beziehung und aktuelle konflikthafte Beziehungen des Patienten zu wichtigen Bezugspersonen überzeugend miteinander zu verbinden, wird eine entsprechende Deutung mit hoher Wahrscheinlichkeit zu Einsicht und nachfolgender Verhaltensänderung führen.

Die *liberale* Technik bewegt sich zwischen den beiden Extremen, deutet nicht mehr und nicht tiefer als nötig, wobei der Therapeut versucht, dem Patienten dabei zu helfen, über Konfrontation und Klarifikation den aktuellen Fokus möglichst selbst zu erkennen.

Abschließende Anmerkungen

Alle Anwendungen der Psychoanalyse beachten neben den Inhalten der Rede des Patienten besonders die Art der Beziehung, wie sie sich zwischen Patient und Therapeut entwikkelt, und die damit verbundenen Affekte. *Vor* Beginn des analytischen Prozesses wird innerhalb des zu schließenden Vertrages eine Einigung darüber erzielt, welches psychoanalytische Verfahren angewendet werden soll. In jedem Fall muß der Patient über die möglichen psychotherapeutischen Verfahren auf psychoanalytischer Grundlage hinreichend informiert sein und zuvor gefragt worden sein, ob er mit dem aktiven Vorgehen des Analytikers und dessen Deuten von Widerstand und Übertragung einverstanden ist. Ohne klares Arbeitsbündnis und eine fundierende, den Patienten akzeptierende reale Beziehung zwischen Patient und Therapeut sind weder die klassische Methode, noch Kurztherapie, analytische Psychotherapie und psychoanalytische Beratung durchführbar.

Wie zahlreiche kasuistische Mitteilungen beweisen, die jeder praktizierende Analytiker vermehren könnte, haben sich die genannten Verfahren in der Praxis bewährt. Zum Teil sind sie empirisch abgesichert, wenn auch die diesbezügliche Therapieforschung in der Psychoanalyse (Remplein, 1977; Petermann, 1977) methodisch äußerst schwierig ist und durch methodisch bessere Forschungsverfahren überprüft werden muß.

5. Konzentrierte, verkürzte und vereinfachte Psychoanalyse – ein Thema mit Variationen

Die hier vorgestellten drei Varianten der Psychoanalyse bauen konsequent auf der klassischen Psychoanalyse Freuds als Forschungsmethode (Freud, 1927, S. 360) auf. Sie berücksichtigen die drei von Gill (1954, S. 775) formulierten »Essentials«: Neutrale Haltung, Übertragungsneurose und Deutung; allerdings mit dem wichtigen Unterschied gegenüber der klassischen Analyse, daß jene Kriterien in spezifischer Weise »variiert« werden.

»Variante« besagt soviel wie Abweichung. Sie bezieht sich aber nicht auf qualitative, sondern nur auf quantitative Faktoren. Variiert wird das klassische Thema der Psychoanalyse, die Entwicklung einer vollen Übertragungsneurose und deren Auflösung.

Um zu verdeutlichen, was ich meine, möchte ich einige der Möglichkeiten der Variation eines Themas in der Musik heranziehen. Das Thema einer Fuge kann z. B. u. a. verkleinert, verkürzt und vereinfacht werden. Nehmen wir einmal an, die Grundgestalt des Themas besteht wie in der C-Dur-Fuge von J. S. Bach aus 2 Halben, 2 weiteren Halben, 4 Vierteln, 1 weiteren Viertel, 2 Achteln und einer halben Note. Bei der Variation der *Verkleinerung* (Diminution) werden nun alle Notenwerte um die Hälfte gekürzt. D. h. für unser als Beispiel gewähltes Thema: Es besteht jetzt aus 2 Vierteln, 2 weiteren Vierteln, 4 Achteln, 1 weiteren Achtel, gefolgt von 2 Sechzehnteln und einer Viertelnote. Die Grundgestalt des Themas bleibt gleich; variiert (halbiert) werden nur die Notenwerte. Im Ergebnis muß das Thema doppelt so schnell gespielt werden. Eine *Verkürzung* des Themas (nicht des Notenwertes!) findet statt, wenn in unserem Notenbeispiel etwa nur die erste Hälfte gespielt wird. Von einer Vereinfachung ist dann die Rede, wenn etwa die 4 Viertel in unserem Beispiel durch 2 Halbe, das eine Viertel und die beiden Achtel durch eine halbe Note ersetzt werden.

Dies heißt, auf die verschiedenen gebräuchlichen Psychotherapieverfahren angewandt, daß wir hierbei *folgende drei Variationen des klassischen Themas der Psychoanalyse* differenzieren können:

1. Die konzentrierte Psychoanalyse

Bei der Variation, die der *Verkleinerung* in der Musik entspricht, läuft der gesamte Prozeß der Entfaltung und Auflösung der Übertragungsneurose in der Hälfte der Zeit und damit doppelt so rasch ab. Dies bedeutet eine Intensivierung und *Konzentration* des gesamten psychoanalytischen Prozesses. D.h., um im Bilde zu bleiben, ein sonst zu seiner Ausbildung und Auflösung 4 Jahre benötigendes Thema braucht hierzu nur 2 Jahre. Oder, was auf das gleiche herauskäme: Statt 4 Stunden pro Woche über die Dauer von 4 Jahren benötige ich eine Frequenz von nur 2 Stunden pro Woche. Der Prozeß wird dabei komprimiert, konzentriert und intensiviert. Um das Ziel einer vollen Entfaltung der Grundgestalt des Themas in der Hälfte der Zeit zu erreichen, muß demnach gleichermaßen konzentriert, komprimiert und intensiviert gearbeitet werden. Daraus folgert: die Anforderungen an die Technik sind größer; im musikalischen Beispiel sind es die an die Fingerfertigkeit, in unserem Zusammenhang sind es die Anforderungen an die Fertigkeiten des Analytikers, das ihm dargebotene Material zu verstehen, richtig einzuordnen und in wirkungsvolle Deutungen umzusetzen. Verkleinerung ist also keineswegs, wie der Name nahelegen könnte, eine kleinere Form als das ursprüngliche Thema, sondern eine Komplizierung durch *Konzentration.*

2. Die verkürzte Psychoanalyse

Um eine Verkürzung der Psychoanalyse handelt es sich, wenn, wie in unserem musikalischen Beispiel, nicht das ganze Thema der Übertragungsneurose gespielt wird, sondern Teile davon wegfallen. Die Auslassung kann ebenso die ödipale Organisationsstufe wie die Loslösungs- und Individuationsphase betreffen. Im Gegensatz zur Musik bestimmt aber nicht der Analytiker das Thema, sondern der Patient. Dort, wo sich der zentrale Konflikt konstelliert und wo ihn der Patient fühlen kann, wird analytisch gearbeitet.

Derjenige Konflikt, der sich in der Übertragung auf den Analytiker konstelliert, entspricht meist demjenigen, der die aktuelle Symptomatik ausgelöst hat. Dabei kann uns die psychoanalytische Theorie und Krankheitslehre helfen, den *zentralen* Konflikt gezielt zu bearbeiten: So wissen wir, daß z.B. bei einer Zwangsneurose eine Fixierung auf der anal-sadistischen Entwicklungsphase vorliegt und daß die bevorzugt verwendeten Abwehrmechanismen hier die Reaktionsbildung, die Affekt-Isolierung, die Rationalisierung und das Ungeschehenmachen sind. Diese Abwehrmechanismen werden dann einschließlich der dahinter verborgenen Ängste und Triebwünsche bevorzugter Gegenstand unserer analytischen Arbeit sein. Deren Ziel ist es, den die Symptomatik unterhaltenden, *spezifischen* Konflikt im Nachhinein zu lösen. Dieser entspricht bei den klassischen Übertragungs-Neurosen in aller Regel einem *ödipalen* Konflikt. Beschränken wir uns auf die ausschließliche Analyse und Durcharbeitung dieses zentralen Konflikts unter Verzicht auf die Lösung weiterer, aber derzeit keine gravierende Symptomatik unterhaltender anderer Konflikte, dann ist es auch möglich, dieses Therapieziel in absehbarer Zeit zu erreichen – in klarer Abgrenzung gegenüber dem weit höher gesteckten Ziel einer vollständigen Durcharbeitung aller Konflikte im Sinne der klassischen Psycho-Analyse.

3. Die vereinfachte Psychoanalyse

Die vereinfachte Psychoanalyse entspricht, analog der Vereinfachung des musikalischen Themas, bei dem vier Viertelnoten durch zwei halbe und das eine Viertel und die beiden Achtel durch eine weitere halbe Note ersetzt wurden, einer Vereinfachung des klassischen Themas der Psychoanalyse. Statt einer differenzierten Entfaltung der Übertragung kommt es nur zu groben Übertragungsstrukturen; die Abstinenzregel wird nicht genau eingehalten und die Deutung wird durch suggestive, stützende und andere Haltungen ergänzt. Ein derartiges Verfahren kann gegenüber der klassischen Psychoanalyse sowie gegenüber den beiden früher erörterten Verfahren (der auf die Bearbeitung des zentralen Konflikts begrenzten Kurzform der Psychoanalyse und der konzentrierten Form der Psychotherapie auf psychoanalytischer Grundlage) verständlicherweise rascher gelehrt und erlernt werden, da es keine so hohen Anforderungen an die Technik und Fertigkeiten des Analytikers stellt. Der Preis dafür ist ein weniger hoch gestecktes Ziel und eine nicht nur quantitative sondern qualitative Veränderung des Verfahrens.

2. Kapitel: Die Psychoanalyse als Theorie

Eine Theorie erfüllt dann ihren Zweck, wenn sie dazu geeignet ist, sonst nicht erklärbare Phänomene zu erklären. Sie kann ebenso deduktiv *von beobachtbaren Daten abgeleitet oder* induktiv *aus Postulaten durch logische Schlüsse entstanden sein. Beides trifft für die psychoanalytische Theorie zu, die hier als Theorie psychischer Störungen vorgestellt wird.*

Obwohl jede Psychoanalyse als Methode – ideographisch – immer nur nach subjektiver Wahrheit zielt, somit jeder seine eigene Theorie finden muß, geht Psychoanalyse als Theorie – nomothetisch – davon aus, daß sich zu bestimmten Krankheiten allgemein gültige Regeln und Gesetzmäßigkeiten aufstellen lassen, die sich bei Diagnose und Therapie im Einzelfall als sehr hilfreich erweisen können. Dabei wird behauptet, daß die psychoanalytische Krankheitslehre insofern im Popperschen Sinne falsifizierbar ist, als nicht jede Theorie für jede Krankheitsgruppe zutrifft (so gilt die Theorie des Ödipuskomplexes nur bei den klassischen Neurosen, nicht bei den narzißtischen Neurosen und umgekehrt). Psychoanalytische Theorie befaßt sich nicht allein mit dem einzelnen Subjekt, *ein schwer ausrottbares häufiges Mißverständnis, sondern vor allem mit der* Beziehung *zwischen Mensch und Mitmensch. Dabei wird auch die* Familie *berücksichtigt, wie der Begriff »Familien-Neurose« aus einem 1965 erschienenen Aufsatz beweist.*

Die Theorie der Psychoanalyse bewährt sich als Krankheitslehre für den Bereich der Neurose in der täglichen Praxis mehr oder weniger in jedem Einzelfall immer wieder neu, ist aber zu wenig dokumentiert. Die Theorien der Psychosen, psychosomatischen Störungen und der Drogenabhängigkeit sind dagegen weniger erprobt, beanspruchen aber wenigstens heuristischen Wert, bis auch sie durch immer mehr intensive Einzelfallstudien besser überprüft sind.

1. Wissenschaftstheoretische Probleme

1. Wissenschaftstheoretische Position

Der Ps. A. wird zwar nicht ganz Wissenschaftlichkeit abgesprochen, wohl aber ein Entwicklungsstand nachgewiesen, der noch im vor-wisschenschaftlichen Stadium steckt. Zugleich wird die Ps. A. wegen ihrer praktikablen klinisch-psychologischen Untersuchungs- und Behandlungsverfahren sowie wegen ihrer einleuchtenden Entwicklungs-, Persönlichkeits- und Krankheitslehre geschätzt. Auch wenn die Ps. A. in den Lehrbüchern der klinischen Psychologie im Gegensatz zu früher kaum noch vertreten ist, ist diese ehemals als Tiefenpsychologie geschätzte psychologische Richtung neuerdings wieder gefragt.

Die Kritik, die von seiten der Experimentalpsychologie an der Ps. A. geübt wird (ungenügende Kriterien, ungelöste Validierungsprobleme, ungenaue Beobachtungen, häufige Beschreibungsfehler, nicht genügend isolierbare Variablen, fehlende kontrollierbare und reproduzierbare Untersuchungsmethoden), ist deswegen fragwürdig, weil sie im Gegenstand der Ps. A., nämlich den unbewußten Phantasien, vorbeigeht. Die üblichen psychologischen Untersuchungsmethoden sind nämlich dem genuin psychoanalytischen Gegenstand nicht ohne weiteres angemessen. Dasselbe gilt für das psychoanalytische Untersuchungs- und Behandlungsverfahren.

2. Gegenstand und Verfahren

Gegenstand der Ps. A. ist die psychische Realität. Dies sind: Phantasien, Erlebnisse, Vorstellungen, die über die Sprache des Patienten in freien Assoziationen mitgeteilt werden. Weiteres Material sind bekanntlich Träume und Fehlleistungen. Besonderer Untersuchungsgegenstand sind die interaktionellen Prozesse zwischen Analytiker und Analysand, die als Übertragung und Gegenübertragung beschrieben werden. Diese Gegenstände sind nicht direkt beobachtbar, geschweige denn leicht zu operationalisieren. Es handelt sich um Erlebnisse, die allenfalls indirekt mitgeteilt werden können.

Diese Erlebnisse erschließt der Psychoanalytiker mit Hilfe seiner psychoanalytischen Wahrnehmung, die er sich im Laufe seiner Ausbildung durch jahrelanges Training erworben hat und laufend verbessert. Diese Wahrnehmung besteht in der Einfühlung in sich selbst (Introspektion) und in der Einfühlung in den anderen (Empathie). Introspektion und Empathie gelten dabei in der Ps. A., ganz im Gegensatz zur Psychologie, als legitime wissenschaftliche Methoden. Wenn auch die Meßgenauigkeit der psychoanalytischen Wahrnehmung nicht numerisch quantifizierbar ist, so ist es doch mit ihrer Hilfe möglich, Unterscheidungsstufen wie kalt, warm und heiß festzustellen. Damit können bestimmte Ausschnitte innerhalb des Systems Psyche in Grenzen relativ zuverlässig abgeschätzt werden. Die Reliabilität der Einschätzung kann dabei durch hohe Übereinstimmung mehrerer unabhängiger Untersucher überprüft werden.

Wenn wir darüber hinaus die mit der psychoanalytischen Wahrnehmung gewonnenen Daten in »Wenn-Dann-Beziehungen« bringen, können wir Regeln aufstellen, die nachprüfbar sind. Ein Beispiel: Ein Patient erinnert sich, wie er sich als fünfjähriges Kind nach dem Verlust seiner Mutter verlassen fühlte. Er fühlt sich gleichzeitig in seinem gegenwärtigen Leben depressiv. Im weiteren Verlauf der Analyse wird ihm klar, daß das aktuelle depressive Erleben wahrscheinlich mit dem vergangenen Erleben als Kind zu tun hat. Damit können wir also einerseits aus vergangenen Erlebnissen auf die gegenwärtige depressive Befindlichkeit schließen wie umgekehrt: die gegenwärtige depressive Befindlichkeit auf das vergangene Kindheitserlebnis zurückführen. Der vermutete Begründungszusammenhang entspricht dem bekannten »H-O-Schema der wissenschaftlichen Erklärung«, denn mit dem Explanans der Gesetzeshypothese läßt sich in unserem Beispiel die depressive Befindlichkeit unseres Patienten mit dem infantilen Versagungserlebnis als Explanandum erklären. Wenn dieser Erklärungszusammenhang darüber hinaus wiederholt und durch verschiedene Untersucher in n = 100 oder mehr Fällen nachweisbar ist, können wir folgern, daß die Erklärung zutrifft. Derartige Schlußfolgerungen können in der täglichen psychoanalytischen Praxis laufend bestätigt werden, wenn deren Dokumentation auch noch zu wünschen übrig läßt. Beispiele dafür sind die ursächlichen Zusammenhänge zwischen Trennungsangst und phobischen Symptomen oder zwischen homosexuellen Phantasien und schizophrenen Störungen.

Die Art dieser gesetzmäßigen Erfahrungen ist zwar im jeweiligen Einzelfall absolut singulär und einzigartig im Sinne »subjektiver Wahrheit« (Loch, 1976; Lorenzer, 1974), die interpretativ erschlossen wird (Wertmann, 1975) und damit explizit idiographisch. Trotzdem weisen alle diese Einzelfälle, wie die Erfahrung zeigt, gemeinsame Entwicklungsschritte und Konfliktmuster auf, die allgemeinen Regeln und Gesetzmäßigkeiten folgen. Insofern ist die Psychoanalyse auch eine nomothetische Wissenschaft.

Zur Überprüfung dieser Regeln und Gesetzmäßigkeiten sind Untersuchungsinstrumente, die in der experimentellen Psychologie bewährt sind, nicht ohne weiteres geeignet, weil sie, wie gesagt, dem spezifisch psychoanalytischen Gegenstand nicht ohne weiteres angemessen sind. Forscher, die sich dem psychoanalytischen Gegenstand und Behandlungsverfahren zuwenden, sollten daher das spezifisch psychoanalytische Untersuchungsinstrument der Introspektion und Empathie kennen und im Umgang mit dem spezifischen Untersuchungsgegenstand, den Phantasien, vertraut sein. D.h.: empirische Forschung auf dem Gebiet der Ps.A. kann nur mit Instrumenten durchgeführt werden, die dem spezifisch psychoanalytischen Gegenstand adäquat sind. Es ist dabei das »empirische Unglück« der Psychoanalyse, daß sie ihren Gegenstand, die Phantasien, nicht wie in einem unmittelbar und systematisch beobachtbaren psychologischen Experiment demonstrieren kann. Ebensowenig ist ihr Untersuchungsinstrument der introspektiven und empathischen Wahrnehmung wie ein Themometer auf seine Zuverlässigkeit überprüfbar. Dies ist aber in manchen Bereichen der Psychologie auch nicht anders, wenn z.B. bestimmte mentale Strukturen oder formale Repräsentanzen der kognitiven Psychologie empirisch überprüft werden sollen.

3. Theorie

Freuds mechanistisches Menschenbild, das in der Naturphilosophie des 19. Jahrhunderts wurzelt, wird heute als biologistisch und vitalistisch abgelehnt. Während leichter nachprüfbare Hypothesen, wie die über Verdrängung und andere Abwehrmechanismen, als gesichert angesehen werden können, sind komplizierte Theorieteile der Ps. A., wie etwa die Strukturtheorie, die Triebtheorie oder die Ich-Theorie, schwer nachprüfbar. Folgende Theoriezusammenhänge gelten aber aufgrund zahlreicher Überprüfungen durch verschiedene Forscher als erwiesen (Kline, 1972): Die Existenz des sogenannten »analen« Charakters mit den Kennzeichen Ordentlichkeit, Sparsamkeit und Eigensinn, wahrscheinlich auch das Vorkommen des sogenannten »oralen« Charakters mit Fixierung an Befriedigungsformen, die um die Nahrungsaufnahme zentriert sind. Durch retrospektive und longitudinale Studien an Kindern ließen sich außerdem Wenn-Dann-Zusammenhänge zwischen derartigen Charakterstrukturen und phasenspezifischen infantilen Erfahrungen nachweisen. Die Existenz des Ödipus-Komplexes wurde in der Form der Liebe des fünfjährigen Knaben gegenüber seiner Mutter und der Eifersucht im Hinblick auf den Vater ebenso bewiesen wie der Kastrationskomplex. Von den Abwehrmechanismen konnten Sublimierung, Verdrängung und Verschiebung, nicht dagegen Projektion, bestätigt werden. Die diesbezüglichen Befunde werden auch in der Bundesrepublik an verschiedenen Stellen empirisch überprüft, wobei selbstentwikkelte Testinstrumente, wie der Gießen-Test (Beckmann u. Richter, 1972), ebenso verwendet werden wie Interviewverfahren, Fragebogentechniken sowie die quantitative und qualitative Inhaltsanalyse.

Affekttheorie
Die Freudsche Trieblehre mit ihrem Dualismus von Sexual- und Aggressions-Trieb wird neuerdings durch eine differenzierte Affekttheorie oder eine Theorie der Emotionen ergänzt (Kutter, 1978). Schon Rapaport (1953) hatte in Fortentwicklung der Freudschen Angst-Theorie Affektentladungskanäle, Triebrepräsentanzen und Affektsignale unterschieden. Brenner (1974) entwickelte eine einheitliche Affekttheorie, in der Affekte untrennbar in Verbindung mit den Phantasien gesehen werden. Die Entwicklung der Affekte in Form von bestimmten »Emotions-Schicksalen« wird analog der Entwicklung der »Trieb- und Objekt-Schicksale« zunehmend herausgearbeitet, wobei sich durchaus Berührungspunkte mit

psychologischen Emotions-Theorien ergeben. Mit Hilfe dieser neueren Affekt-Theorie lassen sich pathologische Phänomene von der hysterischen Symptombildung bis hin zu schweren psychosomatischen Störungen leichter erklären als mit der ursprünglich dualistischen Trieb-Theorie.

Selbst-Theorie

Neben der Affekt-Theorie hat sich über die psychoanalytische Ich-Theorie in den letzten Jahren eine Theorie des Selbst herauskristallisiert. Selbst bedeutet in dieser Terminologie, nicht unähnlich dem Selbst-Konzept in der Psychologie, eine innere Repräsentanz der Psyche, die durch bestimmte Erlebnisqualitäten als Folge vorausgegangener Erfahrungen in den Objektbeziehungen gekennzeichnet ist. Die unter dem Selbst zu subsumierenden psychischen Strukturen machen eine bestimmte Entwicklung durch, die von unreifen Vorstufen wie einem grandiosen oder narzißtischen Selbst bis zu reiferen Entwicklungsstufen reicht (Kohut, 1971). Außerdem unterscheidet man einen normalen von einem pathologischen Narzißmus (Kernberg, 1976) und ein wahres von einem falschen Selbst (Winnicott, 1974). Mit dieser Theorie des Selbst gelingt es, die heute häufigen schweren Verhaltensstörungen, die in der Psychoanalyse als narzißtische Persönlichkeitsstörungen, Borderline-Fälle oder gar psychotische Störungen bezeichnet werden, besser als früher zu erklären.

Objektbeziehungs-Theorie

Dieser Teilbereich neuerer psychoanalytischer Theorie akzentuiert die Bedeutung der zwischenmenschlichen Beziehungen. Alle im Laufe der Sozialisation erlebten Beziehungen hinterlassen im Bereich der psychischen Realität Spuren. Ursprünglich soziale Beziehungsmuster werden nach Internalisierung zu »internalisierten Objektbeziehungen«. Die vorher erwähnte Selbstrepräsentanz ist insofern stets mit einer Objekt-Repräsentanz untrennbar verbunden und bildet mit ihr ein Interaktionsmuster. Im Laufe des psychoanalytischen Prozesses werden diese Beziehungen nach Externalisierung in der psychoanalytischen Situation wiederbelebt und zusammen mit den damit verbundenen Phantasien und Affekten zum Gegenstand der Analyse gemacht.

Ein Sonderfall dieser Objekt-Beziehungen ist die Mutter-

Kind-Beziehung, die in der neueren psychoanalytischen Theorie besonders beachtet wird. Hypothesen besagen, daß Psychosen, psychosomatische Störungen, Drogenabhängigkeit und deviantes Verhalten auf pathogene Störungen dieser Ur-Beziehung, eine Art »Mutter-Kind-Komplex«, zurückzuführen sind (Kutter, 1977, S. 11).

Ein weiterer Sonderfall der psychoanalytischen Objektbeziehungstheorie ist die Akzentuierung der Elternposition gegenüber der früher ausschließlich betonten Kind-Perspektive. Heute interessieren nicht nur die Phantasien des Kindes über die Eltern, sondern auch die der Eltern über das Kind, besonders deren Erwartungen. Eltern mißbrauchen oft ihre Kinder, um eigenen Konflikten auszuweichen.

2. Psychoanalytische Konflikttheorie – Das psychoanalytische Krankheitskonzept

Krankheit

Krankheit wird hier nicht im juristischen oder medizinischen Sinn definiert als »Zustandsveränderung« mit »Behandlungsbedürftigkeit«. Krankheit wird vielmehr in psychoanalytischer Perspektive als *Folge eines Konfliktes* verstanden, und zwar eines Konfliktes, *der nicht angemessen gelöst werden konnte.* Derartige Krankheit auslösende und unterhaltende Konflikte können aktueller Natur sein, zum Beispiel im Rahmen einer sozialen Auseinandersetzung am Arbeitsplatz. Häufiger handelt es sich um latente, aus der Kindheit stammende, ungelöste Konflikte, die, uns gänzlich unbewußt, viele psychische Energien an sich binden und den Menschen auf noch näher zu beschreibende Weise krank machen können.

Am Anfang von Krankheit steht in aller Regel ein äußerer, sozialer Konflikt. Dieser reaktiviert einen ungelöst gebliebenen, unbewußten, inneren psychischen Konflikt. Kann dieser nicht gelöst werden, sei es, weil er zu schwierig zu lösen ist, sei es, daß sich das Ich zu schwach dazu fühlt, tritt angesichts der Unmöglichkeit einer angemessenen Konfliktlösung, Angst auf. Das Ich kann jetzt versuchen, den Konflikt unter Einsatz verschiedener Abwehrmechanismen zu bewältigen. Dies ist aber deswegen, weil diese Abwehrmechanismen sonst gut funktionierende seelische und/oder körperliche Prozesse stören, nur um den Preis von Krankheit möglich.

Je nach der Form der verwendeten Abwehrmechanismen kommt es dann zu ganz bestimmten Krankheitsformen. Diese unterschiedliche Ausgestaltung der Krankheitsformen hängt ganz wesentlich von dem Zeitpunkt der Entwicklung ab, in dem der Konflikt entstanden ist. Die individuelle Färbung des Krankheitsbildes wiederum ist Folge der jeweils ganz besonderen biographischen Verhältnisse des betreffenden Menschen.

Konflikt

Die Psychoanalyse als Konfliktpsychologie
Konflikt heißt Widerstreit. Es gibt Interessenkollisionen und Kompetenzkonflikte. In der Psychologie sprechen wir von Konflikt, wenn einander entgegengesetzte Interessen, Strebungen oder Motive aufeinanderprallen. Hinsichtlich der Motivrichtungen unterscheiden wir drei Grundformen von Konflikt:
1. Das Anstreben von zwei oder mehreren einander widersprechenden Zielen; 2. das Anvisieren eines Ziels, das neben den erwünschten Momenten gleichzeitig unerwünschte Aspekte aufweist und 3. die Abneigung gegenüber zwei unangenehmen, unter sich auswechselbaren, aber letztlich unausweichlichen Gegebenheiten. Die Schwierigkeit des Konflikts ist dabei unabhängig von der Intensität der beteiligten Kräfte. Sie nimmt zu, je geringer die Differenz zwischen diesen Intensitäten ist. In jedem Fall gilt für den Bereich der Psychologie: Konflikte sind umso schwerer lösbar, je weniger differenziert der betreffende Mensch in seiner Persönlichkeitsstruktur ist.

Drei Formen von Konflikten

Soziale Konflikte zwischen Kind und seinen Bezugspersonen
Beispiel: ein Kind schreit und wird deshalb geschlagen. Ein weiteres Beispiel: ein Kind widersetzt sich der Reinlichkeitserziehung und wird dafür mit Liebesentzug bestraft. Weiteres Beispiel: ein Kind interessiert sich für das sexuelle Verhalten seiner Eltern und die eigene erwachende Sexualität und bekommt seitens seiner Umwelt unmißverständlich gezeigt, daß es sich solcher Interessen nur zu schämen habe.
Psychische Konflikte zwischen mehreren innerseelischen Instanzen
Im Gegensatz zu sozialen Konflikten handelt es sich um rein psychische Konflikte, wenn etwa sexuelle Wünsche, ohne daß sie sich ausdrücken, allein innerseelisch auf Widerstände von seiten des Gewissens stoßen. Wenn ein Kind zum Beispiel die Wünsche in sich verspürt, entsprechend der bekannten Position des Ödipus, die Mutter zu erobern und den Vater zu beseitigen, während es gleichzeitig von seinem Gewissen

als den verinnerlichten Geboten der Eltern unmißverständlich gesagt bekommt, daß es diese Impulse nicht zulassen darf, gerät es unweigerlich in einen schweren Konflikt. Hierbei ist bedeutungsvoll, daß schon der nur phantasierte Wunsch ausreicht, die internalisierten Gebote und Verbote zu mobilisieren und damit zum Konflikt zu führen. Dieser ist unausweichlich, denn jedes Kind wird im Laufe seiner Entwicklung, ob es will oder nicht, früher oder später auf diejenige Person, die ihm die Mutter wegnimmt, böse sein und sie beseitigen wollen. Dieser Dreieckskonflikt »Kind / Mutter / störende dritte Person« ist universal und unabhängig von der herrschenden Gesellschaftsordnung; mag es auch je nach der herrschenden Sozialordnung, gesellschaftlich vermittelte, besondere Ausgestaltungen dieses ubiquitären Konflikts geben.

Psychische Konflikte zwischen zwei seelischen Instanzen

Psychische Konflikte können auch in einer Zwei-Personen-Beziehung entstehen, wenn jemand zum Beispiel die andere Person gleichzeitig haßt und liebt oder, krasser formuliert, gleichzeitig umbringen will und doch zum Überleben braucht.

Immer sind es sich widersprechende Kräfte, die in heftigem Gegensatz aufeinanderprallen und zum Konflikt führen. Die gegeneinander streitenden Tendenzen bringen den im Konflikt stehenden Menschen unter enormen psychischen Druck, ja oft in ein unlösbares Dilemma, in eine Zwickmühle, aus der er ohne Hilfe von außen nicht mehr herausfindet. Wir brauchen uns nur auszumalen, in was für ausweglose Situationen der Mensch geraten kann: hat er, wie Ödipus, und sei es nur in der Phantasie, den Vater umgebracht und dessen Stelle bei der Mutter eingenommen, dann kann er zwar über den Vater triumphieren, hat aber gleichzeitig im Vater den Freund verloren und außerdem Schuld auf sich geladen. Im Beispiel eines zwischen zwei Personen schwelenden Konfliktes läßt ein Kind tödliche Haßgefühle gegenüber der Mutter zu, bekommt aber zugleich zwangsläufig Angst davor, die auch geliebte Mutter zu verlieren. Haß- und Rachewünsche mögen dann Befriedigung finden. Der Preis für diese Befriedigung ist aber der Verlust liebender Zuwendung. Versucht das Kind nun, beiden sich widersprechenden Impulsen dadurch entgegenzukommen, daß es die entstandenen Haß- und Rachegefühle unterdrückt, um die liebende Beziehung zur Mutter nicht zu gefährden, dann können die unterdrückten Emotionen nicht nach außen abgeführt werden. Sie stören dann bislang intakte seelische und/oder körperliche Funktionen und führen damit zu Krankheit. Das heißt im Endeffekt: nicht gelöste Konflikte verursachen Krankheit oder, anders herum definiert: Krankheit ist Folge ungelöster Konflikte.

Typische Konflikte

1. Ödipale Konflikte bei klassischen Neurosen

Konflikte in der Dreierbeziehung zwischen Kind, Mutter und Vater werden in der Psychoanalyse bekanntlich als ödipale Konflikte, als der »Kern-Komplex der Neurosen« (Freud, 1905, S.127) bezeichnet. Sie sind die Ursachen der sogenannten *klassischen Neurosen:* Solche Neurosen sind

a) die sogenannte hysterische oder *Konversionsneurose*, gekennzeichnet durch organisch nicht begründbare Störungen der Willkürmuskulatur oder Störungen der Sinnesorgane und der Wahrnehmung

b) die *Zwangsneurose* mit typischem Zwangsdenken und -handeln und den Charaktereigenschaften der übermäßigen Pünktlichkeit, Sauberkeit und Ordentlichkeit sowie

c) die *Phobie* mit ihrer Angst vor bestimmten Situationen wie zum Beispiel vor Fliegen oder Eisenbahnfahren, vor Höhen oder Tiefen, vor bestimmten Tieren. Diese sogenannten klassischen Neurosen kreisen um einen Konflikt, bei dem es um sexuelle Wünsche und deren Verbote geht. Diesem psychischen Konflikt geht ein sozialer Konflikt insofern voraus, als die Versuche des drei- bis sechsjährigen Kindes, sexuelle Wünsche zu befriedigen, seitens der Erziehungsberechtigten meist mit Sanktionen bedroht werden. Das Kind könnte nun den Konflikt dadurch lösen, daß es entgegen den Verboten die Befriedigung des Triebes zuläßt. Die andere Möglichkeit der Konfliktlösung wäre, daß das Kind auf die Befriedigung verzichtet. Die erste Möglichkeit der Konfliktlösung scheidet aus Angst vor den Erziehungsberechtigten aus, die zweite deswegen, weil die Triebkräfte im Verhältnis zu den strukturellen Voraussetzungen für ihre Steuerung zu stark sind. Damit bleibt der Konflikt ungelöst. Das heißt zugleich: die mit dem Wunsch verbundenen Erregungen, Emotionen oder Leidenschaften können nicht abgeführt werden. Sie stauen sich. Zu der Angst vor den Erziehungsberechtigten addiert sich die Angst vor dem Durchbruch der angestauten Triebkräfte. Darüber hinaus signalisiert die *Angst*, daß das Ich des betreffenden Kindes einfach nicht in der Lage ist, den Konflikt angemessen zu lösen. Der einzige Ausweg bleibt der Einsatz bestimmter *Abwehrmechanismen*, durch die der Konflikt aus dem Bewußtsein gerät. Diese neurotische und damit krankhafte Konfliktlösung ist allerdings nur dadurch möglich, daß die mit dem ungelösten Konflikt verbundenen Triebwünsche, Ängste und Verbote gegenüber diesen Regungen, in »neurotischer Kompromißbildung« um den Preis des Entstehens eines Symptoms »gebunden« werden. Die Art der krankhaften Konfliktlösung ist dabei je nach der vorherrschenden sexuellen Entwicklungsstufe, der gegebenen sozialen Situation und je nach dem Reifegrad der Ich-Struktur und der verwendeten Abwehrmechanismen eine andere. Bei der *Hysterie* sind es beispielsweise sexuelle Wünsche des zwischen Mutter und Vater stehenden Kindes, die durch den Einsatz des Abwehrmechanismus »Verdrängung« zu ganz spezifischen, eben hysterischen Krankheitssymptomen führen. Zwangsneurose und Phobie teilen die soziale und psychische Konfliktkonstellation mit der Hysterie, unterscheiden sich aber von dieser durch andere neurotische Konfliktlösungen: Zur *Zwangsneurose* kommt es durch Regression von der sexuellen Trieborganisationsstufe auf die sogenannte anal-sadistische Entwicklungsstufe. Außerdem werden die sexuellen Impulse unter Reaktionsbildung in ihr Gegenteil verkehrt: Vorher sexuelles Verhalten wird zum Beispiel durch eine besonders asketische Einstellung ersetzt. Die mit dem ungelösten Konflikt zusammenhängenden Affekte werden unter Affekt-Isolierung anderen psychischen Impulsen zugeordnet. Bei der *Phobie* werden die sexuellen Wünsche und Verbote auf bestimmte Situationen oder Objekte unter Verwendung des Abwehrmechanismus »Verschiebung« gleichsam »umgeleitet« mit dem »neurotischen« Erfolg, daß der davon Betroffene jetzt nicht mehr von sexuellen Konflikten bedrängt ist, sondern nur von Angst in bestimmten Situationen oder vor bestimmten Objekten, die er auch noch, allerdings um den Preis der Einengung seines Aktionsradius, vermeiden kann. Diese verschiedenen Verarbeitungsformen von Wünschen, Verboten, Ängsten und Affekten durch ganz spezifische Abwehrmechanismen werden in der psychoanalytischen Abwehrtheorie zusammengefaßt. Diese ist Grundlage der psychoanalytischen Krankheitslehre, in der die hier skizzierten einzelnen neurotischen Krankheitsbilder detailliert beschrieben werden (Loch, 1983).

2. Präödipale Konflikte bei nach-klassischen Neurosen, Psychosen, psychosomatischen Störungen und delinquentem Verhalten

Der entscheidene *soziale* Konflikt in der Genese dieser Störungen ist ein Konflikt in einer Zwei-Personen-Beziehung, in der Regel ein solcher zwischen Mutter und Kind. Hierbei geht es aber nicht um die Befriedigung sexueller Wünsche und Ängste vor diesbezüglichen Verboten, sondern um existentielle Bedürfnisse wie Hunger und um eine für die gesunde psychische Entwicklung nicht weniger existentiell notwendige emotionale Zuwendung von seiten der ersten Bezugsperson, ohne die das Kind seelisch »verhungern« würde. Es geht um Sein oder Nichtsein. Der soziale Konflikt kann für das Kind auf dieser Entwicklungsstufe auch dadurch entstehen, daß es in seinen expansiven Bedürfnissen eingeengt und unterdrückt wird. An dieser Stelle sind die gar nicht so seltenen körperlichen Kindesmißhandlungen zu nennen, von denen es eine große Dunkelziffer gibt, und die viel häufigeren Fälle seelischer Grausamkeit gegenüber dem Kind. Derartige soziale Konflikte stürzen das Kind in massive seelische Krisen zwischen Auflehnung gegen die Unterdrücker mit Angst vor deren Vernichtung und Angst vor Vernichtung durch die Unterdrücker. Der Psychoanalytiker spricht von Konflikten zwischen Selbstverlust und Objektverlust; Konflikten, denen ein kleines Kind im Alter von ein bis zwei Jahren hilflos ausgeliefert ist; dies um so mehr, als die Triebbedürfnisse eines Kindes in diesem Alter im Gegensatz zu denen eines drei- bis sechsjährigen Kindes viel elementarerer Natur sind. Die Liebesbedürfnisse sind verschlingend und wollen die ganze Person ausschließlich für sich haben. Frühkindlicher Haß ist von zerstörerischer Gewalt und in der Phantasie immer mit der Angst verbunden, entweder sich selber oder den andern ganz zerstört zu haben. Die Angst wegen dieser primitiven Triebregungen ist in diesen Frühstadien der Gewissensentwicklung ebenfalls sehr archaischer Natur und von massiv unterdrückendem oder verfolgendem Charakter. Die Ich-Struktur des Kleinkindes ist wegen ihres unreifen Entwicklungsstadiums in jeder Beziehung unfähig, auch nur in Ansätzen eine Konfliktlösung zu versuchen. Die Voraussetzungen zu einer neurotischen Konfliktlösung unter Einsatz von Abwehrmechanismen wie Verdrängung, Reaktionsbildung oder Verschiebung fehlen. Die vergleichsweise primitiven Abwehrmaßnahmen verleihen dem verletzlichen Ich des Kleinkindes zwar einen gewissen Schutz vor dem völligen Zusammenbruch, jedoch nur um den Preis schwererer bis schwerster Funktionsstörungen wie Psychose, psychosomatische Erkrankung oder *delinquentes Verhalten.*

Versuchen wir nun, diese schweren psychischen Störungen auf bestimmte soziale Konflikte zurückzuführen und deren Schicksale, genau wie bei den neurotischen Störungen, über die Stufen Konflikt, Angst, spezifische Abwehr bis hin zu Entwicklung bestimmter Formen krankhaften Verhaltens zu verfolgen, dann kommen wir zu Zusammenhängen, die uns helfen können, auch diese nicht nur für den Juristen schwer verständlichen Störungen besser zu verstehen und zu erklären. Beginnen wir mit den *Psychosen:*

Ein an einer *Psychose* Erkrankter wurde, psychoanalytischen Vorstellungen gemäß, in allerfrühester Kindheit, im Laufe des ersten Lebensjahres, schweren psychischen Schädigungen ausgesetzt. Als Folge davon konnte sich keine stabile Grundlage für die gesamte spätere Persönlichkeitsentwicklung bilden. Dabei besteht der spezifische »psychotogene« soziale Konflikt darin, daß die »Ur-Beziehung« zwischen Mutter und Kind schwer gestört war. So konnten die natürlichen Bedürfnisse des Kindes nicht befriedigt werden. Darüber hinaus wurde ein derartiges Kind von zur Mütterlichkeit unfähigen Müttern geradezu »erdrückt«, für eigene Zwecke »mißbraucht« oder »ausgebeutet«. Es ist daher kein Wunder, daß die hochgradig labile und fragile Ich-Struktur eines in einem derartigen sozialen Konflikt stehenden Kindes extremen Belastungen ausgesetzt ist. Ein solches Kind kann noch versuchen, sich der »Zudringlichkeiten« der Mutter durch Rückzug auf sich selbst zu erwehren, es kann auch versuchen, in der Phantasie über eine Art »halluzinatorische Wunscherfüllung« die Phantasie einer besseren Mutter aufzubauen. Die unerträglichen Versagungen essentieller Bedürfnisse und die Ängste vor Selbst- und Objektverlust können durch totalen Rückzug auf sich selbst (Autismus) oder Verschmelzung mit den anderen (Symbiose) abgewehrt werden. Der Preis dafür ist ein mehr oder weniger weitreichender Rückzug aus der Realität in die Welt psychotischer Phantasien. Diesen Prozeß könnte man *»Psychotisierung«* nennen. An speziellen Abwehrmechanismen spielen bei diesem Prozeß besonders die Verleugnung der Realität, die Projektion von Teilen der eigenen Person in andere und die Introjektion von Teilen anderer Personen in die eigene Person eine große Rolle. Dazu kommt eine erhöhte Durchlässigkeit der Ich-Grenzen gegenüber der Umwelt, was die wechselseitigen Projektionen und Introjektionen extrem erleichtert. Die damit verbundenen Ängste sind durch fehlende Ich-Kontrolle, überwältigenden Affekt und automatischen Ablauf gekennzeichnet und in ihrer Art so archaisch, daß sie das ohnehin labile und fragile Ich nicht meistern kann. Aus den archaischen Ängsten und den verwendeten speziellen Abwehrmechanismen resultieren dann die verschiedenen psychotischen Krankheitsbilder: Rückzug auf sich selbst in der »autistischen« Psychose, Verschmelzung mit dem Objekt in der »symbiotischen« Psychose und schwere Identitätsstörungen mit Wahn und Sinnestäuschungen in der »schizophrenen« Psychose.

Zu *psycho-somatischen Krankheiten* kommt es, wenn dieselben sozialen Konflikte nicht unter Einsatz von »Psychotisierung«, sondern durch eine sogenannte *»Somatisierung«* (V. v. Weizsäcker, 1951) abgewehrt werden, was im einzelnen heißt: wie bei der Praedisposition zur Psychose ist auch bei den zu psychosomatischen Krankheiten praedisponierten Menschen das Ich nicht in der Lage, die ebenso durch extreme Versagung wie »Mißbrauch« entstandenen Konflikte zu lösen. Noch viel weniger ist es dazu imstande, die mit diesen Konflikten verbundenen massiven Affekte (Todesängste, Verschmelzungswünsche, archaische Destruktivität) zu verarbeiten. Unter der Bedingung eines sogenannten »somatischen Entgegenkommens« (Freud, 1905 b, S. 200) hat es aber die Möglichkeit, den Konflikt körperlich auszutragen, das heißt: ein zur Austragung des Konfliktes praedisponiertes

Organ wird gleichsam »gewählt«, um die mit dem Konflikt zusammenhängenden Emotionen zu »binden«. Da es sich, wie gesagt, um sehr archaische Emotionen handelt, wird die Funktion dieses Organs unweigerlich gestört werden, was, wie beim Magengeschwür oder bei der Dickdarmentzündung, bis zur Gewebszerstörung führen kann. Mit dieser »Somatisierung« des Konflikts hat der psychosomatisch Kranke auf psychischem Gebiet Ruhe gefunden, allerdings um den Preis der Organ-Krankheit. Jetzt zum kriminellen Verhalten:

Auch beim *delinquenten Verhalten* steht am Anfang ein sozialer Konflikt, der, wie in der Genese von Psychose und Psycho-Somatose, durch extreme emotionelle Versagungen und/oder Unterdrückung kindlicher Bedürfnisse bei gleichzeitigem elterlichen »Mißbrauch« des Kindes für eigene Zwecke gekennzeichnet ist. Die psychische Folge ist auch hier eine labile, fragile Ich-Struktur. Das Ich eines zu kriminellem Verhalten praedisponierten Menschen ist ebensowenig fähig wie das eines zu Psychose und Psycho-Somatose praedisponierten Menschen, reifere »neurotische« Abwehrmechanismen wie Verdrängung unter Ausbildung einer Neurose zustande zu bringen. Beim kriminellen Verhalten hilft sich das Ich dadurch, daß es den Konflikt und die mit dem Konflikt zusammenhängenden archaischen Affekte unter »Kriminalisierung« in Form einer kriminellen Handlung »ausagiert«. Im Unterschied zu Neurose und Psychose wird hier der Konflikt nicht innerseelisch unter Entstehung psychischer Symptome verarbeitet, sondern unter Umgehung des Schrittes psychischer Konflikt offen in der Außenwelt ausgetragen. Die beim Kind durch Versagung oder Mißhandlung entstandene Unlust-Spannung, Todesangst und die relativ aus der Versagung resultierende archaische Aggressivität entlädt sich zum Beispiel in einem Tötungsdelikt unmittelbar nach außen. In weniger schweren Fällen können etwa die als Kind im sozialen Konfliktfeld der Familie erlebten »Enteignungen« im Erwachsenenalter zu Diebstählen aus dem Motiv der Rache führen. Als Kind erlittene »Einbrüche« in das ungeschützte kindliche Ich durch repressiv erziehende Eltern können in anhaltender innerseelischer Krankheit im Erwachsenenalter schließlich sonst unerklärliche Straftaten mit Einbrüchen nach sich ziehen. Diese delinquenten Handlungen sind um so eher möglich, als die triebhaften Kräfte solcher Menschen stark sind, während das Ich, pauschal gesagt, »schwach« ist. Dazu kommt ein entweder völlig fehlendes Gewissen (psychoanalytisch: Über-Ich) oder ein sehr archaisches vom Bewußtsein abgespaltenes Über-Ich, unter dessen Druck das labile Ich überwältigt zusammenbricht. Das Ergebnis ist, daß dieses archaische Über-Ich die sonst vom Ich gesteuerten Funktionen übernimmt und sich des Körpers mit seinen Bewegungsorganen als Instrument seiner meist zerstörerischen Aggressivität bemächtigt.

3. Psychoanalytische Neurosenlehre

1. Übersicht

Neurosen sind die Volksseuche der heutigen Zeit. Patienten mit derartigen Störungen kommen bis zu fünfzig Prozent in der ärztlichen Praxis vor. Die Symptome sind organisch nicht objektivierbare Beschwerden der verschiedensten Art, den Kopf, das Herz-Kreislauf-System, den Magen-Darm-Kanal oder die Atmung betreffend. Daneben bestehen meist ausschließlich seelische Erscheinungen wie Angstzustände, Zwangsdenken oder ganz gezielte Befürchtungen, beim Überqueren eines großen Platzes oder in engen Räumen, in der Dunkelheit oder bei der Benutzung bestimmter Verkehrsmittel einen Herzanfall zu erleiden oder gar tödlich zusammenzubrechen. Die Ursachen sind seelische Konflikte, die nicht gelöst wurden und in einer Weise, wie wir sie oben unter 2.2 gezeigt haben, zu Krankheit führen. Die Form der entstehenden Krankheit hängt dabei von folgenden Faktoren ab:

1. dem Stand der Entwicklung, auf dem die Störung einsetzt,
2. der Art des Konflikts,
3. der Art der Ängste und
4. der Art der Abwehr.

Wir kommen somit zu bestimmten *Typen von Neurosen*, die wir jetzt nacheinander, zusätzlich illustriert mit praktischen Beispielen, betrachten wollen:

2. Die klassische Symptom-Neurose

Ihr liegt, strukturell gesehen, ein Über-Ich/Es-Konflikt zugrunde, im Hinblick auf die Objektbeziehungen ein ödipaler oder triangulärer Konflikt des Kindes zwischen Mutter und Vater. Bestimmte, meist sexuelle, aber auch aggressiv getönte Wünsche werden durch verinnerlichte Verbote unterdrückt, weil sie Angst auslösen (Angst vor Strafe, vor Verletzung, vor Liebesverlust, vor Beschämung) und unter Einsatz von Verdrängung, Verschiebung, Affekt-Isolierung, Reaktionsbildung und anderen Schutzmechanismen abgewehrt.

Da ist zunächst der Fall einer jungen, etwa dreißigjährigen Frau. Sie quält sich mit zwanghaft auftretenden Grübeleien, unerklärlichen Herzbeschwerden und kann nicht mehr allein sein. Nachts schläft sie unruhig und zerbricht sich den Kopf darüber, was sie falsch gemacht habe. Sie wuchs in gut bürgerlichen Verhältnissen auf, streng katholisch erzogen. Alles, was mit Sexualität zusammenhing, war Sünde und mußte unterdrückt werden. Die Frau bewegte sich auf einem schmalen Weg, hatte wenig Männerbekanntschaften, heiratete einen tüchtigen Ingenieur und blieb doch unglücklich. Etwas fehlte ihr. Da begegnete ihr ein lebensfroher Mann, der es verstand, ihre eigene versteckte Lebensfreude zu wecken; eine Versuchungssituation, und es war um sie geschehen. All ihre Sinnlichkeit blühte auf und suchte Erfüllung. Das aber war das von den Eltern Verbotene. So konnte sie das sie befreiende Erlebnis nicht genießen; im Gegenteil, sie mußte es in sich selbst so abwürgen, wie es ihre strengen Eltern in der Kindheit mit ihr gemacht hatten. All dies war ihr aber nicht bewußt. Erst die Psychoanalyse brachte den Konflikt ans Tageslicht, den sie nicht bewältigen konnte und der darin bestand, daß der Wunsch in ihr wach wurde, zu genießen, gegen den ein Verbot stand, das in ihr nachwirkte, gegen das sie sich aber, erst einmal in Versuchung gekommen, nun auflehnte; allerdings um den Preis der Angst vor Strafe und des schlechten Gewissens. Da sie jetzt in Wirklichkeit niemand mehr strafte wie in der Kindheit, strafte sie sich unbewußt selbst. Ergebnis: das neurotische Leiden. Wie die Analyse zeigte, hatte also der aktuelle Konflikt einen Vorläufer in der Kindheit: Da hatte sich das vierjährige Mädchen in aller Unschuld in den Vater verliebt und einmal mit ihm zärtlich im Bad gespielt, als die Mutter eintrat und das Kind sich durch deren strengen Blick verurteilt fühlte. In der Kindheit also war unserer Patientin ein Verbot eingepflanzt worden, das sie einengte und das zu übertreten sie reizte. Diese Wünsche aber waren die »unverträglichen Vorstellungen«, von denen Freud schon 1894 sprach, die verdrängt oder abgewehrt werden mußten, unter Entwicklung neurotischer Symptome, die als »Kompromißbildungen« zu bezeichnen sind; Kompromißbildungen zwischen den verdrängten sinnlichen Wünschen und den strafenden verdrängenden Kräften. Zielt der verbotene Wunsch auf den gegengeschlechtlichen Elternteil und wird der gleichgeschlechtliche wegen des Verbots gleichzeitig gehaßt, dann haben wir das vor uns, was in der Psychoanalyse

»Ödipus-Komplex« genannt wird. Das Mädchen liebt den Vater und haßt die Mutter, nach Sigmund Freud der »Kernkomplex« aller Neurosen. Dieser Ur-Konflikt wurde durch die aktuelle Versuchungssituation wiederbelebt. Ohne den infantilen Konflikt als Vorläufer hätte die Patientin sicher nicht so neurotisch reagiert. Das aktuelle Erleben war nur der »Auslöser« eines im Unterbewußtsein schwelenden infantilen Konfliktes. Auf die Ebene dieses ungelösten Konfliktes regrediert der neurotische Mensch; er fällt darauf zurück, weil er in einem versteckten Winkel seiner Seele immer daran fixiert blieb. Hier war ein »Komplex« verborgen, der, wie Freud einmal sagte, »wie ein Fremdkörper unaufhörlich Reiz- und Reaktionserscheinungen in dem Gewebe unterhält, in das er eingebettet ist«. Dadurch gehen den davon befallenen Menschen viele Kräfte verloren; Kräfte, die dadurch aufgebraucht werden, daß die verpönten Wünsche unter Schloß und Riegel bleiben müssen. Unsere Patientin quälte sich mit Grübeleien, ein innerer Zwang, obwohl als unsinnig erkannt, trieb sie dazu. Das sind Erscheinungen einer Zwangsneurose. Sie hatte aber auch Herzbeschwerden, für die sich eine körperliche Ursache nicht finden ließ. In diesen Symptomen waren, wie die Analyse zeigte, Wünsche nach Liebe, Angst vor Strafe und die Strafe selbst enthalten. Man kann mit Freud auch sagen: »Der Schmerz war an die Stelle einer Gefühlsäußerung getreten« oder wurde zu einem »Ersatz für verbotene Befriedigung«, »Ausdruck einer längst vergangenen Schädigung im frühkindlichen Sexualleben« bzw. Folge eines »Konfliktes zwischen Ich und Sexualstrebungen«. Das sind Symptome einer Organ-Neurose. Wird die Angst unmittelbar spürbar, sprechen wir von Angstneurose. Bei unserer Patientin war es so, daß sie Angst vor dem Alleinsein hatte. Alleinsein war für sie eine angsterregende Situation, die sie zu vermeiden suchte. Ist die Angst an eine solche Situation gebunden, die umgangen wird, dann haben wir eine Phobie vor uns. Zusammengefaßt handelt es sich bei unserer Patientin um eine seelische Störung mit zwangshaften organneurotischen und phobischen Symptomen; akut ausgebrochen durch eine Versuchungssituation, die deswegen so schwere Folgen nach sich zog, weil, wie wir abgekürzt in psychoanalytischer Fachsprache sagen, die Patientin unbewußt an eine ungelöste ödipale Konfliktsituation fixiert geblieben war, in der sie die natürlichen sinnlichen Wünsche als verboten erlebt hatte und solcherart an einen Schuldkomplex gebunden blieb. Der Fall soll beispielhaft für alle jene stehen, die zwar in geordneten bürgerlichen Verhältnissen aufgewachsen sind, aber unter strenger Sexualmoral und deswegen mit dem Erwachen ihrer sinnlichen Wünsche in schwere Skrupel und Gewissenskonflikte geraten: Prototyp der Neurose einer bürgerlichen, puritanischen und triebfeindlichen Gesellschaft.

3. Eine moderne nach-klassische Neurose: Das Identitäts-Defizit bei Mangel an väterlichem Vorbild

Die Patienten klagen über diffuse Beschwerden, die sie schwer benennen können. Sie fühlen sich selbstunsicher, schämen sich leicht, weichen zwischenmenschlichen Beziehungen gerne aus, legen sich selbst nicht fest und sind sich vor allem über sich selbst, über ihre Ziele, Ideale und Werte nicht im klaren. Ihrer Persönlichkeit fehlt die Festigkeit, Stabilität, als Frau eine klare Weiblichkeit, als Mann überzeugendes männliches Verhalten, Standhaftigkeit, Zielstrebigkeit. Statt solcher positiver Merkmale fühlen derartige Menschen als negative Merkmale eine innere Leere, ein Gefühl des Mangels, ein Nicht-Können, ein Unvermögen. Neurosen-theoretisch besteht kein Trieb / Überich-Konflikt. Vorherrschend ist eher ein Gefühl des Defizits.

Die Defizite sind Folge fehlender Identifizierungsmöglichkeiten mit Bezugspersonen, die als klare Vorbilder in Frage gekommen wären. Vielfach fehlen die Väter in der Familie oder die Väter erweisen sich in ihrer Autorität als schwach und unfähig, Halt und Orientierung zu vermitteln. Aber auch die Mütter sind häufig in ihrer weiblichen Identität gestört und fühlen sich während der Erziehung unfähig, dem Kind als Vorbild zu dienen. Dazu folgendes *Fallbeispiel:*

Ein fünfundzwanzigjähriger Student der Elektrotechnik klagt in der studentischen Beratungsstelle über Arbeitsstörungen, Größenphantasien, Angstzustände und Kontaktstörungen. Neidvoll beobachtet er Reden und Handeln seiner Kommilitonen; unfähig, es ihnen gleichzutun. Die ersten drei Lebensjahre verbrachte der Patient in Ostpreußen, dann verschlug ihn die Flucht nach Süddeutschland, wo er an der Seite wesentlich älterer Geschwister bis zum sechsten Lebensjahr vaterlos, zusammen mit einer depressiven und selbstunsicheren Mutter aufwuchs. Nach Rückkehr des Vaters aus der Kriegsgefangenschaft blieb dieser dem Sohn ein Fremder. Dazu kam, daß der Vater, Arbeiter von Beruf, der Familie keine neue wirtschaftliche Basis verschaffen konnte und schließlich dem Alkohol verfiel. Damit war er als Identifikationsobjekt denkbar ungeeignet geworden. Der Patient war seinerseits unfähig, sich in Schule und Freizeit durchzusetzen, verließ das Gymnasium, machte eine Lehre als Elektromechaniker, um dann doch noch, unterstützt durch Lehrer, über den zweiten Bildungsweg zum Studium zu kommen. Hier aber setzten die eingangs geschilderten neurotischen Störungen ein. Ihre Analyse zeigt weniger sexuelle Konflikte als einen schmerzlich empfundenen Mangel an väterlichem Vorbild. In der Erinnerung an den Vater empfindet der Patient Gefühle der Peinlichkeit und Kränkung, durchsetzt von solchen tödlichen Hasses. Anstatt stolz auf den Vater sein zu können, schämt er sich seiner. Er kann sich mit diesem Vater nicht ödipal auseinandersetzen, bleibt an die Mutter gebunden und erlangt somit »nicht den Zutritt zur Welt«, da »die repressive Funktion des Vaters als dritter Person« (Loch, 1968, S. 728) ausfällt. Damit ist auch eine »stabile, Kernidentität voraussetzende, tatsächliche, vom Sachbezug bestimmte, aber auch gefühlshaft stets mitgesteuerte und vor allem fundierte Mehrpersonenbeziehung« verfehlt.

Es ist dies eine Neuroseform, die einer Gesellschaft entspricht, wie sie A. Mitscherlich (1963) in »Auf dem Weg zur vaterlosen Gesellschaft« beschrieben hat. Diese andere Neurosestruktur impliziert übrigens auch eine andere Technik der Psychoanalyse. Gefordert wird eine Art des Umgangs, in der vor allem die Person, der Mensch des Analytikers zur Wirkung gelangt, weniger dessen Spiegelfunktion; m. a. W. mehr das Sein als die Deutungstechnik. Auf diese Weise kann der Analysand in den realen Auseinandersetzungen mit dem Analytiker etwas von der versäumten Vaterfunktion nachholen und durch die Identifizierung mit dem Analytiker bis zu einem gewissen Grad seinen Mangel in Ich und Über-Ich ausgleichen.

4. Eine andere moderne nach-klassische Neurose: Die Bindungs-Neurose

Hier handelt es sich um Menschen, die im Grunde abhängige Kinder geblieben sind, häufig einen Ehepartner wählen, der ihnen Mutter oder Vater ersetzt, und die infolgedessen nie selbständig geworden sind. Ohne die ständige Zuwendung des Partners fühlen sie sich sehr schnell unglücklich, werden leicht krank oder reagieren zumindest entweder aggressiv oder depressiv. Neurosen-psychologisch ist es ihnen in der Kindheit während der Individuations- und Trennungs-Phase zwischen Mutter und Kind nicht gelungen, sich von der Mutter abzulösen.* Anstelle einer klaren, Sicherheit gebenden inneren Struktur besteht ein Defizit, das Balint (1968) Grundstörung (englisch: basic fault) nannte. Den dergestalt bestehenden innerseelischen Mangel muß die außenstehende Bezugsperson ausgleichen oder kompensieren, es sei denn, derartige Patienten entwickeln, unter Rückgriff auf längst überwunden geglaubte frühe Entwicklungsphasen, eine Struktur, die Kohut (1971) »Grandioses Selbst« nennt oder Kernberg (1975) eine »Pathologische Selbst-Konfiguration«. Mittels dieser aus Abwehrgründen entstandenen psychischen Strukturen können sich derartige Menschen in relativer Unabhängigkeit von der Umwelt selbst täuschen und sich trotz ihren real bestehenden Defiziten relativ großartig fühlen. Unter diesen Umständen gelingen ihnen keine echten zwischenmenschlichen Beziehungen, der andere wird vielmehr, wie oben schon angedeutet, als Substitut benutzt, als Erweiterung des Selbst erlebt und entsprechend manipuliert, was die Wahrscheinlichkeit, andere Menschen für sich zu interessieren, natürlich erheblich mindert. Auch hierfür ein *Fallbeispiel*, diesmal aus der Erziehungsberatungsstelle.

Ein zehnjähriger Junge wird in die Erziehungsberatungsstelle gebracht, da er seit drei Jahren trotz aller Bemühungen nicht mehr dazu zu bewegen ist, in die Schule zu gehen. Als letzte Ursache dieser »Schulphobie« wurde eine starke, unbewußte Bindung zwischen Mutter und Kind kenntlich, die von beiden Seiten unterhalten wurde. Die Mutter konnte im Laufe der Beratung zugeben, daß sie ihr Kind wegen seiner zarten Konstitution vor der Härte des Daseins habe schützen

* Vgl. Bassy ouoni, 1984.

wollen. Projektive Tests zeigen an, wie sehr die Mutter ein de-vitalisiertes Kind aus eigener unbewußter Motivation brauchte, um sich an ihm als »Substitut« (Richter 1963, S. 128) für den ungeliebten Mann schadlos halten zu können.

Hier haben wir es also mit *prä*-ödipalen Konflikten der Zweierbeziehung zwischen erster Pflegeperson und Kind zu tun. Die Neurosen, die daraus entstehen, sind folglich präödipale Neurosen, gekennzeichnet durch Fixierung in der symbiotischen und / oder Individuationsphase. Die davon Betroffenen sind aus dieser Phase entweder nie herausgekommen oder sind darauf bei vorhandenen Fixierungsstellen auf Grund von Konflikten in späteren, etwa ödipalen Entwicklungsphasen wieder regrediert. Derartige Fälle werden meist mit späteren Psychosen in Zusammenhang gebracht. Keinesfalls muß die mögliche spätere Erkrankung eines solchen Menschen aber eine Psychose sein. Diese stellt lediglich die relativ seltene Extremform der häufigen Störungen dar, die wir heute als »narzißtische Neurosen« zu bezeichnen gewohnt sind. Auf diese Fälle den klassischen Neurosebegriff anzuwenden wäre falsch, weshalb Kohut (1971) sie ausdrücklich auch als »narzißtische Persönlichkeitsstörungen« bezeichnet.

5. Noch eine moderne Form einer nach-klassischen Neurose Ich-Defizit bei Mangel an mütterlicher Zuwendung

Eine dritte Gruppe von Neurosen stellen diejenigen Fälle dar, bei denen es durch frühen Verlust der Pflegeperson, häufigen Wechsel derBeziehungspersonen oder bei gänzlichem Fehlen einer Pflegeperson zu einer gestörten Ich-Bildung gekommen ist und damit zu einer brüchigen Identität. Die *Ich-Struktur* dieser Fälle ist mehr oder weniger defekt. Wichtige stabilisierende Strukturelemente werden vermißt. Dazu kommen unweigerlich Defekte in der *Über-Ich-Struktur*, da auch die späteren, als Erbe des Ödipuskomplexes auftretenden Identifikationen nicht hinreichend geglückt sind. In dieser Gruppe haben wir Menschen vor uns, die nicht in der Lage sind, »wohlgestaltete Neurosen« zu bilden, weil ihnen dazu die Voraussetzungen in der Ich-Struktur fehlen. Statt dessen finden wir in dieser Gruppe »diffuse charakteristische Zustandsbilder«. Die davon Betroffenen leiden an depressiven Verstimmungen, Apathie, Antriebsmangel, Unlust, Arbeits-, Kontakt- und Sexualstörungen sowie an zahlreichen körperlich nicht objektivierbaren Beschwerden, die man medizinisch als »vegetative Regulationsstörungen« oder »larvierte Depression« zu diagnostizieren pflegt. Ihre gemeinsame Genese ist die mütterliche Versagung, die mütterliche »Deprivation« (Bowlby, 1951). Hier liegt wirklich ein Mangel in der Ich-Struktur vor. Man könnte von »Lakunen im Ich« sprechen. Deswegen kann es hier keinen Konflikt geben, so daß wir es bei diesen Fällen tatsächlich mit »vor-konfliktuösen« Verhältnissen zu tun haben, für die der Begriff Neurose eigentlich nicht mehr zutrifft, es sei denn, wir grenzen aus dem Sammeltopf der Neurosen eine weitere Gruppe von Neurosen aus, deren gemeinsamer Nenner die »mütterliche Deprivation« ist, wie sie vor allem von Spitz (1945) ausführlich beschrieben wurde. Nicht immer aber müssen Kranke dieser Gruppe in Heimen oder Findelhäusern aufgewachsen sein, ihre Mütter früh verloren haben oder eine Erziehung mit häufig wechselnden Bezugspersonen durchgemacht haben. Diejenigen, die dieses schwere Schicksal erlitten haben, sind wiederum seltene Extremvarianten einer großen Zahl von Störungen, in deren Vorgeschichte zwar keine derartig gravierenden Mängel vorkommen, die aber dennoch die mütterliche Zuwendung entbehrt haben. Fälle dieser Gruppe stellen eine Art »nach«-klassisches psychoanalytisches Untersuchungsfeld dar (Loch, 1974). Sie müssen mit einem Mangel an Mütterlichkeit in unserer Gesellschaft zusammenhängen, als deren Ursache ich hier nur die verbreitete Doppelbelastung der Frau durch Haushalt und Beruf und eine falsch verstandene Emanzipation mit männlichen Zielen um den Preis eines Verlustes an Weiblichkeit nennen möchte. Man kann diese Gesellschaft darum auch provokativ als »mutterlose Gesellschaft« (P. Kutter, 1974) bezeichnen. Es bedarf kaum der Erwähnung, daß diese dritte Gruppe von Neurosen noch weniger als die beiden vorgenannten Gruppen, nämlich diejenige mit Ich- und Über-Ich-Defekten in der Vater-Identifizierung und diejenige mit erhalten gebliebener Symbiose, auf die für klassische Psychoneurosen zugeschnittene Deutungstechnik ansprechen. Fast immer bedarf es hier einer Modifikation der Technik, die der der Psychoanalyse von erwachsenen Psychotikern oder von neurotisch gestörten Kindern gleicht.

Hier repräsentieren Analytikerin wie Analytiker die pflegende Mutter als die »erste Gesetzgeberin« (A. Freud, 1968). Sie nämlich gibt als die »zweite Person« den Dingen Worte, noch ehe der Vater als die »dritte Person« zum »Gesetzgeber und Lehrer« (Loch, 1974) wird. Zuvor ist die Mutter die erste »Sprachlehrerin«, die in der ihr eigenen Mütterlichkeit dem Kind eine Umgebung anbietet, die ihm die notwendige Geborgenheit vermittelt. Dadurch erst wird die Voraussetzung zur Entwicklung von Ich-Struktur geschaffen.

6. Der Stellenwert der Realität in der Psychogenese der modernen nach-klassischen Neurosen

In welchem gesellschaftlichen Zusammenhang stehen nun diese »nach-klassischen« Neurosen? Mit dem Hinweis auf die »vaterlose« bzw. »mutterlose« Gesellschaft wollen wir uns nicht zufriedengeben. Auch die pauschale Zurückführung dieser Störungen auf die »pluralistische Industriegesellschaft« befriedigt nicht. Daß dem so ist, ist gewiß richtig. Wir wollen jedoch weiter untersuchen, womit dieser Wandel der Neurosenbilder, der uns zu dieser kritischen Analyse des Neurosebegriffs veranlaßte, zusammenhängt. Mir scheint, daß es an der Zeit ist, die Freudsche Revision des Neurosebegriffs aus dem Jahre 1905 neuerdings zu revidieren, wenigstens im Hinblick auf die genannte Gruppe der »nach-klassischen« Neurosen. Freud hatte sich bekanntlich in einer Krise seines Schaffens dazu durchgerungen, zu bekennen, daß er in der ersten Phase seines Forschens die reale Traumatisierung, insbesondere die Verführung in der Genese der Neurosen überschätzt und die sexuellen Verführungsphantasien seiner Patienten unterschätzt habe (S. Freud, 1905a, S. 91). In der Folge haben dann die Psychoanalytiker über die Bearbeitung der gewiß wichtigen Phantasie- und Repräsentanzenwelt als der *psychischen* Realität die *wirkliche* Realität ihrer Patienten allzuleicht ausgeklammert; eine Realtität, die nicht nur durch unvermeidliche Unterdrückung und Versagung als dem »Reich der Notwendigkeit« zugehörig gekennzeichnet ist, sondern oft genug auch durch unnötige »zusätzliche Unterdrückung« (H. Marcuse, 1957, S. 40), die der Erhaltung von Herrschaft als nicht kontrollierbarer Macht dient. In Umkehrung des Freudschen Satzes, daß Symptome nicht direkt an wirkliche Erlebnisse anknüpfen, sondern an Wunschphantasien, und daß für die Neurose die *psychische* Realität mehr bedeutet als die materielle (S. Freund , 1925, S. 60), möchte ich für heutige Verhältnisse Folgendes sagen: Die Symptome der »nach-klassischen« Neurosen knüpfen mehr denn je an wirkliches Erleben an und hängen nicht nur von Wunschphantasien ab. Das heißt: Die materielle Realität bedeutet mehr als die psychische.

Wie sehr die »Außenwelt« als Quelle für *»äußere Konflikte«* anzusehen ist, betont auch A. Freud (1968). S. Freud hatte selbst *vor* seiner denkwürdigen Revision um das Jahr 1905 unmißverständlich geäußert, daß die Neurose häufig auf reale Verführung durch Angehörige, Verwandte, Geschwister und Erzieher zurückzuführen sei. Ihm fiel damals außerdem auf, daß das »Gebot« der sexuellen Schonung des Kindesalters bei den Proletarierkindern ungleich häufiger übertreten wird (1896) als bei Kindern der Mittelschicht.

Die »Exogenität« in der Pathogenese der Neurose gegenüber den inneren triebbedingten Gründen ist auch Ferenczi nicht fremd (1933). Er spricht von »forcierter Liebe«, »forcierten Strafmaßnahmen« und einem »Terrorismus des Leidens«. Birnbaum (1933) betrachtete die Neurose überhaupt als »Niederschlag gestörter äußerer Sozialbeziehungen« bzw. als »Produkt der Dissonanz zwischen Persönlichkeit und sozialen Umweltkräften«, die aus typischen sozialen Konstellationen bestehen, wie z. B. die »soziale, berufliche und seelische Lage der wirtschaftlich ungesicherten, sozial unbefriedigten, beruflich bedrohten und gesundheitlich gefährdeten proletarischen Arbeiterschaft.« Auch Bondy (1955/56) stellt »Beziehungen zwischen Gesellschaftsgefüge und Neurose« insofern her, als die Gesellschaft dem Kind eine mangelhafte Ausrüstung, ungenügende Stabilität vermittelt und dem Erwachsenen »zu schwere Frustrationen und Konflikte setzt«, besonders, wenn es sich um einen autoritären Staat handelt. Daß eine Kette von Traumatisierungen oder eine ständig gespannte Atmosphäre schwer zu behebende Deformierungen und Schäden nach sich zieht, leuchtet für die Gruppe der »traumatischen Neurosen« unmittelbar ein, wird aber leicht für die Gruppe der hier gegenüber den klassischen Neurosen abgegrenzten »nach-klassischen« Neurosen übersehen.

Die Stätte der Vermittlung gesellschaftlicher Widersprüche und Unterdrückung ist dabei allemal die *Familie*, worauf zahlreiche Autoren hingewiesen haben: Vgl. Bateson u.a. (1969). Double-bind-Situationen, Mystifizierung und Umgangsformen mit dem unbewußten Ziel, den anderen verrückt zu machen, finden sich jedoch in vielen Familien, ohne daß es deswegen später zum Ausbruch einer Psychose kommen muß. Vinnai (1973) sieht in solchen Verhältnissen auch die Ursache für eine »Psychopathologie des proletarischen Sozialcharakters«, deren Identität im Laufe des Erziehungsprozesses »zerstört« wird oder m.E. richtiger: sich überhaupt nicht bilden kann. In der Tat sprechen viele psychoanalytische Erfahrungen in psychiatrischen Kliniken für diese interessante Hypothese, die allerdings noch empirischer Überprüfung bedarf. Auch die kausale Verknüpfung der größeren Häufigkeit psychischer Störungen in der Unterschicht mit einer »weiter fortgeschrittenen Auflösung der proletarischen Familie« (Neumann-Schönwetter, 1973), einem stärkeren autoritären Auftreten des Vaters »mit irrationalem Machtanspruch« und mit einer »sexuelle Beziehungen ablehnenden, von ihrem Mann unterdrückten Mutter« ist empirisch nicht genügend gesichert. Auf den »verdinglichten« Charakter der *äußeren* Konflikte zwischen Familienmitgliedern hat übrigens schon S. Freud (1930) aufmerksam gemacht, wenn er vom anderen als »Hilfskraft« und »Sexualobjekt« sprach, womit natürlich nicht gesagt sein soll, daß damit die *inneren* Konflikte keine Bedeutung mehr hätten.

4. Familien-Neurosen – ein früher Ansatz zu Familiendynamik und -therapie

Die Familie als Bezugspunkt

Für Freud war die Neurose die Antwort auf das Verhalten von Eltern, Geschwistern und anderen Familienmitgliedern. Damit wurde der Familie ein großer Einfluß auf die normale oder abnormale Entwicklung des Kindes zuerkannt. »Vor allem wird sich unser Interesse den Familienangehörigen des Kranken zuwenden«, schreibt Freud (1905b), in dem »Bruchstück einer Hysterieanalyse«. Später suchte Freud die Ursache der Neurose mehr in den unbewußten Phantasien des Patienten. Damit stand der innere Konflikt im Mittelpunkt der Forschung. Die *inter*psychische Orientierung wurde durch die *intra*psychische Betrachtungsweise abgelöst. Das Interesse galt ausschließlich dem Individuum, herausgelöst aus seiner Umgebung. Die Art und Weise seiner inneren Abwehrmaßnahmen wurde studiert. Das Gebäude der Metapsychologie entstand. Es brachte wesentlich neue Erkenntnisse sowohl auf dem Gebiet der Trieb- als auch auf dem der Ich-Psychologie. Zugleich beschäftigte sich die Psychoanalyse intensiv mit den Übertragungsvorgängen. Diese spielen sich in einer Zweierbeziehung zwischen Arzt und Patient ab. Sie entsprechen einer Wiederholung der Beziehung des Kindes zur Mutter oder zum Vater oder zu anderen Personen seiner Umgebung. Zugleich konstelliert sich auch eine Dreierbeziehung, in der der Analytiker gleichzeitig Vater und Mutter repräsentiert.

Die »Familie als Ganzes« wurde indessen von der Psychoanalyse lange ignoriert. Konflikten der aktuellen Situation wurde wenig Aufmerksamkeit geschenkt. Man interessierte sich dafür nur insofern, als die einstige Familiensituation für die Entstehung der gegenwärtigen Neurose bedeutsam war. Auf der anderen Seite führte die Gesellschaftswissenschaft das Verhalten der Menschen verallgemeinernd auf zahlreiche soziologische Umstände zurück.

Spontane menschliche Entwicklungen gab es aber für diese Wissenschaft nicht. Hier klaffte also eine empfindliche Lücke zwischen den Resultaten der Psychoanalyse und denen der Soziologie. Sie wurde erst durch die Child-Guidance-Bewegung, die 1920 in den USA zur Einrichtung der Erziehungsberatungsstellen führte, und durch die Social-Workers ausgefüllt. Dabei sah man das Individuum nie ohne den Zusammenhang mit der Familie. D.h.: ein Familienmitglied kann nie ohne Berücksichtigung der ganzen Familie behandelt werden. Damit war eine lebendige Brücke geschlagen zwischen der individuell orientierten Psychoanalyse und dem verallgemeinernden System der Soziologie. Die Kluft zwischen beiden Wissenschaften wurde in zunehmendem Maße ausgefüllt. Man untersuchte die Reaktion der Umgebung auf die Krankheit eines Familienmitgliedes und stellte fest, daß sich mit der Erkrankung des einen auch alle anderen verändern. Die Krankheit störte die Organisation der Familie in ihrem Gleichgewicht. Sie führte gewissermaßen zu einer »Desorganisierung«. Die Familie unternahm selbst Versuche einer »Re-Organisierung«, wobei zuweilen das kranke Familienmitglied aus dem Familienverband ausgestoßen wurde. Hier liegt übrigens eine Ursache für die häufigen Rückfälle nach Entlassung aus dem Krankenhaus in die Familie. Diese Tatsache wird im klinischen Alltag noch viel zu wenig berücksichtigt. Schuld daran hat die rein individuelle Betrachtungsweise. Neue therapeutische Ansätze sind daher notwendig, um nicht nur den einzelnen kranken Menschen, sondern auch dessen Familienangehörige zu heilen. »Die Familie (ist) ein psychologisches Feld, dessen Gesicht durch sämtliche in diesem Feld weilenden Personen bestimmt wird« (Schottlaender, 1959). Aber auch die berufliche Umgebung, der Betrieb, muß in die Untersuchung mit einbezogen werden. Die Psychotherapie des Individuums wird somit durch eine soziale Therapie oder vielmehr Soziotherapie ergänzt. So wird für Sullivan die Krankheitslehre zu einem Teil einer Sozialpsychologie, in dem über die im einzelnen Kranken liegenden Faktoren hinaus die Sozialordnung bei der Therapie berücksichtigt wird. Es wird ausdrücklich gefordert, die korrespondierenden zwischenmenschlichen Beziehungen außerhalb der Analyse in die Therapie einzubauen. Damit werden freilich eine Reihe schwierig zu lösender therapeutischer Probleme aufgeworfen.

Patient A. litt an einer Angstneurose. Darüber hinaus hatte sich eine Familienneurose entwickelt. Das sechsjährige Kind erkrankte an Bettnässen und die Ehefrau an depressiven Verstimmungen. Die Analyse des Patienten ergab, daß dieser schon als Kind Ohnmachts- und Angstzustände mitgemacht hatte, deren Ursache ein Sexualkonflikt war. Eine schwere Mutterbindung spielte hierbei die Hauptrolle. Er war deshalb als Erwachsener nicht in der Lage, seine ebenfalls – aber nicht so schwer – im Sexualleben gestörte Ehefrau zu einer reifen ehelichen Geschlechtsbeziehung zu führen. Hier setzte der Sexualkonflikt in erneuter Auflage ein mit dem Resultat der Angstneurose. Durch die analytische Aufarbeitung der psychischen Ursache wurde der Patient von seinen Ängsten befreit. Es war nun bezeichnend, danach vom Patienten zu erfahren, daß sich seine Heilung indirekt ausgesprochen günstig auf die ganze Familie auswirkte: die Ehefrau verlor ihre neurotischen Depressionen. Sie war jetzt imstande, ihr Kind richtig anzufassen. Damit verschwand auch dessen nächtliches Einnässen.

Das Prinzip der Behandlung war, den Hebel bei *der* Person anzusetzen, welche die Familienneurose verursacht hatte. Es ist in der Regel der am schwersten Erkrankte. Ist dieser geheilt, so gehen von ihm indirekt günstige Auswirkungen auf die Familienmitglieder aus, wobei sich ein neues Familiengleichgewicht auf höherer, reiferer Entwicklungsstufe ergibt.

Nicht immer gelingt diese optimale Lösung einer Familienneurose. Einen zweiten Weg zeigt Fall B:

Eine fünfunddreißigjährige Mutter bringt ihren achtjährigen Sohn in die Erziehungsberatungsstelle wegen kindlicher Onanie. Das Kind kommt in psychagogische Behandlung. Dort stellt sich aber als Ursache der Störung des Kindes eine Neurose der Mutter heraus. Jetzt wird die Mutter einer psychotherapeutischen Behandlung zugeführt. Sie leidet an einer Reihe von Körperstörungen, welche Ausdruck eines ungelösten Konfliktes auf sexuellem Gebiet sind. Dabei hätte ihre gestörte Sexualentwicklung allein nicht zur manifesten Neurose geführt, wenn nicht der Ehemann durch sein unreifes Verhalten (er lehnte unter anderem die Vaterschaft ab) eine Aktualisierung des Sexualkonfliktes bei der Mutter hervorgerufen hätte. In diesem Falle wirkte sich das durch die Behandlung gereifte Verhalten der Patientin zwar positiv auf das Kind aus, nicht aber auf den Ehepartner. Dieser brachte es nicht fertig, sich seinerseits zu ändern, nicht einmal mit Hilfe einer eigenen Analyse, die er nach fünf Stunden abbrach. Die Patientin entschloß sich darauf zur Scheidung.

Die Heilung der Familienneurose in diesem Fall wurde also durch Änderung der äußeren sozialen Situation, nämlich Ausstoßung eines Mitgliedes aus dem Familienverband, erreicht, nachdem dieses auf das gereifte Verhalten des anderen nicht entsprechend eingegangen war. Die bisher genannten zwei Fälle führten jeweils zu einem neuen Gleichgewicht in der Familie.* Ungesund dagegen ist es, wenn die individuelle Neurose eines Familienmitgliedes die einzige Möglichkeit bietet, die Familie zusammenzuhalten. Dazu folgender Fall C:

Die dreißigjährige Anna hatte als Kind unter einer besonders strengen Mutter zu leiden. Während der täglichen Mahlzeiten blieb ihr nichts anderes übrig, als das aufgezwungene Essen hinunterzuschlucken, obwohl sie es viel lieber verweigert hätte. Dieser Konflikt führte zu einer Magenneurose. Später wiederholte sich die infantile Situation in der Ehe. Annas Ehemann behandelte sie nämlich genauso streng, wie es einst die Mutter tat. Jetzt brach eine schwere Zwangsneurose mit psychosomatischem Begleitsyndrom aus. Damit wurde die Kindheitsneurose durch eine »Eheneurose« kompliziert, ein typisches Beispiel für die zweizeitige Entstehung einer Neurose durch eine infantile und aktuelle Ursache. Es überrascht weiter nicht, daß auch Annas Kinder neurotisch wurden.

Der günstigste Weg einer Heilung dieser Familienneurose wäre nun der des Falles A gewesen: der analysierte Patient veranlaßt indirekt den Partner zur Reifung. Dies gelang nicht, da sich der Partner strikt weigerte, in den Reifungsprozeß »einzusteigen« und sich ebenso wie die Patientin zu ändern. Die weniger günstige Lösung entspräche dem Fall B: Die analysierte Patientin reift zum Entschluß der Trennung von dem sich der Weiterentwicklung widersetzenden Partner. Für Anna kam aber eine Scheidung der Kinder wegen nicht in Betracht. In dieser Lage wurden unbewußt pathologische

* Es sind durchaus gesunde Lösungen einer Familienneurose.

Auswege erwogen: nämlich Suicid, Psychose oder psychosomatische Erkrankungen. Diese Gefahren konnten durch entsprechende Behandlung abgebogen werden. Schließlich blieb Anna keine andere Wahl, als ihre neurotischen Krankheitserscheinungen beizubehalten, um dadurch wenigstens den äußeren Zusammenhalt der Familie zu wahren. Es ist dies ein leider nicht selten beschrittener Weg, wobei sich gewissermaßen ein Familienmitglied für die anderen opfert.

Eine weitere Möglichkeit ist die, daß der Patient gesundet, dafür aber der Partner erkrankt (D). So einen Fall beschrieb Richter (1960):

Ein Junge wird wegen exzessiver Masturbation heilpädagogisch behandelt und geheilt. In diesem Augenblick erkrankt der Vater des Jungen an einer Neurose. Dahinter verbarg sich ein bisher auf den Sohn projizierter Sexualkonflikt, den ihm dieser während seiner Erkrankung abgenommen hatte.

Damit haben wir *vier Möglichkeiten* kennengelernt, *wie die Familie auf die Neurose eines Familienmitgliedes reagiert:*

1. Der Patient änder sich; der Partner und die anderen Familienmitglieder ändern sich indirekt durch ihn. »Die Familie als Ganzes« erreicht ein neues gesundes Gleichgewicht.

2. Der Patient ändert sich, der Partner ändert sich nicht und wird aus dem Familienverband ausgestoßen. Das neue Gleichgewicht wird durch Verkleinerung des Familienkreises erzielt.

3. Der Patient verharrt in seiner Krankheit und erhält so die Familie in ihrer neurotischen Gleichgewichtslage.

4. Der Patient ändert sich und wird gesund; dafür erkrankt ein anderes Familienmitglied. Die Genesung des einen wird mit der Erkrankung des anderen erkauft.

Diskussion

In der Regel bildet sich in jeder der vier Möglichkeiten ein gesundes Gleichgewicht aus, ganz im Sinne einer Homöostase, wie wir es von der Naturwissenschaft her kennen, oder im Sinne des Reglerkreises in der Kybernetik. Das Gleichgewicht ist *stabil* zwischen gesunden Familienmitgliedern und in gesunden Betrieben. Es ist *labil,* wenn ein Mitglied des sozialen Feldes krank ist. Das sollte jeder beachten, der einem neurotischen Menschen einen Rat erteilt, in besonderem Maße jedoch der Arzt, der ihn behandelt. Er muß sich bewußt sein, daß sein Eingreifen nicht nur das mühsam errungene Gleichgewicht des einzelnen, sondern auch das seiner Umgebung erschüttert. »Durch unseren Eintritt in ein neurotisches Feld entsteht eine Änderung der Lage, und diese Änderung kann unter Umständen von bedeutenden Auswirkungen auf alle Beteiligten sein« (Schottlaender, 1959). Der Arzt übernimmt also eine große Verantwortung. Er kann sie übernehmen, wenn er nicht allzu aktiv vorgeht, z.B. nicht gleich in der ersten Besprechung zur Scheidung oder Kündigung rät, sondern wenn er geduldig wartet, was sich im Patienten und seiner Umwelt während der psychoanalytischen Behandlung tut. Die wichtigste Regel dabei lautet: »Möglichst nur den anwesenden Patienten und nicht den abwesenden Partner zu behandeln« (Balint, 1964). Das heißt nun aber nicht, daß der Arzt den Patienten nur als Individuum sehen und vor seiner Umgebung die Augen schließen soll, vielmehr muß er sie in seine Betrachtungen einbeziehen. Allerdings darf er sich nicht von dem Bild, das der Patient vom Partner entwirft, blenden lassen, denn dieses Bild stimmt mit der Realität selten überein. Das meiste davon sind Projektionen, und diese müssen erst zurückgenommen werden, damit der Patient den Partner so sehen kann, wie er wirklich ist. Im Beispiel A mußte sich der Patient erst aus seiner Verstrickung zu seiner Mutter lösen, um den Blick für seine Frau freizubekommen. Damit erst war die Voraussetzung für den realen Vollzug der Ehe erfüllt. Nun liegt es im Wesen der Neurose, daß der Patient gegen das Aufgeben seiner Projektion einen starken Widerstand entwickelt, ist jene doch für ihn ein Schutzmechanismus. Hier liegt die Versuchung für den Arzt, auf die Verführung des Patienten hereinzufallen, wenn ihm dieser den Partner als Hauptursache für seine Neurose und damit der Familienneurose anbietet. Das ist die Gefahr für jede soziale Therapie. Sie ist nämlich dann falsch, wenn die wahre Ursache nicht der Ehepartner oder der Betrieb ist, sondern der Patient selbst. Diese komplizierten Verhältnisse zu diagnostizieren, ist wegen der Widerstände des Patienten besonders schwierig. Die Diagnose der gesamten Situation einer Familie oder eines Betriebes setzt daher ein hohes Maß an Sachkenntnis, Kritikfähigkeit und persönlicher Reife des Arztes voraus.

Ausblick

Die Idee einer direkt angreifenden sozialen Therapie ist bestechend. Die angeführten Beispiele aber beweisen, daß diese sozialen Maßnahmen schwer zu realisieren sind. Die Problematik der sozialen Therapie zeigt sich in vielen Bereichen: beim Versuch einer Einwirkung auf die Angehörigen von Kranken, bei der Beratung von Eltern und Lehrern in der Erziehung, in der Eheberatung und in der Fortbildung von Ärzten, Psychologen und Fürsorgern. Der Nachteil dieser Maßnahmen besteht darin, daß sie meist nur theoretische Kenntnisse vermitteln und keine Strukturänderungen der Betreffenden bewirken. Der Persönlichkeitskern bleibt unbeeinflußt. Allzu erzieherische Maßnahmen drängen außerdem den Erwachsenen in eine infantile und abhängige Rolle hinein.

Die Psychoanalyse dagegen führt zu einer echten Strukturänderung der Persönlichkeit. Der Mensch löst sich durch sie aus seiner infantilen Verstrickung, wird damit reif und unabhängig. Die dargestellten Fälle zeigen, daß ein derart gereifter Mensch in der Lage ist, auch seine Umgebung indirekt zu beeinflussen. Sie beweisen ferner, daß dieser Weg besser ist als direkte soziale Eingriffe. Die Analyse des Individuums bleibt also das zentrale Thema unserer Therapie. Wie wir gesehen haben, wirkt sie nicht nur auf den einzelnen, sondern auf die Gesamtheit der Umgebung ein und zwar in ihrer ganzen Breite. Sie erstreckt sich darüber hinaus aber auch gleichsam in die Länge, in der die Familienneurose behoben werden kann. Die Einzelbehandlung wird so zum Schlüssel, mit dem größere Wirkungen auf die Gesellschaft erreicht werden können; dies um so mehr, je größer der Wirkungskreis der behandelten Person ist. Dieser Fall ist das Modell für die indirekte soziale Therapie. Bei Eltern reicht sie auf die Kinder und vervielfältigt sich in der weiteren Generationenfolge. Bei Lehrern wirkt sie sich auf eine jährlich anwachsende Schülerzahl aus, bei Pfarrern auf die Gemeinde, bei Ärzten auf alle Patienten und bei Politikern schließlich auf das ganze Volk.

5. Narzißtische Neurosen

Die Psychoanalyse erweiterte in den letzten Jahrzehnten ihre Theorie in verschiedenen Bereichen: einmal auf dem Gebiet der Ich-Psychologie, zum anderen wurde, fußend auf Sigmund Freud, die Triebtheorie durch größere Berücksichtigung der Aggressivität als zweite eigenständige psychische Energieform neben der Libido im Sinne einer dualistischen Triebtheorie weiter ausgebaut. Schließlich erfuhr der genetische Aspekt der psychoanalytischen Theorie eine Vertiefung und Erweiterung insofern, als die präödipale Entwicklung der Psyche stärker als bisher in das theoretische Modell von der Psyche des Menschen einbezogen wurde. In vielen heute erscheinenden Arbeiten über dieses Thema läßt sich die Weiterentwicklung der Psychoanalyse in Richtung auf eine Allgemeine Psychologie ablesen.

Eine wesentliche Bereicherung erfuhr unser theoretisches Wissen durch den praktischen Umgang mit psychotischen Patienten.

Die psychoanalytische Behandlung von Schizophrenen und Manisch-Depressiven bleibt indessen vorwiegend speziellen Institutionen vorbehalten, die eigens dafür eingerichtet sind und deren es bis heute schon wegen des unerhört hohen Aufwands an Zeit und Personal nur wenige auf der ganzen Welt gibt. Psychosen des schizophrenen und manisch-depressiven Formenkreises sind die eigentlichen narzißtischen Krankheiten im engeren Sinne des Wortes, das heißt schwere, theoretisch zwar sehr interessante Störungen, die sich aber mit der üblichen Technik der Neurosentherapie praktisch als nicht behandelbar erweisen. Dies schließt nicht aus, daß in besonderen Fällen unter günstigen Bedingungen und bei ungewöhnlichem Einsatz von Arzt und Patient erfolgreiche Behandlungen in einem gewissen Prozentsatz möglich sind. Dies soll uns aber hier nicht beschäftigen. In diesem Beitrag geht es um diejenigen »schwierigen Fälle«, die weder als Psychose noch als reine Neurose diagnostisch einzureihen sind. Gemeint sind diejenigen, die wir heute gemeinhin als *narzißtische Neurosen* bezeichnen, auch als *präödipale Neurosen* oder als *Grenzfälle* zwischen Neurose und Psychose. Sie sind durch eine Ich-Störung kompliziert. Ihre Triebentwicklung und Objektbeziehungen wurden in präödipaler Zeit geschädigt. Außerdem haben sie schwerwiegende Störungen auf dem Gebiet der Aggressivität. Ich glaube nun, daß unser Verständnis dieser narzißtischen Neurosen durch die bei der Therapie von Psychosen gewonnenen Einsichten entscheidend vertieft werden kann. Es wird daher im vorliegenden Beitrag der Versuch unternommen, dem mit derartigen Krankheitsfällen arbeitenden Psychotherapeuten etwas von *den* Resultaten der psychoanalytischen Psychosenforschung zu vermitteln, die ihm im Umgang mit »narzißtischen Neurosen« im eben definierten Sinne in der täglichen Praxis nützlich sein können.

Dabei soll, ganz von den Belangen der Praxis ausgehend, zuerst die Frage der Diagnose, also die Situation *vor* Beginn einer psychoanalytischen Behandlung erörtert werden. Dann sollen die spezifische Art der Übertragung und besondere Konstellationen in der Arzt-Patient-Beziehung dargestellt werden, wie sie *während* einer psychoanalytischen Therapie von narzißtischen Neurosen häufig auftreten. Die spezifische Übertragung und die mögliche Gegenübertragung des Arztes sollen dabei im Mittelpunkt der Betrachtung stehen.

Zur Frage der Diagnose

Die Diagnose stellen wir auf Grund des sogenannten psychoanalytischen Erstinterviews. Wesentliches Moment dabei ist, daß die Interaktionen zwischen Arzt und Patient selbst zum Mittel der Diagnostik erhoben werden. Der Arzt muß also einerseits miteingehen *in* die Beziehung zum Patienten und andererseits mit seinem theoretischen Wissen *über* dieser Beziehung stehen, sie analysieren und »organisieren«. Aus der Art dieser Interaktionen kann dann der Arzt Rückschlüsse ziehen auf die Dynamik und Struktur im Patienten, was zur Diagnose mehr beitragen kann als manche anderen Untersuchungen einschließlich psychodiagnostischer Testmethoden, es sei denn, diese bezögen die Interaktionen zwischen Untersucher und Patient gleichermaßen ein. Zur Orientierung in der Frage der Diagnostik eignen sich in hervorragendem Maße die von Anna Freud (1965) veröffentlichten sogenannten *Diagnostischen Profile,* auf die ich mich im folgenden beziehe.

Die Abschätzung des Entwicklungsstadiums der Libido macht im allgemeinen keine Schwierigkeiten, kann doch die Triebtheorie als eines der gesicherten Ergebnisse psychoanalytischer Neurosenforschung gelten. Schon die Symptomatik gibt hierüber brauchbare Hinweise; so sprechen z. B. Zwangssymptome für eine analsadistische Organisation oder Konversionssymptome für eine phallische. Zusätzlich ist zu beachten, ob die phallische Phase dominant ist oder zugunsten einer früheren Entwicklungsstufe regressiv verlassen wurde.

Schwieriger ist die Beurteilung der Libido im Hinblick auf ihre Verteilung, wobei zu prüfen ist, ob das Selbst ebenso mit Libido besetzt ist wie die Objekte. Außerdem soll festgestellt werden, in welchem Maße gesunde und natürliche Selbstliebe, also Narzißmus, vorhanden sind. Mit anderen Worten: es soll beurteilt werden, ob die einzelnen Instanzen des Selbsts, nämlich: Ich, einschließlich Körper-Ich, Es und Über-Ich jeweils mit genügend Libido besetzt sind. Für diejenigen, die gewohnt sind, Narzißmus mit pathologischer Selbstliebe gleichzusetzen, mag dies etwas befremdend klingen. Narzißmus ist aber bis zu einem gewissen Grad gesund und notwendig – u. a. als Voraussetzung für ein gesundes Selbstwertgefühl und als Grundlage schöpferischer Leistung. Das Selbstwertgefühl soll bis zu einem gewissen Grad unabhängig von der Bewunderung durch andere Menschen sein. Ist dies nicht genügend der Fall, liegt also eine stärkere Objektabhängigkeit vor, dann handelt es sich um eine in ihrem gesunden narzißtischen Gefühl beeinträchtigte Persönlichkeit, die wir im obigen Sinn als »narzißtische Neurose« diagnostizieren würden (narzißtisch hier also im Sinne von pathologisch-narzißtisch). Die Art der Abhängigkeit vom Objekt kann verschieden weit gehen. Sie reicht von der völligen narzißtischen Abhängigkeit des Kindes von der Mutter über die anaklitische Objektbeziehung – bis hin zu der reifen Partnerschaft im Sinne der Objektkonstanz. Die zwei erstgenannten Abhängigkeitsverhältnisse sind präödipaler Natur. Sie müssen nicht unbedingt mit der entsprechenden Entwicklungsphase der Libido übereinstimmen, können ihr vorausgehen oder nachhinken. In jedem Falle wird eine unreife Objektbeziehung, das heißt eine solche mit fehlender Objektkonstanz, die Diagnose einer relativ unkomplizierten Neurose ausschließen, die Prognose verschlechtern und eine langwierige und schwierige Therapie wegen der notwendigen Auflösung dieser frühen Objektbeziehung als Voraussetzung einer reifen Partnerschaft erfordern.

Die Indikation muß sinngemäß von vornherein gestellt werden. Für die tägliche Praxis scheint in diesem Zusammenhang der von Freeman et al. (1965) vorgeschlagene Begriff der *Objektbeziehungs-Kapazität* oder des *Kommunikationspotentials* einer zu beurteilenden Persönlichkeit sehr brauchbar. Unter diesem Gesichtspunkt ist die Gruppe der weniger komplizierten Neurosen durch ein höheres Kommunikationspotential ausgezeichnet, mit anderen Worten: die Objekte (genauer: ihre Representanzen im Selbst) sind relativ stark besetzt. Die Gruppe der narzißtischen Neurosen dagegen ist durch eine geringe Besetzung der Objekte und eine krankhaft übersteigerte Besetzung des Selbsts ausgezeichnet und hat damit ein niedriges Kommunikationspotential; insgesamt ein wichtiger Gradmesser für die Prüfung von Diagnose, Prognose und Indikation.

Wie schon eingangs erwähnt, kann man an der *Aggressivität* den Stand der Triebentwicklung abschätzen. Sie soll im Hinblick auf ihre Quantität und Qualität und in bezug auf ihre Richtung, das heißt zum Objekt hin oder zum Selbst hin untersucht werden. Eine genaue Einteilung der Entwicklungsphasen der Aggressivität ist noch nicht bekannt. Immerhin gibt es bereits brauchbare Modelle, so wie das von Lampl-de Groot (1960), die einen sehr unreifen, zerstörenden Modus der Aggression von einem reiferen Streben nach Besitzergreifen des Objektes und einer reifen sublimierten Form unterscheidet, wobei die letztgenannte der Erforschung der Welt, dem Erwerb von Wissen, der Beherrschung der Natur und anderen sozialen Aktivitäten dient. Wichtig ist auch die Frage, inwieweit die Aggressivität mit Libido vermischt ist oder nicht, wobei sich herausgestellt hat, daß »libidinös fixierte aggressive Tendenzen« schwerer zu beeinflussen sind als solche, die sich mehr oder weniger unabhängig von der Libido auswirken. Dabei ist es für die narzißtischen Neurosen im Sinne dieser Arbeit charakteristisch, daß diese verhältnismäßig viel nicht-sublimierte bzw. nicht-neutralisierte Aggressivität enthalten, was mit ihrer Ich-Störung und ihrer unreifen Art der Objektbeziehung zusammenhängt.

Um den Stand der *Ich- und Über-Ich-Entwicklung* abzuschätzen, stellt Anna Freud (1965) folgende Fragen:

1. Ist der Ich-Apparat intakt? Oder ist er defekt? Mit anderen Worten: liegt eine Ich-Störung vor oder nicht? Wahrnehmung, Gedächtnis und Modalität sind dabei besonders zu beachten.

2. Was leisten die Ich-Funktionen der Realitätsprüfung, die Fähigkeit zur Synthese, zur Kontrolle der Triebe, die Fähigkeit zum logischen Denken und die zu einer geordneten Sprache? An dieser Stelle haben die gebräuchlichen Intelligenzteste ihren berechtigten Platz in der Diagnostik.

3. Wie ist der Zustand der Abwehrmechanismen? Sind diese altersadäquat ausgebildet und genügend wirksam in der Meisterung von Angst? Beeinträchtigen sie die Ich-Funktionen sekundär oder nicht? Darüber hinaus bleiben abzuschätzen: Die Urteilskraft und Einsichtsfähigkeit sowie die Fähigkeit zu Konzentration und Aufmerksamkeit; Ich-Funktionen, die eng mit der Wahrnehmung verknüpft sind. Die Wahrnehmung beruht ihrerseits auf folgenden drei fundamentalen Leistungen des Ichs, nämlich

a) der Fähigkeit, zwischen Selbst und Nicht-Selbst zu unterscheiden,

b) der Fähigkeit, zwischen aktuellen und früheren, das heißt phantasierten Objekten zu differenzieren und schließlich

c) der Fähigkeit, verschiedene Wahrnehmungen voneinander zu trennen, z.B. Hören und Sehen.

Sind diese fundamentalen Funktionen gestört – und sei es nur ansatzweise –, so haben wir eine narzißtische Neurose vor uns, was zugleich bedeutet, daß deren Therapie besondere Schwierigkeiten bereiten wird. Depersonalisationsphänomene mit defekter Lokalisations- und Unterscheidungsfähigkeit von Körperregionen sprechen außerdem regelmäßig für eine Ich-Störung, um nicht zu sagen für einen Ich-Defekt, ebenso wie Denkstörungen jedweder Art.

Was das Überich betrifft, so ist festzustellen, ob ein sogenanntes hypertrophes Über-Ich den Kranken beherrscht, welches in seiner Urteilsfähigkeit gestört ist und das bei der Depression einen typischen dynamischen Faktor darstellt.

Eine Neigung zur Projektion oder vielmehr Externalisation von Über-Ich-Aspekten in die Objekte spricht für eine narzißtische Störung, die ernster zu bewerten ist als die, bei der das Über-Ich im Selbst verbleibt. Ohne auf die z.Z. sehr aktuelle Problematik des Ich-Ideals und des idealen Selbsts näher einzugehen, muß das *Ich-Ideal*, gleichgültig ob es nun als Bestandteil des Über-Ichs oder des Ichs verstanden wird, eigens beurteilt werden, um ein vollständiges Bild über den zu beurteilenden Patienten zu erhalten. Nach Lampl-de Groot (1960) ist der Reifegrad des Ich-Ideals danach zu beurteilen, inwieweit es Phantasien eigener Größe und Allmacht erhält (sehr unreifes Ich-Ideal), an den Vorstellungen von omnipotenten Eltern festhält (unreifes Ich-Ideal) oder ob sich ein realisierbares, soziales Ideal entwickelt hat. Auch das Ich-Ideal kann projiziert bzw. externalisiert werden oder in sich gespalten bzw. fragmentiert sein. Dann wiederum wäre die Diagnose einer ernsteren narzißtischen Neurose zu stellen. Betrachten wir nun die vorherrschenden *Abwehrmaßnahmen*, so sprechen Verdrängung, Isolierung und alle die Abwehrmechanismen, die sich in*tra*psychisch abspielen, für eine relativ unkomplizierte Neurose. Das Vorkommen von Verschiebung, Verdichtung, Verleugnung und Umkehrung des Triebzieles und vor allem von Projektion und Introjektion oder Externalisierung und Internalisierung, welche sich sämtliche in*ter*psychisch abspielen, weist stets auf eine narzißtische Neurose hin. Ein geeignetes Maß zur Abschätzung des Schweregrads einer seelischen Störung ist ferner der Umfang, in dem die Verdrängung funktioniert. Dies zu erkennen, ist phänomenologisch relativ leicht möglich, indem wir prüfen, wieviel unbewußtes Material sich im Bewußtsein des Patienten befindet. Ist es viel, so funktioniert die Verdrängung schlecht; ist es wenig, dann ist diese Abwehrfunktion relativ intakt. Schließlich gibt das Übergewicht von sogenanntem Primär-Prozeßdenken gegenüber dem normalen Sekundär-Prozeßdenken einen sicheren Hinweis auf den Schweregrad der Ich-Störung, wobei als Charakteristika des Primär-Prozeßdenkens Verschiebung und Verdichtung sowie Synkretisierung, kurz die Entdifferenzierung oder Desorganisation des Denkens gelten. Im Sinne des früheren topographischen Modells ist auch der Begriff der topographischen Regression zur Beurteilung des Schweregrads einer Neurose brauchbar;

gemeint ist die Regression vom System-Bewußtsein zum Vor-Bewußtsein bzw. Unbewußtsein.

Fassen wir das bisher Gesagte zusammen, so läßt sich – vereinfacht dargestellt – folgende Übersicht aufstellen:

relativ unkomplizierte Neurose	narzißtische Neurose
Libido auf phallischer Organisationsstufe	auf prä-phallischer Ebene
Selbst mit gesundem Narzißmus besetzt	Selbst nicht genügend mit gesundem Narzißmus besetzt
Selbstwertgefühl relativ unabhängig vom Objekt	Selbstwertgefühl vom Objekt abhängig
Stadium der Objektkonstanz erreicht	narzißtische oder anaklitische Objektbeziehung
reife Modi von Aggressivität mit relativ viel neutralisierter Aggression	Unreife Form der Aggressivität mit relativ viel unneutralisierter Aggression
Intaktes Ich mit ungestörten Ich-Funktionen	Ich-Defekt mit entsprechender Störung der Ich-Funktionen
reifes Über-Ich	hypertrophes Über-Ich mit Neigung zur Externalisation
reifes Ich-Ideal	omnipotentes Ich-Ideal mit Neigung zur Externalisation
reife Abwehrmaßnahmen vorwiegend mit Verdrängung und in*tra*psychisch arbeitend	unreife Abwehrmaßnahmen, vorwiegend mit Projektion, Introjektion, Verleugnung und topographische Regression – in*ter*psychisch arbeitend

Zur Abrundung des diagnostischen Profils eignen sich noch einige mehr allgemeine Kennzeichen wie der Begriff der Frustrationstoleranz und des Sublimationspotentials. Schließlich spielt auch noch das Verhältnis zwischen progressiven und regressiven Tendenzen eine Rolle; Begriffe, die in sich selbst klar sind und keiner besonderen Erläuterung bedürfen.

Die Erforschung der Persönlichkeit nach den genannten Gesichtspunkten setzt natürlich nicht nur viel Zeit voraus, sondern vor allem die schon erwähnte Berücksichtigung der spezifischen Interaktionen zwischen Arzt und Patient. Darüber hinaus müssen die gesamten Verhaltensweisen des Patienten, so seine »Handlungssprache«, das heißt seine Bewegungen, sein Gang usw., ebenso in die Untersuchung einbezogen werden wie die sogenannte »Objektsprache«, das heißt all das, was indirekt etwa in der Kleidung des Patienten zum Ausdruck kommt (Searles, 1964).

Die Übertragung bei den narzißtischen Neurosen

Bekanntlich wandeln sich die inneren Konflikte bei unkomplizierten Neurosen im Laufe der psychoanalytischen Behandlung in äußere Konflikte um, die sich zwischen Arzt und Patient abspielen. Mit anderen Worten, es bilden sich die inneren Schwierigkeiten des Patienten in der Beziehung zum Analytiker ab. Damit ist eine Übertragungsneurose entstanden. Die Konflikte wurden im hic et nunc der analytischen Situation angehbar.

Bei den narzißtischen Neurosen entwickelt sich zusätzlich zu der Übertragungsneurose je nach dem Ausmaß des vorhandenen Narzißmus eine sogenannte »narzißtische Übertragung«. In ihr sieht der Patient den Analytiker nicht als Objekt, sondern als Aspekt seines eigenen Selbsts. Die Übertragung ist nicht »objektal« sondern narzißtisch, das heißt auf das Selbst bezogen. Das Objekt als solches wird nicht wahrgenommen. Oft wird dies geradezu vermieden. Unter diesen Umständen imponiert die narzißtische Übertragung als typischer (Übertragungs-)Widerstand gegen die bekannte »objektale« Übertragung. Ihr Kennzeichen ist die fließende Grenze zwischen Selbst und Nichtselbst. Dabei werden lustvolle Erlebnisse im Selbst wahrgenommen, während unlustvolle nach außen projiziert werden. Ständig finden durch die durchlässigen Selbstgrenzen introjektive und projektive Austauschvorgänge statt. In »primärer Liebe« (Balint, 1966), das heißt in einer ursprünglichen, nur sich selbst sehenden, eben narzißtischen Weise sucht gewissermaßen das »Kind im Patienten« immer nur seine Befriedigung, ohne, wie gesagt, das Objekt als Objekt – unabhängig von seiner bedürfnisbefriedigenden Funktion – überhaupt wahrzunehmen. Während also in der Übertragungsneurose der Arzt z. B. den Vater repräsentiert, das Objekt seines Hasses, seiner Eifersucht oder seiner Liebe, stellt der Arzt bei der narzißtischen Übertragung etwa den omnipotenten Aspekt des idealen Selbst des Patienten dar, oder der Patient erlebt in ihm Anteile seines auf ihn projizierten oder externalisierten Über-Ichs, indem er sich ständig von ihm so kritisiert fühlt wie von seinem hypertrophen Über-Ich. Andere Beispiele einer narzißtischen Übertragung sind die Externalisierung von Triebregungen, so können orale Wünsche auf den Therapeuten projiziert werden, der dann als unersättlich gierig erlebt wird; oder scopophile Tendenzen, so daß der Therapeut als einer erscheint, der alles aus dem Patienten herausholen will; oder der Patient meint nach Externalisierung hetero- oder homosexueller Wünsche, der Arzt habe sexuelles Interesse an ihm. Bei Projektion analretentiver Tendenzen nimmt der Patient vom Arzt an, dieser wolle ihm für ihn wichtige Daten vorenthalten. Endlich kann es sein, daß der Patient vom Therapeuten glaubt, abgelehnt zu werden, was der Projektion feindseliger Impulse auf den Therapeuten entspricht. Umfangreiche Projektionen oder Externalisationen sind für den betreffenden Menschen mit Nachteilen verbunden. Die eine Folge ist eine unweigerliche Schwächung des Selbst, das ja gewissermaßen an »Substanz« verliert. Eine andere Folge ist eine notgedrungen entstehende Abhängigkeit von dem Objekt, in das hinein externalisiert wurde und das so viel vom eigenen Selbst enthält. Darauf soll weiter unten gesondert eingegangen werden.

Es ist übrigens kennzeichnend, daß bei vorwiegend narzißtischer Übertragung Deutungen auf der ödipalen Konfliktebene nicht den Effekt haben, den wir sonst gewohnt sind, mögen sie auch sachlich zutreffen. Der Patient versteht sie nicht objektal, sondern narzißtisch. Je mehr die Übertragung narzißtisch gefärbt ist, um so stärker wird die Deutung der Objektbeziehung eingeengt. Anders ausgedrückt, der Effekt der Deutung hängt von dem Ausmaß echter objektaler Übertragung auf der Basis einer genügenden Besetzung des Objektes mit Libido ab. Was hier für den Sonderfall der Übertragung auf den Analytiker gilt, entspricht dem im vorausgegangenen Abschnitt erwähnten Kommunikationspotential (oder der Objektbeziehungskapazität). Deren Grad ist, was aus dem Gesagten ohne weiteres hervorgeht, bei narzißtischen Neurosen relativ gering.

Das Ausmaß der Übertragung variiert je nach dem Ausmaß der Ich-Störung des Patienten. Besteht nämlich eine teilweise Desorganisation der Ich-Struktur, erkennbar an entsprechend gestörten Ich-Funktionen, etwa der Wahrnehmung oder der Aufmerksamkeit, dann wird ein solcher Patient kaum in der Lage sein, in eine Objektbeziehung zum Arzt hineinzutreten, das heißt, die Größe des Kommunikationspotentials geht im allgemeinen mit der Größe der Ich-Störung parallel, mathematisch ausgedrückt: das Übertragungspotential ist eine Funktion der Ich-Störung.

Bei sehr schweren narzißtischen Neurosen kann es auch wie bei den Psychosen zu sogenannten *unspezifischen Reaktionen* kommen, und zwar auf bestimmte Verhaltensweisen des Therapeuten, die im Charakter diffus, unbestimmt sind, z. B. überraschende ungezielte Wutausbrüche oder plötzliches, hemmungsloses Schluchzen des Patienten. Damit wird deutlich, auf welch unreifem und primitivem Niveau sich der narzißtisch gestörte Mensch bewegen kann. Der Patient erlebt sich nicht nur als kleines Kind, sondern geradezu als Säugling, womit die Ebene, auf die die Regression erfolgte, als die der oralen Organisation bestimmt ist. Es handelt sich um die Ebene der Mutter-Kind-Beziehung zwischen zwei Personen im Gegensatz zur Ebene des Ödipuskomplexes, auf der sich der Konflikt definitionsgemäß immer im Rahmen einer Dreiecksbeziehung abspielt. Balint (1968) bezeichnet die Störung auf der Ebene der Zweierbeziehung als *»Grundstörung«*. Auf die besonderen Konstellationen, die sich auf dieser Ebene zwischen Arzt und Patient ergeben können, gehe ich im nächsten Abschnitt näher ein. Zuvor sollen noch einige besondere Übertragungsaspekte eigens hervorgehoben werden:

Auf die Rolle von *Neid* und *Gier* wies vor allem Klein (1962) hin. Der Patient empfindet den Analytiker in seinem kleinkindhaften Erleben als übergroß und mächtig. In seinen Augen hat er alles und kann alles. Das weckt heftigen Neid auf die Allmacht des Analytikers. Dieser enthält Haß auf den Analytiker und den Wunsch, ihn zu zerstören, ihm von seinem großen Besitz etwas wegzunehmen. Da dies dem Patienten nicht gelingt, werden die Ohnmachts- und Kleinheitsgefühle nur intensiviert. In übersteigerter Gier will das »Kind im Kranken« am Arzt teilhaben, etwas von seinem Besitz erwerben und für sich behalten; Vorgänge, die das Verhältnis zwischen den beiden Objekten außerordentlich stören können. Spielen sie in einer Psychotherapie eine zu starke oder zu lang anhaltende Rolle, so fallen sonstige positive Leistungen, etwa die Bearbeitung ödipaler Konflikte leicht der Zerstörung anheim; ein Grund für manche negative therapeutische Reaktion solcher Kranken und sicher auch für manchen Abbruch einer analytischen Behandlung.

Ein weiteres Problem auf der Ebene der Grundstörung ist das der *Abhängigkeit.*

Die Sehnsucht nach restloser Abhängigkeit auf der oralen Ebene im narzißtisch gestörten Menschen ist riesengroß, macht aber andererseits ebenso große Ängste. Sie werden häufig mit Agrressivität gegenüber dem Therapeuten abgewehrt. Die Aggressivität wird oft genug verstärkt durch die Wut über die Nichterfüllung der gierigen oralen Bedürfnisse. Die Objektabhängigkeits-Angst impliziert ferner die Angst vor dem Identitätsverlust. Dazu kommt, daß, wie oben gezeigt wurde, die gleichzeitig bestehende narzißtische Übertragung mit ihren Externalisierungen von Selbstaspekten das Selbst schwächt. Derartig narzißtisch gestörten Kranken ist es unmöglich, sich eine Abhängigkeit von einem Menschen vorzustellen, welche eigenes Urteilen und selbständiges Handeln einschließt. Der Patient kann es in krankhaftem »Urmißtrauen« nicht glauben, daß es der Therapeut mit ihm gut meint. Er hat vielmehr stets Angst, er führe ihn hinters Licht, haue ihn übers Ohr, lege ihn hinein oder dergleichen mehr. Auch unter solchen Umständen können die Kranken sehr schwer Deutungen akzeptieren, da sie sich dann ihre große Abhängigkeit eingestehen müßten, was ihr ohnehin angeschlagenes Selbstwertgefühl nicht aushalten und ihre Omnipotenzphantasien in Frage stellen würde.

Eine gesonderte Darstellung rechtfertigt die *Übertragung des »narzißtischen Selbst« und der »idealisierten Elternimagines«*, auf die besonders H. Kohut (1971) hingewiesen hat. Das narzißtische Selbst ist im Anfang der Entwicklung ein omnipotentes Selbst, das allseits bewundert werden will. Später versucht es, zwischen dem realistischen Selbst auszugleichen, indem sein Ehrgeiz realisierbare Ziele anstrebt. Fanden aber in der frühen Kindheit schwere narzißtische Kränkungen statt, dann konnte das narzißtische Selbst nicht genügend in das Ich integriert werden. Es ist ins Unbewußte verdrängt und kann wie alles Verdrängte unter besonderen Umständen wieder zutage treten, und zwar dadurch, daß Aspekte davon auf das Objekt, in der analytischen Situation den Arzt, externalisiert werden.

Die idealisierten Elternimagines sind sämtlich Repräsentanzen, die sich der Patient in der Kinderzeit von seinen Eltern gemacht hat, als er sie sehr bewunderte und für vollkommen und allmächtig hielt. Sie sind teilweise mit narzißtischer, teilweise mit Objekt-Libido besetzt. Entstanden sind sie im Laufe der zahllosen Versagungen, die jedes Kind während seiner Entwicklung durchmacht und die unvermeidbar sind. Mit jeder Versagung nämlich wurde ein Stückchen des bewunderten Elternobjektes internalisiert und trug mit zum Aufbau der Struktur der Elternimagines bei, die wir in den Bereich des Über-Ichs bzw. des Ich-Ideals lokaliseren. In der Analyse narzißtischer Persönlichkeiten werden die idealisierten Elternimagines wieder externalisiert, das heißt, der Analytiker wird mit idealen Eigenschaften ausgestattet, die er real gar nicht haben kann, was notwendigerweise zu Enttäuschungen führen muß. Die beiden letztgenannten Übertragungsformen bei narzißtischen Neurosen sind für den Analytiker nicht immer einfach. Bei der Übertragung des narzißtischen Selbsts fühlt sich der Analytiker nicht mehr genügend als Objekt angesprochen, was er seinerseits als Kränkung erleben mag. Andererseits ist es nicht immer leicht, die Übertragung der idealisierten Elternimagines anzunehmen, denn keiner möchte so idealisiert werden, wie der Patient als Kind seine Eltern idealisiert hat. Die Bearbeitung derartiger Übertragungen ist aber ein wichtiger Bestandteil in der Behandlung narzißtischer Neurosen. Sie dürfen in ihrer Entstehung nicht behindert werden. Der Analytiker wird in erster Linie abwarten, was sich an Übertragung entwickelt, und nicht vorzeitig deuten. Dabei können die im Erstinterview erhobenen Befunde bestätigt oder modifiziert werden. Dann wird sich auch herauskristallisieren, in welchem Umfang der Patient zu einer »objektalen« Übertragungsneurose fähig ist und wie viele narzißtische Elemente die Übertragung bestimmen.

Die Arzt-Patient-Beziehung bei narzißtischen Neurosen

Im Gegensatz zur Ebene des Ödipuskomplexes besteht »im Bereich der Grundstörung die Hauptstruktur aus einer ausschließlichen Zwei-Personen-Beziehung; sie ist urtümlicher als die zwischen Erwachsenen sich bildenden Beziehungen« (Balint, 1968). In ihr herrschen Neid und Gier, Bedürfnis nach Abhängigkeit und entsprechende Objektabhängigkeitsangst ebenso wie die erwähnten Übertragungen des narzißtischen Selbsts und der idealisierten Elternimagines. Die Besonderheiten der Situation auf der Ebene der Zweierbeziehung zu beschreiben, ist insofern schwierig, als unsere theoretischen Kenntnisse darüber trotz zahlreicher Forschungen in jüngster Zeit noch recht lückenhaft sind. In jedem Fall befinden wir uns, genetisch betrachtet, *vor* dem Ödipuskomplex, also auf präödipaler oder prägenitaler Ebene. Ist der Patient einmal auf dieser Stufe regrediert und ist zwischen Patient und Arzt diese frühe Entwicklungsphase gleichsam wiederhergestellt, dann herrschen besondere Gesetze, die etwas anders sind als diejenigen, die wir bislang von der üblichen Neurosentheorie her kennen und praktisch zu handhaben gewohnt sind. Wahrscheinlich scheitern manche psychoanalytischen Behandlungen genau an dieser Stelle.

Eine charakteristische Konstellation ist die »harmonische Symbiose« (Searles, 1964). In ihr hat sich eine ideale Mutter-Kind-Beziehung etabliert. Der Analytiker repräsentiert die gute Mutter und ist die Quelle lustvoller Zufriedenheit. Der Patient erlebt sich innig mit dem Arzt verbunden. Dazu ist zu sagen: Einerseits ist eine solche intime Beziehung unbedingt Voraussetzung für die seelische Entwicklung überhaupt, vor allem für ein gesundes Selbstwertgefühl und ein natürliches Verhältnis zur Umwelt; andererseits ist die Gefahr groß, daß sich der Patient in der Wiederbelebung dieser Konstellation in der analytischen Situation vom Arzt so »erdrückt« vorkommt, wie er dies als Kind bei der Mutter erlebte, ein Phänomen, das S. Ferenczi schon 1932 in seinen Fragmenten zutreffend als »Super-Ego-Intropression« bezeichnet hat. Der Patient übernimmt in dieser Verfassung ungeprüft alles, was der Arzt sagt, identifiziert sich mit ihm und entfernt sich oft genug von seinem eigenen Selbst, was ja gewiß nicht die analytische Absicht ist. Auf die Rolle der Gegenübertragung in dieser Konstellation soll noch in einem weiteren Abschnitt eingegangen werden. Zuvor möchte ich eine weitere charakteristische Konstellation auf der Ebene der Grundstörung besprechen; nämlich die der *ambivalenten Symbiose.* In ihr spielt neben gegenseitiger Liebe der Haß gleichermaßen eine

Rolle. Dabei werden bekanntlich die guten Regungen in das Selbst lokalisiert, während die bösen in das Objekt verlegt werden, was bei der oben erwähnten durchlässigen Ich-Grenze in dieser Konstellation der Zwei-Personen-Beziehung oder Dualunion besonders leicht möglich ist. Die Haßregungen werden dann abwechselnd vom Patienten und vom Arzt registriert und nicht selten gegenseitig projiziert. Sie drohen dann, die zwischenmenschliche Beziehung in toto zu zerstören, zumal die Aggressivität meist sehr primitiver Natur ist. Die aggressiven Impulse müssen daher rechtzeitig erkannt und in die Deutung einbezogen werden.

Was kann der Arzt nun zusätzlich zu den oben gegebenen, allgemein gehaltenen Hinweisen tun, um mit solchen Situationen fertig zu werden?

Michael Balint (a.a.O., S.260) nennt dafür drei Möglichkeiten:

1. Der Arzt deutet trotz der tiefen Regression des Patienten weiterhin auf der ödipalen Konfliktebene und versucht, ihn in seiner Übertragungsneurose anzusprechen. Gelingt dies, dann können bestenfalls die Probleme der Dreierbeziehung weiter bearbeitet werden, während die Ebene der Grundstörung gar nicht berührt wird. Dies wäre zugleich eine Möglichkeit, um unerwünschte Regressionen gar nicht erst aufkommen zu lassen. Damit wäre aber nur ein begrenztes Ziel erreicht. Auch werden die regressiven Kräfte des Patienten in vielen Fällen so groß sein, daß sie sich schwer aufhalten lassen würden.

2. Der Analytiker deutet auf der Ebene der Grundstörung, das heißt präödipal. Er kann dabei sehr weit gehen und in der Sprache Melanie Kleins nicht nur Neid und Gier ansprechen, sondern auch direkt die Sehnsucht nach der Mutterbrust, die Angst, sie mit der eigenen oralen Aggressivität zerstört zu haben, die dazu gehörigen Verfolgungsängste usw. beim Namen nennen. Die Schwierigkeit dabei wäre die, daß auf dieser Ebene alle Verhaltensweisen und Worte eine andere Bedeutung haben als sonst in der Neurosentherapie. So können die inhaltlich richtig gegebenen Deutungen formal vom Patienten etwa als »Milch aus einer bösen Brust« erlebt werden. Dazu kommt, daß sich der Patient gleichzeitig neben der präödipalen Ebene immer auch auf späteren Entwicklungs-

ebenen bewegt. Das kompliziert die Grundstörung sekundär insofern, als sie dann zusätzlich mit libidinöser und aggressiver Energie aus späteren Phasen der Triebentwicklung, etwa der phallischen, besetzt, mit anderen Worten sexualisiert oder aggressiviert ist. Dann würde die Deutung vom Patienten als sexueller oder aggressiver Akt aufgefaßt werden. Worte sind auf dieser Ebene »keine zuverlässigen Kommunikationsmittel« mehr (Balint, a. a. O., S. 265)

3. Der Analytiker enthält sich jeder Deutung. Er gestattet dem Patienten die Regression und bemüht sich lediglich zu verstehen, was mit dem Patienten los ist. In solchen Phasen der Therapie können lange Pausen entstehen, in denen nicht gesprochen wird, die aber getragen sind vom gemeinsamen Verstehen und, wenn nicht, wenigstens von Respekt und Achtung vor der jeweiligen Eigenart des Kranken. Hier wird dem Kranken geradezu Gelegenheit gegeben, in gewisser Weise zu agieren, etwa zu weinen oder sich auf der Couch herumzuwerfen. Solches Agieren ist nicht als Widerstand zu verdammen, sondern als fruchtbares Kommunikationsmittel zuzulassen. Unbedingte Voraussetzung dabei ist allerdings, daß der Therapeut nicht nur »da« ist, sondern daß er sich auch »in der richtigen Distanz« hält. D. h.: Er ist »weder so weit entfernt, daß sich der Patient verlassen fühlt, noch so nahe, daß er sich belästigt und unfrei fühlt ... Der Analytiker muß während dieser Perioden als *Bereitsteller* von Zeit und Umwelt dienen. Das heißt nicht, daß er die Verpflichtung hat, den Patienten für frühere Entbehrungen zu entschädigen und ihm mit der Betreuung Liebe und Zärtlichkeit zu geben, wie seinerzeit seine Eltern dies taten (wenn er dies versuchen würde, würde er sicher scheitern!) Was der Analytiker geben muß, aber möglichst nur während der normalen Behandlungsstunden, ist genügend Zeit, die frei ist von äußeren Versuchungen, Reizen und Forderungen, einschließlich der von ihm (dem Analytiker) selbst ausgehenden. Das Ziel ist, daß der Patient zu sich gelangen, sich akzeptieren, mit sich zurande kommen soll, in dem Bewußtsein, daß er eine ›Narbe‹ in sich trägt, seine Grundstörung, die nicht ›weganalysiert‹ werden kann. Ferner muß ihm erlaubt werden, *seinen* Weg zur Welt der Objekte zu entdecken; man darf ihm also nicht den ›richtigen Weg‹ durch noch so tiefe oder korrekte Deu-

tungen zeigen« (Balint, a.a.O., S. 269); er muß dem Patienten also lediglich eine geeignete Atmosphäre schaffen als Voraussetzung, daß er sich in seiner tiefen Regression wieder findet. Die dazu notwendigen Kräfte stecken in ihm. Sie stammen aus *dem* Bereich des Unbewußten, in dem die Mitwirkung eines äußeren Objektes nur stören würde.

Die Haltung des Analytikers in der Behandlung narzißtischer Neurosen und seine Gegenübertragung

Kommt es im Verlauf von analytischen Behandlungen zu stärkeren narzißtischen Übertragungen, wie sie eben geschildert wurden, bringt dies für den Analytiker eine Reihe von Schwierigkeiten mit sich. In der Therapie unkomplizierter Neurosen ist er als Objekt anerkannt und kann sich selber als solches fühlen. Bei narzißtischen Übertragungen ist dies aber nicht immer der Fall. Schon bei der Erörterung der Übertragung des narzißtischen Selbst und der idealisierten Elternimagines wurde erwähnt, welche Probleme in der Therapie narzißtischer Neurosen für den Therapeuten auftreten können. Es gibt darüber hinaus noch weitere Schwierigkeiten, wenn wir uns in die Therapie derartig schwer gestörter Fälle einlassen. Ja, man kann geradezu von Gefahren sprechen, die bei solchen Unternehmungen auf den Therapeuten lauern. Was ist dann zu tun?

Der Arzt muß sich selbst sehr gut kennen, und zwar nicht nur seine eigenen Konflikte auf ödipaler Ebene, sondern auch der »Grundstörung«. Wie sollte er sonst den Patienten in der Not dieser tiefen Regression verstehen können? Dem Arzt, der es wagt, dem Kranken in diese Regression zu folgen, sollte nicht nur Psychodynamik und Struktur der narzißtischen Neurosen genau bekannt sein, sondern er muß sich selbst ebenso genau kennen, das heißt, sich selbst während seiner eigenen Analyse in dieser frühen Phase der Objektbeziehung, mit ihrer Abhängigkeit, ihrem Neid, ihrer Gier und den dazugehörigen Ängsten erlebt haben. Außerdem ist erwünscht, daß seine Trieb- und Sicherheitswünsche einigermaßen befriedigt sind. Bei alldem soll er psychisch stabil strukturiert sein, um einerseits in forschender Neugier auf intellektueller Ebene die Übersicht zu haben und sich andererseits in einer »Regression im Dienste des Ichs« (Kris, 1950) in den regredierten Patienten einzufühlen; außerdem kann er sich probeweise mit den früheren Beziehungspersonen identifizieren, sich mit anderen Worten eine sogenannte »komplementäre Identifikation« (Racker, 1968, S. 73) leisten. Indem er somit die Externalisierung des Patienten partiell in sein Selbst aufnimmt und zugleich mit Hilfe des psychoanalytischen Modells der narzißtischen Übertragung und Gegenübertragung »objektiviert«, gelangt er zu einem Verstehen der Beziehungsstörung des Patienten und erfüllt damit die Voraussetzung, zu deuten, »in welcher Form der Patient mit sich selbst und mit ihm (dem Analytiker) umgeht«. Auf diese Weise würde ein Teil der intrapsychischen Konflikte des Kranken vom Arzt internalisiert. Er kann sie auf sein starkes Ich einwirken lassen, sie analysieren und den gewissermaßen schon »vorverarbeiteten« Konflikt dem Patienten deuten. Trotz dieser stärkeren Identifikation mit dem Patienten bleibt die Haltung des Analytikers stets wissenschaftlich und forschend, was nicht ausschließt, daß er Gefühle der Sympathie und der Freude am Wohlergehen des Patienten hat, wenn er Fortschritte macht, und solche des Mitleids, wenn er es schwer hat. Sie haben mit Gegenübertragung nichts zu tun, denn es wäre ein großes Mißverständnis, wollte man glauben, der Analytiker müsse, wie es früher oft hieß, nur der Spiegel für die Übertragungen des Patienten sein und diese völlig unbeteiligt wieder zurückgeben.

Von Gegenübertragung im engeren Sinne wäre zu sprechen, wenn es im Arzt zu ganz bestimmten Gefühlen kommt, und zwar als Reaktion auf bestimmte Übertragungen des Patienten. Die gefühlsmäßigen Reaktionen des Arztes sind damit als »Symptom der Krankheit des Patienten aufzufassen, die ihm helfen, den Patienten besser zu verstehen«. Diese Art der Gegenübertragung ist durchaus positiv zu werten. Wenn der Arzt dagegen, ohne es zu wissen, Erlebnisse aus seiner eigenen Kindheit auf den Patienten überträgt, dann handelt es sich um eine echte Übertragung des Arztes auf den Patienten, die unbewußten Gesetzen folgt wie die des Patienten auf den Arzt.

Eine derartige ungünstige Übertragung ist die *verwöhnende* Haltung, die allenfalls, wenn man es weiß, bei einem sehr schwer gestörten Schizophrenen angezeigt sein mag, aber selbst dort fragwürdig erscheint. Mit einer verwöhnenden Haltung des Arztes würden Vorstellungen auf den Patienten übertragen, die ursprünglich in einer symbiotischen

Beziehung in der Kindheit des Therapeuten wirksam waren – ein höchst unerwünschter Vorgang, denn damit würde der hilfsbedürftige Patient im Arzt eine in eigene Schwierigkeiten verstrickte Person erleben, was weit über das hinausginge, was das schwache Selbst des Patienten zu ertragen imstande wäre, und was die Entwicklung zu einem eigenen, unabhängigen Menschen entschieden stören würde. Der Analytiker könnte ohnehin die vorausgegangenen Entbehrungen des Patienten nie wettmachen. Dazu würde kein Mensch in der Lage sein. Das Meiste davon bleibt unwiederbringlicher Verlust, mit dem sich der Kranke mit Hilfe des Arztes letztlich abfinden muß. Dem Patienten steht es indessen frei, etwas des Versäumten in aktuellen Beziehungen zu seinen Mitmenschen nachzuholen, was die Therapie derartig narzißtischer Patienten fördert. Fehlt diese Möglichkeit völlig, steht der Patient also gänzlich allein da, so wird die Therapie dadurch ungemein belastet, wenn nicht unmöglich.

Eine andere Versuchung für den Therapeuten ist die *omnipotente* Haltung: Der Analytiker weiß alles besser. Anna Freud sagte einmal: »Es ist kein gutes Zeichen, wenn der Analytiker in der Einsicht in den Patienten diesem zu weit voraus ist. Dann weiß der Analytiker alles schon im voraus, hört die Einfälle des Patienten nicht mehr richtig und verläßt die therapeutische Allianz mit ihm, wo doch stets nur gemeinsam versucht werden kann, in gleichberechtigtem Miteinander von Patient und Arzt die Probleme zu verstehen und zu lösen. Positiv zu bewerten ist dagegen die Position des Analytikers, der die Übertragung der idealisierten Eltern-Imago partiell annimmt, sich seiner Grenzen aber bewußt bleibt.« Schließlich bleibt noch eine Schwierigkeit des Therapeuten zu erwähnen, die eine Projektion von Abhängigkeitswünschen des Patienten auf den Therapeuten für diesen heraufbeschwört: Derartige Bedürfnisse im Patienten wecken Angst im Analytiker. Zu ihrer Abwehr können die eigenen Abhängigkeitswünsche auf den Patienten übertragen werden, was sich z. B. in zwanghafter Hilfsbereitschaft ausdrükken kann. Bei diesen Übertragungen auf seiten des Arztes wird die Auflösung der Grundstörung des narzißtisch gestörten Patienten erschwert, ja unmöglich gemacht. Durch ständige Selbstanalyse und -kontrolle wird sie der Arzt zu vermeiden trachten.

6. Psychoanalytische Psychosenlehre

A Schizophrenie

Definition
Im Gegensatz zur Neurose handelt es sich bei der Psychose um eine primäre Krankheit des Ichs, gekennzeichnet durch mehr oder weniger schwere Störungen der Ichfunktionen wie Wahrnehmung, Denken, Handeln. Die Ursache dafür liegt darin, daß als Kern-Störung des Ichs diejenige Basis der Persönlichkeit, die bei den Neurosen die Konflikte zwischen Ich, Es, Über-Ich und Ich-Ideal ermöglicht, primär gestört ist. Bei der Schizophrenie kommt es dabei zu einer charakteristischen Ich-Störung, bei der die Grenzen zwischen sich selbst und den anderen durchlässig geworden sind. Gleichzeitig sind im Gegensatz zur Neurose früheste Entwicklungsphasen der Mutter-Kind-Beziehung des ersten Lebensjahres wiederbelebt. Kernkomplex ist nicht der Ödipuskomplex, sondern der Mutter-Kind-Komplex.

Aber schauen wir uns jetzt die *psychoanalytischen Aspekte* schizophrener Störungen genauer an: Sie beziehen sich auf deren psychische Ursachen. Denn trotz intensivster Forschung ließen sich körperliche Ursachen schizophrener Störungen bisher nicht finden: Was an organischen Befunden festgestellt wurde, war allenfalls Folge, Begleiterscheinung oder Anpassungssyndrom im Zusammenhang mit schizophrenem Verhalten. Zu dessen Verständnis konnten alle medizinisch orientierten Forschungen nichts beitragen. Darum wollen wir uns aber jetzt bemühen.

Psychodynamik
Bei der Schizophrenie sind fundamentale Bedürfnisse gestört: Nach Freud (1911) sind es unbewußte homosexuelle Bedürfnisse, die nicht verarbeitet werden konnten, nach Klein (1962) archaische, destruktive Tendenzen, die sich gegen die versagende Mutterbrust wenden.

Der andere Störungsbereich liegt im Bereich fundamentaler Ich-Funktionen, wurde als »Grundstörung« von Freeman, Cameron und McGhie (1958) erstmals definiert und in der Ich-Psychologie der Schizophrenie entwickelt. Dazu gehört die von Federn (1956) herausgestellte Störung des Ich-

Gefühls und des Zusammenbruchs der Ich-Grenzen. Die Fähigkeit, zwischen Selbst und Umwelt zu differenzieren, ist zentral gestört. Der Schizophrene empfindet innere und äußere Wahrnehmungen als ein Kontinuum, eine Grenze zwischen sich und den anderen existiert für ihn nicht. Damit ist sein Gefühl der Identität im Sinne eines »Sich-selbst-gleich-Bleibens« empfindlich beeinträchtigt. Die Grundstörung wirkt sich aber auch auf das Denken aus: Es bewegt sich einerseits auf einer symbolischen Ebene, vergleichbar dem Niveau des Denkens eines Kleinkindes, in dem zum Beispiel eine Schlange mit dem Teufel gleichgesetzt wird. Andererseits entspricht es einem konkreten Denken, bei dem Abstraktionen weitgehend fehlen und bei dem Worte wie zum Beispiel das Wort »Schläge« wie Schläge körperlich empfunden werden. Dazu kommt die schon in obiger kurzer Definition genannte Störung von Raum- und Zeiterleben, verbunden mit einer Störung der Erinnerung und des Gedächtnisses und einer zentralen Störung der Aufmerksamkeit.

Die genannten Störungen lassen sich alle auf die Grundstörung zurückführen, die darin besteht, daß äußere Reize ungehindert bis in den Kern der Persönlichkeit eindringen. Mit anderen Worten: es gelangen gleichzeitig eine Fülle von Informationen ins Bewußtsein, die nicht voneinander getrennt werden können; ein Phänomen, das inzwischen von psychologischer Seite als *»Basisstörung«* (Süllwold, 1983) testpsychologisch bestätigt werden konnte. Gehen wir von einer derartigen Grund- oder Basis-Störung aus, dann sind rätselhafte Symptome der Schizophrenie wie Sinnestäuschungen und Wahn leicht erklärbar. Von außen kommende Stimmen werden als von innen kommend erlebt, innere können nach außen ebenso projiziert werden wie äußere nach innen introjiziert. Derartige Bewegungen in beiden Richtungen sind insofern besonders leicht möglich, als die Grenzen zwischen Nicht-Ich und Ich ja durchlässig sind. Auch der sonst schwierige Begriff der projektiven und introjektiven Identifikation wird auf dem genannten Hintergrund der Basis-Störung verständlich: Bei der projektiven Identifikation verlege ich Teile von mir selbst in den andern und identifiziere mich damit, während ich mich bei der introjektiven Identifikation mit Teilen des anderen identifiziere. Damit kommen wir zum dritten großen Störungsbereich der Schizophrenie, dem der frühesten Störung fundierender Objektbeziehungen: Es leuchtet eigentlich unmittelbar ein, daß unsere Entwicklung von anderen abhängig ist. Das heißt, wissenschaftlich gesprochen, die Entwicklung des Subjekts ist eine Folge der Beziehungen zu Objekten, die das Subjekt im Laufe seiner Entwicklung erfahren hat. Dies hat auch schon Freud (1923) betont, wenn er davon sprach, daß das Ich der Niederschlag der erlebten Objektbeziehungen ist, es wird aber immer wieder vergessen, obwohl in jüngster Zeit eine von Fairbairn (1952) ausgehende Objektbeziehungstheorie diesen Aspekt besonders betont. Insofern sind alle seelischen Störungen Reaktionen auf Störungen in den Beziehungen zu den anderen. Damit haben wir einen Schlüssel für das Verständnis auch sonst befremdender Störungen der Schizophrenie. Die Ursachenkette sieht also folgendermaßen aus: Primär gestörte Objektbeziehung → Grundstörung → Funktionsstörung. Nach diesem Muster können wir auch den Wahn verstehen: Er entspricht einer Form der Objektbeziehung, in der der Schizophrene wähnt, der andere wäre nicht dieser, sondern ein anderer. Damit ist der Wahn an die Stelle der Realität getreten. Nicht anders können wir die Halluzination oder Sinnestäuschung verstehen. Hier nimmt der Schizophrene vom anderen etwas wahr, was nicht vorhanden ist. Damit ist der nicht vorhandene andere kompensiert, wird die Verbindung mit dem verlorenen Objekt wieder hergestellt.

Das Charakteristische der schizophrenen Störung besteht wie der Name besagt (Spaltungsirresein) darin, daß über Wahn und Halluzination zu gleicher Zeit mindestens zwei Welten gleichzeitig erlebt werden. Der schizophrene Patient ist insofern nicht ein Wanderer zwischen zwei Welten, sondern ein Wanderer in mindestens zwei Welten. Die eine Welt entspricht meist einer sehr guten bis idealen, während die andere überwiegend versagend bis abgrundtief böse ist. Objektbeziehungspsychologisch ausgedrückt: ein Teil des Ichs steht mit dem versagenden, bösen Objekt in Verbindung, während der andere Teil mit dem guten Objekt in Beziehung steht. Spezifisch für Schizophrenie ist hierbei, daß beide Bereiche nicht scharf voneinander getrennt werden können, dies in prägnantem Unterschied gegenüber den sogenannten Borderline-Fällen, die sich ebenfalls in nur gute und nur böse Teile gespalten erleben, bei denen aber beide Bereiche durch den Abwehrmechanismus der »Spaltung« voneinander getrennt gehalten werden. Wie aber kommt es zu derartigen, die Persönlichkeit in ihrem Kern erschütternden Störungen?

Psychogenese
Hierbei ist die frühe Mutter-Kind-Beziehung besonders gut untersucht. Idealtypisch folgt einer ersten *autistischen* Phase (Mahler, Pine und Bergman, 1975) eine *symbiotische* Phase, in der Mutter und Kind im Sinne einer Dualunion eine Einheit bilden, wiederum gefolgt von der wichtigen *Separations-Individuations-Phase*, während der sich das Kind von der Mutter löst. Die Lösung ist natürlich nur dann möglich, wenn das Kind nicht nur aus biologischen Gründen eine Reifung durchlaufen hat, sondern sich auch seelisch hat entwikkeln können. Dazu gehört die Ausbildung einer eigenen psychischen Struktur, die die Ablösung von einem bisher versorgenden Objekt und damit die Unabhängigkeit davon erst ermöglicht. Dieser schwierige und leicht störbare Prozeß besteht im Wesentlichen darin, daß innerhalb einer überwiegend guten Beziehung vertrauensvolle Erfahrungen gemacht werden können. Derartige Erfahrungen bleiben in guter Erinnerung. Ihre Spuren sind die Basis für eine psychische Struktur, die sich in dem Maße bildet, wie gute Erfahrungen gemacht werden. Nach M. Klein (1962) ist dabei die erste gute Erfahrung an der Mutter Brust die Basis für alle späteren. In psychoanalytischer Sprache ausgedrückt: die verinnerlichte ›gute Brust‹ entspricht dieser Basis als Grundlage oder Fundament für alles weitere.

Ist die Mutter-Kind-Beziehung gestört, dann sind logischerweise auch diejenigen Prozesse, die auf dieser Basis zu psychischer Struktur führen, gestört. Basis oder Fundament bleiben aus. Wo sonst Struktur entsteht, fehlt etwas, besteht ein Defizit, im leichtesten Fall eine strukturelle Ich-Störung. Somit fehlt die bei überwiegend guten Objektbeziehungen entstehende verläßliche Basis. Die überwiegend versagenden Erfahrungen haben ihre Spuren in Form der defizitären Ich-Struktur hinterlassen. Um sich selbst zu retten, müssen daher die versagenden Erfahrungen mit den damit verbundenen Schmerzen, Ängsten und der dazu gehörigen reaktiven Wut konsequent aus dem Bewußtsein ausgeschlossen bleiben.

Das Resultat derart überwiegend gestörter Objektbeziehungen ist die schizoide Persönlichkeit (Kretschmer, 1931), eine Persönlichkeit, die in sich selbst verschlossen ist. Sie bleibt deshalb so auf sich selbst bezogen, um nicht an die frustrierenden frühen Erfahrungen der Kindheit erinnert zu werden. In der Konzeptualisierung Melanie Kleins hat ein solcher Mensch die depressive Position nicht erreicht, die darin besteht, daß man die eigenen gleichzeitig neben den liebenden Regungen bestehenden destruktiven Impulse ebenso klar wahrnehmen kann wie beim anderen. Die schizoide Persönlichkeit bleibt vielmehr auf der schizoid-paranoiden Position fixiert, in der krampfhaft versucht wird, jede Andeutung möglicher eigener destruktiver Regungen ebenso abzuspalten und zu verleugnen wie die anderer Menschen. Da dies jedoch nie vollkommen möglich ist, fürchtet der Schizoide einerseits, daß seine Liebe den andern wegen der gleichzeitig vorhandenen destruktiven Impulse zerstört, andererseits, daß der andere, wendet er sich ihm zu, wegen der ebenfalls vermuteten von der liebenden Zuwendung nicht ganz getrennten destruktiven Regungen ihn zerstört. Damit haben wir eine nicht autonome, nicht integrierte Persönlichkeit vor uns, die hochgradig verletzbar ist, die sich einerseits an den andern anklammern will, den andern andererseits meidet und dieses Dilemma zwischen Not und Angst nur dadurch lösen kann, daß er sich auf sich selbst zurückzieht, was, in der Sprache der psychoanalytischen Theorie ausgedrückt, gegenüber der vorausgegangenen, wenn auch sehr prekären und überwiegend frustrierenden Objektbeziehung, einem sekundären Narzißmus auf Kosten der Objektbeziehung entspricht. Derartig strukturierte Menschen scheitern regelmäßig an allen späteren Entwicklungsaufgaben, vor allem an der Lösung des Ödipus-Komplexes während der kindlichen Entwicklung und später meist im frühen Erwachsenenalter, wenn die zwei großen Lebensprobleme der Berufs- und Partnerwahl anstehen.

Der schizophrene Prozeß

Regression und Wiederbelebung längst überwunden geglaubter früher Entwicklungsphasen

Was hier schizophrener Prozeß genannt wird, besteht vor allem in einer Regression auf früheste Entwicklungsstufen, von denen die genannte autistische und symbiotische Phase der Dualunion die wichtigsten sind. Damit werden die unter 1. genannten fundamentalen Bedürfnisse ebenso reaktiviert wie die frühen Ichzustände mit ihren unklaren Grenzen und die frühgestörten fundierenden Objektbeziehungen. Es resultiert ein Zustand der *Konfusion* von Bedürfnissen, Ichzuständen und Objektbeziehungen (Rosenfeld, 1966). In einem »symbiotisch-psychotischen Syndrom« (Mahler, 1968) sind Selbst und Objekt miteinander verschmolzen oder fusioniert. Überwiegt hierbei eine gute, befriedigende Beziehung, fühlt sich der Kranke narzißtisch allmächtig. Ist dagegen eine überwiegend versagende Beziehung wiederbelebt, erlebt er sich total vernachlässigt, zerstört, vernichtet. Gelingt es ihm, weiter zu regredieren bis zur autistischen Phase, dann kommt es zu einem »autistischen Syndrom« (Mahler, 1968), über das sich der Kranke dadurch von den ihn bedrängenden fusionierenden Beziehungen retten kann, daß er sich total auf sich selbst zurückzieht und gegenüber Umweltreizen hermetisch abschottet.

Wir können nun (Kutter, 1967) *die in der deskriptiven Psychiatrie gängigen psychiatrischen Diagnosen* innerhalb der Gruppe der Schizophrenie *den genannten drei frühen Entwicklungsphasen*
1. *Autismus,*
2. *Symbiose* und
3. *Lösung aus der Symbiose im Analogieschluß zuordnen und uns damit die sonst unverständlichen schizophrenen Symptome verständlich machen:*

Danach sind *weniger gestörte, leichtere Formen paranoid-halluzinatorischer Schizophrenie* auf die *Stufe der Lösung der Dualunion* regrediert: Dazu gehören die häufigen Trennungsängste, die gestörte Identität, die Selbstentfremdung und der Wechsel zwischen weniger gestörten Zuständen mit relativer Unabhängigkeit, wenn ein späteres Stadium der Lösung aus der Dualunion wiederbelebt ist.

Schwerer gestört sind Patienten mit größerer Abhängigkeit und noch fehlender Eigenständigkeit, wenn eine Zeit wiederbelebt ist, in der die Lösung aus der Dualunion allenfalls in ersten Ansätzen versucht wurde.

Die *volle Ausprägung der paranoid-halluzinatorischen*

Schizophrenie entspricht einer völligen Wiederherstellung der *symbiotischen Phase* mit ihren charakteristischen Merkmalen: Aufgelassene Ichgrenzen, Verschmelzung zwischen Subjekt und Objekt, gleichzeitiges Erleben des Subjekts und des Objekts zur selben Zeit; klinisch objektivierbar als Wahn und Sinnestäuschungen.

Der *autistischen Psychose* des Kindesalters entsprechen im Erwachsenenalter die Katatonie und Hebephrenie. Bei beiden Zuständen ist der Kranke autistisch auf sich selbst bezogen; in der *Katatonie* steht ihm hierbei die Motorik unbewußt zur Verfügung, erkennbar an charakteristischen katatonen Verhaltensweisen, während die Motorik bei der *Hebephrenie* gleichsam psychisch gelähmt ist.

Grundsätze psychoanalytischer Therapie der Schizophrenie – Gewähren oder deuten?

Die Methode der Gewährung zielt auf einen Nachvollzug der nicht gelebten Mutter-Kind-Beziehung, wobei der Therapeut praktisch die Mutter ersetzt. Daß eine derartige Therapie mit extrem großem Aufwand und persönlichem Einsatz verbunden ist, versteht sich von selbst. Die wissenschaftlich-forschende Haltung beschränkt sich auf das Verstehen derjenigen Prozesse, wie sie sich zwischen dem Kranken und dem Therapeuten entwickeln und auf deren Deutung.

Beide Methoden sind an *Voraussetzungen* gebunden.

a) Auf seiten des *Therapeuten:* Psychodynamik, Psychogenese und die wesentlichen Merkmale des schizophrenen Prozesses müssen als Theorie präsent sein. Außerdem sollte der Therapeut während seiner Professionalisierung nicht nur ausgiebige praktische Erfahrungen im Umgang mit schizophrenen Patienten gemacht haben, sondern nach Möglichkeit auch während seiner eigenen Analyse die oben beschriebenen frühen Entwicklungsphasen wenigstens in Ansätzen erfahren haben.

b) Auf seiten des *Patienten:* Ein Mindestmaß an Kommunikationsfähigkeit, gesunden Persönlichkeitsanteilen und einer Fähigkeit zur Selbstreflektion, verbunden mit einer gewissen Neugier für die Hintergründe seiner Störung. Sind beide Voraussetzungen erfüllt, kann die Therapie *ideal-typisch in folgenden vier Phasen* ablaufen:

1. Die schon über den schizophrenen Prozeß regressiv wiederbelebten infantilen Positionen werden im Übertragungs-Gegenübertragungs-Geschehen zwischen Patient und Arzt zunehmend aktualisiert und können damit zum Gegenstand der Psychoanalyse werden.

2. Dies ist aber nur dann möglich, wenn, auf der Basis der beiden obengenannten Voraussetzungen, nicht nur ein klares Arbeitsbündnis zwischen Patient und Therapeut geschlossen werden konnte, sondern auch eine aufrichtige reale Beziehung, mag diese auch noch so sehr durch die bestehenden psychotischen Prozesse von Mißtrauen, Angst und Abwehr gestört sein.

3. Traut sich der Patient, auf der wachsenden Basis gegenseitigen Vertrauens, mehr und mehr seine pathologischen Objektbeziehungsmuster, Ichdefekte und fundamentalen Bedürfnisse in die Beziehung einzubringen, dann können die, bildlich gesprochen, unterhalb des Arbeitsbündnisses und oberhalb der neuen realen Beziehung sich entfaltenden verzerrten Beziehungsmuster eines nach dem anderen verstanden, interpretiert und durchgearbeitet werden.

4. Ist dies wiederum geschehen, können (wie unter 1.1 Wiederholungszwang und Neubeginn beschrieben) die wiederbelebten Beziehungsmuster nach und nach überwunden, durch neue ersetzt und in die sich entwickelnde Persönlichkeit integriert werden. Dabei gleicht die Schizophrenietherapie praktisch der Kindertherapie: Der Therapeut muß mit dem Kranken wie mit einem Kind umgehen, das, bei Wiederbelebung der autistischen Phase, langsam aus seiner Schale heraustritt; Hilfsmittel wie aktives und passives Musizieren, rhythmische Aktivitäten und andere Anregungen der Sinnesorgane sind hierbei unerläßlich. Der die symbiotische Phase wiederbelebende Patient muß die mit der Trennung verbundenen Schmerzen wiedererleben und im Nachhinein verarbeiten, die damit verbundene Trauer-Arbeit (Freud, 1916; Lindemann 1944) leisten und die unweigerlich mit Freiheit und Unabhängigkeit verbundenen Ängste überwinden, wobei der Therapeut dem Patienten die damit verbundenen unvermeidlichen Ängste nicht abnehmen kann. Er kann sie aber dadurch mildern, daß er dem Patienten deren Überwindung

zutraut und dadurch, daß er ihm gerade zu der Zeit und an der Stelle, wo der Patient zum Sprung in die Freiheit ansetzt, Hilfestellung gibt, nicht vorher und nicht später.

B Depression und Suizid

Definition

Im Zusammenhang mit der psychoanalytischen Psychosenlehre ist nicht die neurotische Depression gemeint, vielmehr die psychotische, die ebenfalls wie die Schizophrenie eine zentrale Störung der Persönlichkeit darstellt, die den Kern des Ichs betrifft, also ebenso wie diese eine Krankheit des Ichs ist. Im Gegensatz zur Schizophrenie ist das Ich aber nicht gespalten in gleichzeitig sich widersprechende Ichzustände aus den verschiedensten Zeiten und Räumen, sondern durch eine Instanz verändert, die sich, um mit Freud zu sprechen, wie ein Schatten auf das Ich legt. Während bei der depressiven Neurose diese Instanz im Über-Ich lokalisiert ist, gegenüber der sich das Ich wehren kann, hat sie in der depressiven Psychose das Ich selbst ergriffen und strukturell verändert. Das Ich ist nun von der fremden Instanz mehr oder weniger aufgezehrt und verarmt. Die fremde Instanz hat es erobert und im Würgegriff. Das Ich seinerseits hat sich erobern lassen und ist nun gleichsam von fremden Mächten besetzt.

Neben dieser zentralen *Ich-Problematik*, die sich klinisch als eine massive *Selbstwertproblematik* zeigt, spielen bei der psychotischen Depression von Fall zu Fall *Verlustprobleme*, Aggressionskonflikte und eine Schuldproblematik eine wichtige Rolle.

Die Disposition zur depressiven Psychose wird wie bei der Schizophrenie in sehr frühen Entwicklungsphasen erworben, jedoch nicht so früh wie bei der Schizophrenie: Die Lösung aus der Dualunion ist weitgehend gelungen. In der Sprache Melanie Kleins ist auch die schizoid-paranoide Position überwunden und die depressive Position erreicht. Die damit verbundenen Probleme, nämlich sowohl die eigene als auch die fremde Destruktivität anzuerkennen und konstruktiv zu verarbeiten, sind jedoch nicht gemeistert; vielmehr über die folgende Psychodynamik nur pathologisch gelöst.

Psychodynamik

Als erster Punkt verdient die *Verlustproblematik* in der Beziehung zu einem Idealobjekt genannt zu werden. Der zu Depression neigende Mensch ist nämlich wegen seiner mangelnden Selbständigkeit vielfach an einen anderen Menschen gebunden, der ihm all das ersetzen soll, was er in der frühen Kindheit entbehrt hat. Wird ein derartig von einem anderen Abhängiger von einem realen Verlust dieser wichtigen Bezugsperson betroffen oder fühlt er sich in dieser Weise nur bedroht, wird schlagartig die kindliche Abhängigkeit bewußt, gefolgt von Gefühlen tiefer Depression und verzweifeltem Bemühen, wieder ein derartiges ideales Objekt zu finden, und sei es nur in der Phantasie.

Die andere Psychodynamik, nämlich die *Aggressivitätsproblematik,* dreht sich um nur schwer steuerbare aggressiv-destruktive Impulse, die sich zum Teil als Reaktion auf den entstandenen Verlust erklären, zum Teil aus der Aggressivität, die wegen der nicht gelösten depressiven Position nicht in die Persönlichkeit integriert werden konnte und deshalb abgewehrt werden mußte. Dabei handelt es sich, im scharfen Gegensatz zur Neurose, insbesondere zur Zwangsneurose, um aggressive Impulse, die mit der Existenz des Objekts unvereinbar sind und es letztlich vernichten wollen. Da sich diese mörderische Destruktivität wegen der Ichschwäche des Depressiven und wegen seiner Abhängigkeit von anderen, mächtigeren Objekten, nicht nach außen entladen kann, kommt es in einem die äußere Existenz zwar rettenden Abwehrvorgang der Wendung gegen sich selbst zum Angriff auf die eigene Person, zur Selbstanklage, zu Selbstvorwürfen, im Extrem zur Selbstvernichtung.

Während Verlust- und Aggressions-Problematik schon der klassischen Psychoanalyse vertraut waren, ist die *Selbstwertproblematik* erst in jüngerer Zeit über die Narzißmus-Debatte um die Bücher von Kohut und Kernberg in den Mittelpunkt der Diskussion gerückt. Aber schon Bibring (1953) sah in der Hilflosigkeit und Ohnmacht des Ichs die zentrale Störung der Depression; eine Perspektive, die wir im Zusammenhang mit den beiden soeben genannten Punkten des Verlustes und der Aggressivität unschwer verstehen können: Ein Mensch, der eine für ihn wichtige Bezugsperson verloren hat und die Wut darüber nicht zu beherrschen weiß, fühlt sich hilflos, ohnmächtig und in seinem Selbstwertgefühl tief betroffen.

Ein anderer Erklärungsansatz für das massive Unwertgefühl des Depressiven betont die mangelnde Identifizierungsmöglichkeit des heranwachsenden Kindes mit geeigneten Vorbildern: Entweder fehlen diese ganz oder es sind nur ungeeignete Identifizierungsobjekte vorhanden, die sich selbst wertlos fühlen, wie zum Beispiel ein trinkender Vater, eine sich in ihrer Weiblichkeit minderwertig fühlende Mutter, oder obdachlose oder straffällig gewordene Eltern.

Eine weitere Ursache depressiv-psychotischer Krankheitsbilder liegt in der Diskrepanz zwischen idealen und realen Anteilen des Selbstkonzeptes. Je größer die diesbezügliche Diskrepanz, umso schmerzlicher die Gefühle von Unzulänglichkeit, Peinlichkeit, Beschämung und Minderwertigkeit.

Der vierte Punkt der depressiven Psychose, die *Schuldthematik*, ist entweder die Reaktion auf die nicht bewältigte Aggressivität, oder sie beruht darin, daß der Depressive glaubt, sich von dem ihn versorgenden Objekt nicht trennen zu können. Wir sprechen dann von Trennungsschuld. In manchen Fällen schwerer Depression fühlt sich der Depressive schon wegen seiner bloßen Existenz schuldig (Daseinsschuld).

Psychogenese

Auslösende aktuelle Ursache ist häufig der schon genannte Verlust eines Idealobjektes, der deswegen so verheerende Folgen hat, weil dadurch erst die prekäre Situation einer von einem Objekt abhängigen Persönlichkeit deutlich wird. Die Disposition zur Depression entstand aber in der frühen Kindheit, und zwar zu einer Zeit, als die während der Phase der Loslösung aus der Dualunion nach Unabhängigkeit strebenden Impulse entweder direkt von der Umwelt des Kindes unterdrückt oder abgelehnt wurden, oder zumindest indirekt entwertet worden sind. Damit ist eine Fixierungsstelle geschaffen, die der Depressive bei Enttäuschungen des Erwachsenenlebens regressiv wiederbesetzt. Nun hat er zwar den aktuellen Verlust scheinbar überwunden, sich dafür aber viel schwerer wiegende, überwunden geglaubte bedrückende Ichzustände seiner frühen Kindheit eingehandelt.

Der depressive Prozeß

Der depressive Krankheitsprozeß steckt in der klinisch stummen schmerzlichen Diskrepanz zwischen Idealselbst- und Realselbst-Anteilen, gefolgt von dem beschriebenen Zustand von Hilflosigkeit und Ohnmacht. Im Laufe des depressiven Prozesses wird diese stumme Problematik jedoch häufig durch die lärmende Symptomatik der Selbstvorwürfe, Selbstanklagen und selbstzerstörerischen Handlungen abgelöst, die, wie wir oben bei der Besprechung des Psychodynamik gezeigt haben, eigentlich Anklagen und Vorwürfen gegen die versagenden Objekte der Umwelt entsprechen. Dazu kommt die schon genannte reaktive Wut auf die Frustration im Falle eines Objektverlustes oder narzißtische Wut als Reaktion auf vorausgegangene Kränkungen.

Zum depressiven Prozeß gehört auch nicht überwundener Neid: Weniger Angst vor dem Neid der andern, vielmehr Neid auf den oft nur vermeintlichen Besitz der anderen; ein Neid, der natürlich umso verständlicher ist oder wird, als der Depressive ja in der Tat deswegen, weil seine Autonomieversuche extrem verweigert wurden, wenig eigenständige Substanz entwickeln konnte. Dieser Neid hat die verheerende Folge, daß er Gaben, die von der beneideten Person gegeben werden, deswegen zerstört, weil die Gier danach so unersättlich ist oder weil der Depressive vor seinem Ideal nicht zugeben kann, daß er abhängig und bedürftig ist.

Suizid oder Selbsttod, eine ernste Gefahr der psychotischen Depression

Kein Suizid ohne Depression. Erforschung von Depression ist somit auch Erforschung von Suizidgefahr. In diesem Zusammenhang brauchen wir uns nur an das zu erinnern, was oben zur Definition von Depression, zur Psychodynamik, Psychogenese und zum depressiven Prozeß gesagt wurde. Dabei ist die Gefahr des Suizids umso größer, je weniger die Aggressivitäts-Problematik gelöst werden kann, und je weniger das in seiner Selbstwert-Problematik geschwächte Ich in der Lage ist, die Aggressivität kontrolliert zu steuern. Ruht die Aggressivität, ist die Suizidgefahr auch bei geringem Selbstwertgefühl einigermaßen gebannt. Wird sie dagegen durch neue narzißtische Kränkungen entfacht oder durch den Verlust einer wichtigen Bezugsperson reaktiviert, besteht ernste Suizidgefahr, auch bei einigermaßen erträglicher Selbstwert-Problematik.

Im *»Selbsttod«* tötet sich der Suizident dann *aktiv,* wenn er die wie auch immer ausgelöste reaktivierende Aggressivität nicht mehr unter Kontrolle bringen kann, sie gegen sich selbst wendet und sich damit aktiv selbst attackiert; klassischer Fall: sich erschießt. Bei Vorwiegen der Selbstwert-Problematik und weitgehend ruhender Aggressivität läßt sich der Suizidant im »Selbsttod« *passiv* in den Tod fallen, verbunden mit der Schizophrenie ähnlichen Aktivierungen frühkindlicher Fusionszustände mit einem idealen Objekt im Sinne der Dualunion; klassisches Beispiel: Schlafmittel einnehmen und sich in den Schlaf fallen lassen.

Zu jeder der beiden genannten Möglichkeiten ein Fallbeispiel: Ein fünfundzwanzigjähriger Student (bei Studenten liegt die Suizidquote mit zweiunddreißig Prozent über dem Durchschnitt, wobei Studentinnen sogar mehr als doppelt so häufig Selbstmord begehen wie ihre nicht-studentischen Jahrgänge) ist seit Jahren depressiv, quält sich mit nicht objektivierbaren körperlichen Beschwerden, vertraut keinem Arzt, fühlt sich von seiner Mutter schon als Kind unverstanden und in seinen Freiheitsbestrebungen eingeengt. Vaterlos aufgewachsen, blieb er doch an sie gebunden, konnte keine eigenständige Persönlichkeit entwickeln, klammerte sich an eine Freundin, die für ihn ein ideales Objekt repräsentierte, und springt in dem Moment unter Anwendung roher Gewalt durch die Scheibe des achtunddreißigsten Stockwerkes eines Hochhauses, als ihn die Freundin verlassen hatte: Die gegen sie gerichtete explosive Wut hatte sich gegen ihn selbst gewendet und ihn in einer Art »Implosion« getroffen. Zugleich traf er damit posthum die Freundin, indem er ihr massive Schuldgefühle bereitete. Wir können nur vermuten, daß er mit der Freundin unbewußt gleichzeitig die ihm verhaßte Mutter getötet hatte, die ihn an sich bindend nicht hat frei werden lassen. Damit hätte er mit seinem eigenen Tod gleichzeitig die Mutter und sich selbst getötet. Er wäre damit in ein und derselben Person der Mörder und der Ermordete.

In einem anderen Fall handelt es sich um eine zwanzigjährige Studentin, die nach dem Abitur an neurotischer Depression erkrankt. Mit einem Gefühl totaler Sinnlosigkeit und Leere wird sie zuerst in eine Nervenklinik, dann in eine psychotherapeutische Institution eingewiesen. Sie fühlt sich von ihrem Vater unverstanden und interessiert sich für dessen Angebote nicht, z.B. ein Museum zu besuchen, Sexualität findet sie tierisch. Sie ist sich darüber im klaren, daß sie so, wie sie sich fühlt, nicht leben möchte. So wie die anderen wünschen, daß sie lebe, möchte sie aber auch nicht leben. Könnte sie dagegen so sein, wie sie gerne wäre, wäre sie allein. Auf die Frage der Therapeutin, was sie denn gerne wäre, antwortet sie: die Sonne, da wäre es warm, da fühlte ich mich geborgen und alle wären von mir abhängig.

Bei näherer Betrachtung waren die tiefen Minderwertigkeits- und Abhängigkeitsgefühle durch die Sonnenphantasie abgewehrt. Jede Beziehung mit der Nähe löste panische Angst aus. Anpassung an von außen kommende Normen bedeutet Sich-selbst-Aufgeben, Sich-dagegen-Wehren ist in der Isolation unmöglich. Dieses Dilemma der aktuellen Psychodynamik erklärt sich aus der Psychogenese einer Unfähigkeit, sich mit einer überwiegend wohlwollenden Mutter zu identifizieren, einer ebenso großen Unfähigkeit, die Angebote des Vaters anzunehmen und einer unstillbaren Sehnsucht nach Verschmelzung mit einem allmächtigen Objekt, wie es die Sonne symbolisiert. Obwohl die Patientin während der stationären Psychotherapie sich ansatzweise auf das Angebot einer Psychotherapie einlassen kann und erste Fortschritte mit beginnender Selbsterkenntnis macht, muß sie sich während des Urlaubs der Therapeutin so verlassen gefühlt haben, daß sie unter regressiver Mobilisierung noch schwerer zu ertragender frühkindlicher Ich-Zustände zu einer solchen Ausweglosigkeit gekommen ist, daß sie sich in einem letzten Versuch, ihr eigenes Leben zu leben, in den geliebten Bergen mit einer Überdosis Schlaftabletten in den Tod fallen ließ. Um solche möglichen Fehlentwicklungen einer Therapie zu vermeiden, müssen wir folgende

Therapeutische Implikationen
aus Psychodynamik und Psychogenese der psychotischen Depression beachten:

Zunächst müssen in einem *ersten* Schritt, wie ich es unter 3.1 im Kapitel »Fall und Methode« zu zeigen versuchte, aus ärztlicher Haltung heraus alle Maßnahmen ergriffen werden, um einem Menschen in akuter Not zu helfen, mag dieser nun unmittelbar einen Angehörigen verloren haben, seine Stellung oder sein Selbstwertgefühl. Wie Erich Lindemann (1944) gezeigt hat, muß der Arzt in einem solchen Fall wie bei einem körperlich Verletzten oder wie im Gleichnis des barmherzigen Samariters konkret Hilfe leisten, die seelisch geschlagenen Wunden sorgsam beachten, umgangssprachlich: Wunden lecken, sie verbinden, dem Kranken Mut zusprechen, ihn trösten. Krasses Fallbeispiel: der unmittelbar nach einem Suizidversuch auf die Intensivstation eingewiesene bewußtlose, auf Reize kaum noch reagierende, in unmittelbarer Lebensgefahr schwebende Patient.

Im *zweiten* Schritt geht es darum, den Patienten oder die Patientin voll zu akzeptieren, vor allem seine, beziehungsweise ihre Freiheit, und sei es die des Selbsttötens, zu achten. Erst auf der Basis einer derartigen, rückhaltslosen Akzeptanz kann dann in einem *dritten* Schritt versucht werden, auf Psychodynamik und Psychogenese der Störung unter psychoanalytischer Perspektive einzugehen. Dabei sind in Übereinstimmung mit Henseler (1974) so schonend wie möglich die Selbstwertprobleme anzusprechen. Die Aggressions-Problematik darf deswegen nicht vernachlässigt werden, ist aber erst dann fällig, wenn sich ein stabileres Selbstwertgefühl ausgebildet hat. Dabei ist es die Grundregel dieser *Drei-Phasen-Therapie* im Umgang mit Depressiven: immer den anderen respektieren, sich in dessen Gefühle einfühlen, in dessen Gedanken hineindenken, zu ihm gehen; niemals versuchen, den Patienten sich selbst nahe zu bringen, an die eigene Methode anpassen oder gar belehren zu wollen.

Wie unser zweites tragisch endendes Fallbeispiel zeigte, ist die Psychotherapie mit depressiven Patienten nicht ungefährlich: Gerade negative therapeutische Reaktionen bei Trennungen können lebensgefährlich sein. Man soll daher die Therapie eines depressiv erkrankten Menschen nur dann beginnen, wenn eine genügend lange Kontinuität an Zeit bis zur nächsten Therapie-Unterbrechung zur Verfügung steht. Außerdem muß sich der Therapeut darüber im klaren sein, daß ihn aus der Selbstwert-Problematik herrührende massive Anklammerungstendenzen erwarten und hartnäckige Wünsche, ihn festzuhalten und nie zu verlieren. Während der unweigerlichen Mobilisierung der »schlafenden Hunde« der Aggressivität erwarten ihn ebenso heftige direkte Angriffe wie indirekte Entwertungen. Beides muß er in therapeutisch-forschender Einstellung auf der Basis einer soliden, in sich selbst gefestigten Persönlichkeit aushalten können. Zu glauben, man könnte dem depressiven Patienten die Mutter oder den Vater ersetzen mit dem Ziel, seine, umgangssprachlich ausgedrückt, »verkorkste Kindheit« nicht nur zu reparieren, sondern nachzuholen, würde nur frühere Enttäuschungen wiederholen. Was bleibt, ist aber Verständnis für die Hilflosigkeit, für die mörderische Wut angesichts sträflicher Vernachlässigung, für die Wünsche, sich selbst und den andern umzubringen und für das Recht auf ein freies Leben. Damit zeigt der Therapeut dem Patienten, was sich zwischen ihm und dem Therapeuten an Beziehungen, Affekten und Abwehr-Prozessen abspielt. Der Patient kann auf der Basis rückhaltloser Zuwendung das Gesagte nicht nur hören, sondern verinnerlichen, damit seine Defizite wenigstens partiell kompensieren und in einer letzten Phase der Therapie sich besser vom Therapeuten ablösen, als es ihm in der Kindheit gelungen war, sich von den Eltern zu lösen.

7. Diagnostik und Therapie psychosomatischer Störungen – zwei Herausforderungen an die moderne Psychoanalyse

Vorbemerkungen

Die uns jetzt beschäftigende Thematik ist durch das Leib-Seele-Problem kompliziert: Worte sollen ausdrücken, was sich körperlich abspielt. Dabei denken wir seit Descartes körperliche und seelische Phänomene getrennt, obwohl beide eine Einheit darstellen, ein »Leib-Seelisches« (Winnicott 1949), ein Psyche-Soma (McDougal 1974). Machen wir mit der Leib-Seele-Einheit ernst, dann entpuppt sich der »mysteriöse Sprung« (Deutsch 1959) vom Seelischen ins Körperliche als Scheinproblem. Dann hätten wir gleichzeitig die jahrhundertelange Abwertung alles Körperlichen gegenüber dem Geistig-Seelischen überwunden und uns einen Zugang zu *den* Störungen verschafft, mit denen sich die psychosomatische Medizin befaßt. Dies sind heute nicht mehr nur bestimmte Krankheitsbilder, bei denen seelische Einflüsse auf körperliches Geschehen besonders auffällig sind (wie zum Beispiel beim Asthma, Magengeschwür, bestimmten Formen erhöhten Blutdrucks, beim Herzinfarkt oder bei Fett- und Magersucht), sondern im Prinzip bei allen Erkrankungen einschließlich Krebs.

Die erste Herausforderung an die Psychoanalyse ist die *Diagnose* der Psychodynamik psychosomatischer Krankheiten. Die zweite bezieht sich auf die *Therapie* dieser zwischen traditioneller Medizin und Psychoanalyse stehenden Gruppe von Krankheiten. Beide Herausforderungen verlangen eine Psychoanalyse, die in Diagnostik und Therapie viel stärker als bisher das berücksichtigt, was – jeweils synonym – Emotion, Affekt oder Gefühl genannt wird.

Psychodynamik psychosomatischer Störungen und die Rolle der Emotionen

Wenn wir im Laufe unserer Entwicklung zunehmend lernen, körperliche Reaktionen zu unterdrücken, spricht Mitscherlich (1961/62, S.20) von *»De-Somatisierung«*, d.h.: wir verlieren im Laufe unserer Erziehung immer mehr die körperlichen Begleiterscheinungen unserer Gefühle, Affekte und Emotionen. Im Laufe unserer Sozialisation werden aber nicht nur die körperlichen Reaktionen, sondern auch die Gefühle, Affekte und Emotionen selbst in unterschiedlichem Ausmaß unterdrückt. Wir können daher den Begriff der De-Somatisierung den der *De-Emotionalisierung* an die Seite stellen. Spontane Äußerungen von Gefühlen, Affekten, Emotionen oder gar Leidenschaften sind nämlich in der heutigen Zivilisation ebensowenig erwünscht wie körperliche Reaktionen. Wir sind leidenschaftslose Menschen in einer leidenschaftslosen Welt geworden, zu Zivilisationsmarionetten degradiert, die nicht mehr fähig dazu sind, Gefühle zu empfinden und diese in der Beziehung zu anderen auszudrücken (*Alexithymie*; von A = Mangel, Lexis = Wort und Thymos = Gefühl [Nemiah und Sifneos, 1970]). Unserem Denken fehlen die affektiven Schwingungen. Es ist weitgehend konkretistisch, operational, mechanistisch *(pensée opératoire)*, pragmatisch-instrumentell (Marty, de M'Uzan u. David, 1963). Die Betonung des Sachlichen mit der damit verbundenen Unterdrükkung der Gefühle veranlaßte schon Freud (1930) zu seinem Essay »Das Unbehagen in der Kultur« und zu einem weniger bekannten kleinen Aufsatz (Freud, 1908 a) »Über die kulturelle Sexualmoral und die moderne Nervosität«, in dem er die Zunahme neurotischer Störungen mit der gesellschaftlich bedingten Unterdrückung von Gefühlen, Affekten und Emotionen in ursächlichen Zusammenhang bringt. Trotzdem hat die Psychoanalyse die Rolle der Emotionen über Jahrzehnte sträflich vernachlässigt (Kutter, 1980 a), so daß neue Psychotherapieformen wie Gesprächspsychotherapie, Gestalttherapie, Primärtherapie und neue Körpertherapien die durch die Vernachlässigung der Gefühlswelt durch die Psychoanalyse entstandene Lücke inzwischen gefüllt haben. Derartige neue Therapien, die im herrschenden »psychoboom« ins Uferlose zu wachsen scheinen, sind entbehrlich, wenn die Psychoanalyse ihre eigene Methode, nämlich Unbewußtes bewußt zu machen, Wiederholungszwänge aufzulösen und die Chancen für einen Neubeginn zu schaffen, auf sich selbst anwendet, die vernachlässigten Emotionen wahrnimmt und in sich integriert*. Wir kämen damit zu einer *Re-*

* vgl. mein Buch *Die menschlichen Leidenschaften*, Kreuz-Verlag, Stuttgart, 1980

Somatisierung und *Re-Emotionalisierung*, die unser aller Leben bereichern würde und uns vor Krankheit bewahren kann.

»Wenn Gefühle nicht in äußerer Körpertätigkeit oder entsprechender innerer Geistestätigkeit entladen werden, wirken sie auf die inneren Organe und bringen deren Funktion in Unordnung. Unglück und Kummer werden durch leidenschaftliches Wehklagen und Weinen entladen, doch es ist das unaussprechliche Leid, welches das bedrückte Herz flüstert; es ist die stumme Trauer, die sich nicht in Tränen verströmen kann, die andere Organe weinen macht« (Maudsley, 1876). Dieser frühe Psychosomatiker betont ebenso wie später Erich Lindemann (1944) die Rolle nicht durchgearbeiteter *Trauer* für die Entstehung psychosomatischer Störungen. Ebenso kann aber auch nicht geäußerte *Angst* zu körperlichen Störungen führen: Körpersymptome können Äquivalente von Angstanfällen sein (Freud, 1895), desgleichen Ersatz nicht abgeführter sexueller Erregung.

Seit Cannons (1920) Tierexperimenten wissen wir, daß auch *Wut*, Zorn oder Groll, wenn sie nicht abreagiert werden können, über die anhaltende Überreizung des vegetativen Nervensystems sehr leicht die körperlichen Funktionen stören. v. Uexküll (1963) nannte daher Körperfunktions-Störungen, bei denen bereitgestellte Affekte nicht abgeführt werden, folgerichtig *»Bereitstellungs-Krankheiten«*. Wie die Analysen psychosomatischer Patienten vielfach zeigen, handelt es sich meist um eine stark angsterregende mörderische Wut, die, soll sie nicht zu Mord oder in pathologischer Wendung gegen sich selbst zum Selbstmord (vgl. 2.6) führen, in psychosomatischer Kompromißbildung zu Krankheit führt. Das dabei betroffene Organ oder Organsystem hat dann die Funktion eines Opfers mit dem Ziel, das Ganze zu retten. Wem die Annahme derartiger mörderischer Impulse bei psychosomatischen Störungen abwegig erscheint, der sei an die Morde des Tantalus erinnert, der in der griechischen Mythologie seinen Sohn Pelops schlachtet und den Göttern zum Mahl vorsetzt, und an die ganze Kette von Morden des Geschlechts der Tantaliden, von denen die Ermordung Agamemnons durch Klytämnestra und Ägist, und die mörderische Rache dieses Mordes durch Elektra und Orest die bekanntesten sind. Auch die nicht endenwollende Kette der Morde der englischen Herrschergeschlechter der York und Lancaster im Lauf der Rosenkriege, wie sie in einigen Shakespeareschen Dramen dargestellt sind, können uns einen plastischen Eindruck von dem vermitteln, worum es hier geht.

Neben Trauer, Angst, sexueller Erregung und mörderischer Wut ist nicht geäußerter Schmerz eine häufige Ursache körperlicher Störungen. Janov (1975) hat darauf eine ganze Therapiemethode aufgebaut, mit dem Ziel, dem Schmerz im Nachhinein u.a. durch Schreien Ausdruck zu verschaffen (vgl. Damm, 1978).

Derartige massive archaische Affekte sind für das Ich äußerst bedrohlich. Psychosomatische Störungen sind somit ebenso wie Psychosen und Depressionen Ich-Krankheiten. Dabei betrifft die psychosomatische *»Basis-Störung«* (Kutter, 1981c) vor allem das Körper-Ich; genauer den Bereich, in dem wir uns eine Vorstellung von unserem Körper gebildet haben. Ist unser Körper in gesunden Tagen gleichsam ein Partner (Eicke, 1973), dann kommt uns unser Körper in kranken Tagen fremd vor. Wir stehen im Sinne einer Art *»psychosomatischer Triangulation«* nicht nur in Verbindung mit uns selbst (1), mit anderen Menschen (2), sondern auch mit unserem Körper (3). In der psychosomatischen Krankheit ändert sich nun die gesunde Triangulation zwischen Selbst, Objekt und Körper in pathologischer Weise wie folgt: Die zwischen uns selbst und dem anderen ablaufende Emotionalität (Trauer, Angst, sexuelle Erregung, Wut) wird vom anderen auf ein bestimmtes Organ verlagert, das im Sinne einer symbiotischen Beziehung in Beschlag genommen wird (Marty, 1958). Das betroffene Organ ist damit verloren gegangen; wir fühlen uns gleichsam amputiert. Wir werden weiter unten sehen, daß sich in der Beziehung des Objektes zum Organ etwas von dem wiederholt, was sich während der Psychogenese psychosomatischer Störungen ursprünglich außerhalb zwischen einer Pflegeperson und dem Kind abgespielt hat.

Das in seinem Körper-Ich zentral betroffene Ich fühlt sich bei einer derartigen basalen Störung existentiell bedroht. Es kann zwar versuchen, sich in seiner existentiellen Not des Grundkonflikts zwischen sich und Introjekt zu wehren, angesichts der vom Introjekt kommenden massiven existentiellen Bedrohung wird es aber seinen Existenzkampf unter psychosomatischer Symptombildung dadurch beenden, daß es ein Organ gleichsam opfert, um wenigstens im nicht betroffenen Bereich Ruhe zu finden.

Psychogenese

Wie bei Neurose und Psychose geht auch bei der Psychosomatose eine gestörte Objektbeziehung dem Krankheitsprozeß voraus. Sie ist ebenso wie bei schizophrener und depressiver Psychose zeitlich in prä-ödipalen Entwicklungsphasen lokalisiert, und zwar in der Phase der Lösung aus der Dualunion. Da sich das Ich zusammen mit dem Körper-Ich besonders während der ersten Subphase der Lösung aus der Dualunion, der sogenannten *Differenzierungsphase* im Sinne von Mahler, Pine und Bergmann (1975) entwickelt, sind es wahrscheinlich schädigende Einwirkungen während dieser besonders körperempfindlichen Phase, die im Sinne einer Prägung die Disposition für spätere psychosomatische Erkrankungen abgeben. Die schädigenden Einwirkungen der entscheidenden Pflegepersonen des Kindes beziehen sich dabei in psychosomatisch-spezifischer Weise auf bestimmte Körperfunktionen (beim Füttern der Mund, bei der Reinlichkeitspflege After und Genitalorgane). Am leichtesten können wir uns dabei vorstellen, daß entweder Mangel an Zärtlichkeit oder übertriebene Stimulierung der Haut schaden können, spielt doch das Bedürfnis nach Hautkontakt (Montagu, 1974) für die Entwicklung eines gesunden Körpergefühls eine entscheidende Rolle.

Nimmt eine wichtige Bezugsperson den ganzen Körper des Kindes oder nur Teile davon gleichsam in Beschlag, und betrachtet sie diese als Teil des eigenen Selbst, dann wird dadurch dem heranwachsenden Kind verwehrt, selbst eine Beziehung zum eigenen Körper zu finden. Die oben beschriebene psychosomatische Triangulation gelingt dann insofern, als das Kind darin empfindlich gestört wird, neben der Beziehung zum Objekt eine Beziehung zwischen Körper und sich selbst zu entwickeln und auszubauen. Das vom Objekt in Beschlag genommene Körperteil bleibt als »Psychesoma« (McDougal, 1974) mit den dazugehörigen Emotionen als »Emotiosoma« (Kutter, 1981 c) außerhalb des Selbstkonzeptes, ist nicht darin integriert und hinterläßt dort eine Lücke im

Sinne eines Defizits, das, wie bei schizoiden und zu Depression disponierten Persönlichkeiten durch die Bindung an ideale Objekte kompensiert bleiben kann. Die traumatisierende »psychosomatische Objektbeziehung« (Sperling, 1955) stellt im Sinne von Bekéi (1981) einen wesentlichen »konditionellen Faktor« in der Psychogenese psychosomatischer Krankheiten dar. Wir können dabei (Kutter 1981c, S. 51) vier Grundmuster unterscheiden:

1. Eine unempathische Mutter weigert sich, fundamentale Bedürfnisse des Kindes zu befriedigen;
2. die wichtigste Bezugsperson nimmt das Kind in einer Weise in Beschlag, daß sie es gleichsam verschlingt;
3. das Kind wird nicht beachtet oder gar verachtet;
4. eine wichtige Bezugsperson dringt gleichsam, die psychischen Grenzen des Kindes nicht achtend, in dessen Binnenraum ein.

In allen vier Fällen ist die »Privacy of the Self« (Khan, 1977) nicht gewahrt. Im Gegensatz zur Psychogenese der Depression hat sich das Objekt nicht als Ganzes wie ein Schatten auf das Ich gelegt, es hat sich vielmehr mit Teilen des Ichs, nämlich mit Körperteilen, begnügt beziehungsweise genauer ausgedrückt, mit deren Repräsentanzen oder Abbildern innerhalb der psychischen Struktur.

Der psychosomatische Prozeß

Dabei können wir folgende vier Schritte unterscheiden:

1. Ausgangspunkt ist ein phantasierter oder realer *Objektverlust* (Mitscherlich, 1961/1962, Engel und Schmale 1969), wie im depressiven Prozeß. In diesem Zusammenhang erscheint die Psychosomatose als eine Abwehr von Depression, ganz in Übereinstimmung mit unseren obigen Ausführungen über psychosomatische Störungen als Folge unverarbeiteter Trauer. Auch die im psychosomatischen Symptom häufig gebundene Wut erklärt sich leicht als Reaktion auf den Objektverlust, desgleichen der Schmerz angesichts der erfolgten Trennung. Der Verlust ist natürlich um so größer, je abhängiger man vom Objekt war. Um nun die mit dem Verlust verbundenen unerträglichen *Gefühle von Hilflosigkeit und*

Ohnmacht, wie wir sie vom depressiven Prozeß her kennen, nicht ertragen zu müssen, wird in einem

2. Schritt unter regressiver *Somatisierung* (Viktor von Weizsäcker, 1951) beziehungsweise *Re-Somatisierung* (Schur, 1955) der Körper oder ein Körperbereich unbewußt als Opfer ausgewählt, um der existentiellen Bedrohung zu entgehen. Dabei gehen die mit der Regression aus ihrer bisherigen Ruhe geweckten archaischen Emotionen insofern eine unheilvolle Bindung mit dem betroffenen Organ oder Organsystem ein, als sie über pathophysiologische Prozesse zuerst die Körperfunktion, dann die Körperstruktur empfindlich stören. Damit hat sich über eine »psychosomatische Spaltung« (James, 1979, S. 415) ein »psychosomatisches Subsystem« (Müller-Braunschweig, 1980) gebildet, das der Kontrolle des Bewußtseins völlig entzogen ist und, ist erst einmal eine kritische Schwelle überschritten, nur noch pathophysiologischen Gesetzmäßigkeiten folgt. Es ist damit auch nicht mehr psychotherapeutisch erreichbar und allenfalls medizinisch-pharmakologisch behandelbar. Im

3. Schritt des psychosomatischen Prozesses kann das im Basiskonflikt existentiell bedrohte Ich versuchen, über die Mobilisierung aller Ressourcen in sich selbst und über andere, die im Körpersymptom gefesselten Affekte und primitiven »Emotio-Phantasien« doch noch in den Griff zu bekommen. Es kann zum Beispiel den Weg zum »psychosomatischen Charakter« gehen und versuchen, wie beim »analen Charakter« (Freud, 1908 b) über die Abwehrmechanismen der Affekt-Isolierung und der Reaktionsbildung die mobilisierten Emotionen gleichsam in die Charakterstruktur zu integrieren. Das Resultat ist ein »Charakterpanzer« (Reich, 1933), die eingangs genannte Alexithymie, eine psychosomatische Struktur oder ein »psychosomatisches Phänomen« (Stephanos, 1973, S. 34).

Beide Abwehrformationen, psychosomatisches Symptom und psychosomatischer Charakter, können sich in der Zeit ändern (Cremerius, 1968), ganz in Übereinstimmung mit Mitscherlichs (1961/62) Begriff der »zweiphasischen Abwehr«, wobei die erste Phase der Abwehr in der psychosomatischen Charakterformation und die zweite Phase in der psychosomatischen Symptombildung besteht.

Reagiert die Psychoanalyse auf die diagnostische Herausforderung psychosomatischer Störungen dadurch, daß sie deren unbewußte affektive Dynamik stärker berücksichtigt, dann braucht sie auch vor der therapeutischen Herausforderung nicht die Waffen zu strecken. Sehen wir indessen das Ziel der Psychoanalyse lediglich darin, daß sie unbewußte Inhalte über Sprache bewußt macht und nicht auch die damit zusammenhängenden Affekte und Körperreaktionen, dann erreichen wir psychosomatische Kranke nicht. Wir finden dann allenfalls die vielfach beschriebene Unfähigkeit, im Sinne der Alexithymie Gefühle wahrzunehmen und auszudrücken oder die Unmöglichkeit, im Sinne der pensée opératoire, Phantasien zu entwickeln. Patienten mit psychosomatischen Störungen assoziieren nicht frei über interessante ödipale Phantasien, sondern langweilen uns mit ihren kargen, meist auf ihre Krankheit oder auf das Wetter und andere unverbindliche Themen bezogenen Äußerungen. Gelingt es uns jedoch, den psychosomatischen Charakter ebenso wie das psychosomatische Symptom als einen Appell in dem Sinne zu verstehen, daß der Patient keine andere Sprache als die seines Körpers hat, um zu kommunizieren, dann können wir ihn sehr wohl verstehen. Wir können das psychosomatische Symptom dann folgendermaßen übersetzen: »Man hat mir nicht geholfen, meine frühkindlichen Bedürfnisse zu befriedigen. Man hat verhindert, daß ich meinen Körper als Partner liebgewinnen konnte. Ich mußte derart schreckliche Versagungen hinnehmen, daß ich nicht mehr weiß, wohin mit meinem Schmerz, mit meiner Wut, mit meiner Angst, meiner Trauer, meiner sexuellen Erregung. Als Kind konnte ich wenigstens noch schreien und weinen. Eine Zeitlang klappte es auch mit den sexuellen Funktionen. Jetzt ist mir all dies nicht mehr möglich. Ich konnte mir nur noch dadurch helfen, daß ich alle Gefühlsregungen in mich hineinfraß, gegen mich selbst wendete und deswegen krank geworden bin.« Gelingt es uns, dem psychosomatisch Kranken auf diese Weise näher zu kommen, dann bewegen wir uns methodologisch weiterhin im Rahmen der psychoanalytischen Methode. Dabei handelt es sich allerdings um eine Psychoanalyse, deren Methode die a-verbale und speziell körperliche Dimension ausdrücklich einschließt; ein Weg, den bereits Balint (1968) und Winnicott (1976) gegangen sind, und den die Kindertherapie schon lange geht. Wir benötigen dann keine zusätzlichen nicht-analytischen Maßnahmen wie neue Körpertherapien (konzentrative Bewegungstherapie, Bioenergetik, Joga, Atemübungen), mögen derartige direkt am Körper ansetzende Therapien auch wichtige ergänzende Heilmethoden sein.

Wie bei Schizophrenie und depressiver Psychose verläuft die Therapie psychosomatischer Krankheiten in drei Schritten:

1. Notfallpsychotherapie des körperlich schwer leidenden Kranken mit fachgerechter medizinischer Versorgung (etwa eines blutenden Magengeschwürs, einer geschwürigen Dickdarmerkrankung, eines lebensbedrohlichen Asthmaanfalls);

2. fundierende Akzeptanz des Patienten mit dem Ziel einer gemeinsamen Vertrauensbasis und dem Aufbau einer echten zwischenmenschlichen Beziehung (Schöttler, 1981). Erst dann kann

3. das, was wir oben unter Psychodynamik und Psychogenese zu verstehen gelernt haben, über eine »psychosomatische Krise« (Widok, 1978) unmittelbar in der Beziehung zwischen Patient und Therapeut wiederbelebt und damit im Nachhinein bearbeitet werden; grundsätzlich nicht anders als in der Therapie schizophrener und depressiver Patienten.

Eine »wachstumsfördernde Umgebung« (Winnicott, 1974) in einer gut ausgestatteten psychosomatischen Klinik kann hierbei die Bewältigung der unvermeidlichen kritischen Phasen einer die »Soma-Analyse« einschließenden Psycho-Analyse wesentlich erleichtern. Als deren wichtigste Prinzipien hat Widok (1983) herausgestellt:

1. Das Hausarzt-Prinzip: *ein* Arzt ist für den Patienten zuständig und verantwortlich;

2. das Klinik-Prinzip: im Szenarium der Klinik wird das eigene frühe familiäre Spannungsfeld reaktiviert;

3. das Prinzip der psychosomatischen Basis-Störung mit ihren zerstörerischen Prozessen zwischen Subjekt, Objekt und Körper;

4. das Prinzip der psychosomatischen Krise, die dann regelmäßig auftritt, wenn die im Symptom oder Charakter gebundenen massiven Affekte in die Beziehung zum Therapeuten gelangen;

5. das Prinzip der Krypto-Genese, nach dem der eigentliche psychosomatische Prozeß verborgen ist;

6. das Prinzip der szenischen Therapie, das darin besteht, daß während der Therapie die entscheidenden traumatisierenden Einflüsse der Vergangenheit in der Gegenwart der psychosomatischen Klinik wiederinszeniert werden sowie

7. das Prinzip der Supervision, das dem Therapeuten einschließlich des gesamten Personals, das mit dem Patienten zu tun hat, hilft, häufig auftretende eigene psychische und körperliche Reaktionen in der Gegenübertragung für die Diagnose und Therapie des Patienten zu nützen.

Gerade eine die Therapie regelmäßig begleitende Supervision ist deswegen wichtig, weil der Therapeut während kritischer Phasen des Therapie-Prozesses leicht in die die Existenz bedrohenden engen zwischenmenschlichen Prozesse stark involviert wird, und sich nun seinerseits existentiell bedroht fühlt.

8. Psychoanalytische Probleme bei Alkoholismus und Drogenabhängigkeit, – zwei weitere Herausforderungen an eine sich bewährende Psychoanalyse

Hat sich die psychoanalytische Methode bei Alkoholismus und Drogenabhängigkeit bewährt? Um diese Frage zu beantworten, wollen wir uns zunächst dem häufig vernachlässigten Problem des zunehmenden Alkoholismus zuwenden, wobei allerdings das nach wie vor aktuelle Drogenproblem nicht vernachlässigt werden soll.

1. Alkoholismus

Die klassische Psychoanalyse sah im Alkoholmißbrauch in ihrer triebpsychologischen Orientierung *vorwiegend ein orales Problem*: Das alkoholische Getränk repräsentiert symbolisch die Milch der Mutterbrust, die in »oraler« Gier verschlungen wird. In Form der Flasche ist dann der früh entbehrte »besondere Saft« leicht verfügbar. Man ist nicht mehr dem Schmerz ausgeliefert, wenn man verlassen wird, sondern kann selbst zugreifen und sich, unabhängig vom Objekt, holen, was man braucht.

Dazu gehört auch ein aggressives Moment, führt doch übermäßiger Alkoholgenuß zwangsläufig zu schweren körperlichen Schäden, insbesondere des Nervensystems und der Leber. Insofern als der Alkoholiker diese Schädigung mehr oder weniger unberücksichtigt läßt, schadet er sich selbst. Man spricht daher beim Alkoholismus von einem schleichenden Selbstmord. In diesen Zusammenhang ist es naheliegend, beim Alkoholismus ähnliche Prozesse am Werk zu sehen, wie wir sie in der Psychodynamik der Depression beschrieben haben: Selbstwert- und Aggressions-Probleme, wobei letztere symbolisch in den selbstzerstörerischen Prozessen des Alkoholtrinkens befriedigt werden. Auch die gestörte Sexualität der Alkoholiker wurde nicht nur als Folge übermäßigen Alkoholismus, sondern schon primär als psychische Ursache erkannt; desgleichen homosexuelle Tendenzen, wie sie sich vor allem in den verschiedensten Formen zusammen trinkender Männer äußern.

Heute sehen wir im Rahmen der *Theorie der Objektbezie-*

hungen die Psychodynamik des Alkoholismus differenzierter: Dabei spielt *ein verinnerlichtes, zerstörerisches Objekt* (Rost, 1983) eine wesentliche Rolle.

Ich sehe die *Psychodynamik* des Alkoholismus ähnlich wie die der psychosomatischen Erkrankungen: Ein existentiell bedrohtes Ich erwehrt sich der Bedrohung dadurch, daß es sich partiell dem Objekt opfert, um seine Existenz zu retten. Die dabei beteiligten mörderischen Emotionen werden ebenso wie bei der Psychosomatose abgewehrt, wobei als Spezifikum die Abwehr beim Alkoholabhängigen gerade darin besteht, daß er zum leicht zugänglichen Alkohol greift, um die in ihm steckende Aggressivität in Schach zu halten. Nicht selten bricht sie im Alkoholrausch aber auch ungehemmt nach außen durch. Häufiger ist dagegen die Beschwichtigung der aggressiven Impulse durch ein äußerlich übermäßig freundliches, oft rührseliges Verhalten. Unbewußt aber findet ein mörderischer Kampf zwischen Selbst und Introjekt statt, der sich ebenso wie bei der Psychosomatose um Sein oder Nichtsein dreht: »Du sollst nicht sein«, sagt das Introjekt, »ich will aber sein«, sagt darauf das Selbst. Dieser Konflikt wird gleichsam im Alkohol ertränkt oder mit der Bewußtseinstrübung des Rausches zugedeckt.

Die *Therapie* des Alkoholismus verläuft wieder in den uns nun schon bekannten drei Schritten:

1. *Notfalltherapie.* Sie besteht im vorliegenden Zusammenhang der Entziehung;

2. *Akzeptanz* des Patienten mit Aufbau einer realen zwischenmenschlichen Beziehung. Dies geschieht heute wegen der nach wie vor bestehenden großen Schwierigkeiten der Ärzte im Umgang mit Alkoholikern über Selbsthilfegruppen wie die sogenannten »AA« (Alkohol Anonymous). Psychoanalytisch gesehen müssen wir uns dabei im klaren sein, daß hier die wie bei der Depression bestehenden Ich-Defekte durch das Idealobjekt der Gruppe, das wie eine gute Mutter wirkt, lediglich ersetzt werden, während eine Veränderung des Psychodynamik nicht stattfindet. Eine solche müßte in einem

3. Schritt durch *Psychoanalyse* erfolgen. In deren Verlauf kann der zunächst ebenfalls als Ersatzobjekt gebrauchte Therapeut dadurch, daß er die zwischen Alkoholiker und Alko-

hol und dann nach deren Übertragung auf den Therapeuten zwischen Patient und Therapeut ablaufenden Prozesse im Sinne der oben genannten Psychodynamik analysiert, eine Entwicklung einleitet, über die es möglich ist, die frühkindlichen Mechanismen nach und nach durch reifere zu ersetzen. Die kritische Phase der Therapie besteht hierbei darin, daß der Alkoholiker nicht nur die Defizite seiner Persönlichkeit kompromißlos erkennen, sondern auch die ihn existentiell bedrohenden destruktiven Prozesse unter Kontrolle bekommen muß. Verständnisvolle Ehepartner, neue, den Patienten bejahende Bezugspersonen und eine den Patienten auch bei Rückfällen nie verlassende Zuwendung des Therapeuten sind hierbei unerläßliche Voraussetzungen. Wegen dieser hohen Anforderungen scheitern analytisch orientierte Psychotherapien mit Alkoholikern häufig. Psychoanalyse hat sich also in der Bewältigung des Alkoholismus nicht bewährt. Wir müssen uns deswegen oft damit begnügen, wenn wenigstens mit dem zweiten Therapieschritt eine Lösung erzielt wurde, in der die Gruppe den Alkohol ersetzt.

2. Moderne Drogenabhängigkeit

Psychodynamik

Auch bei Abhängigkeit von Drogen wie Haschisch, Heroin, Cocain, LSD u. a. bestehen ähnliche Defizite in der Ichstruktur neben einer hochambivalenten Beziehung zu den wichtigsten ersten Bezugsobjekten.

In der *Psychogenese* kam es innerhalb der Mutter-Kind-Beziehung oder anderer fundierender Objektbeziehungen entweder zu massiver Überstimulation oder zu extremem Mangel an Zuwendung, gefolgt von entsprechenden aus dem Bewußtsein eliminierten verinnerlichten Objektbeziehungsmustern, verbunden mit ähnlichen Ichzuständen der Hilflosigkeit und Ohnmacht wie bei Depression und psychosomatischer Erkrankung.

Der in der Sicht des Drogenabhängigen geniale Abwehrstreich besteht nun darin, daß ein in seiner Existenz bedrohter Mensch zu einer ihm *erreichbaren Droge* greift.

Wird er innerlich durch massive Emotionen, von denen er nicht weiß, wie weit sie ihn bedrohen, und wie weit sie verinnerlichte Objekte bedrohen, *beunruhigt*, dann wird er dazu neigen, zu einem beruhigenden *Betäubungsmittel*, im Extremfall zu Heroin, zu greifen, um die aus Überstimulation herrührende Erregung einschließlich der hierbei aktivierten primitiven Destruktivität zu beschwichtigen. Die Linderung dabei reaktivierter Schmerzen erfordert ein *Schmerzmittel*, Schlaflosigkeit ein *Schlafmittel*.

Bei Ich-Defizit und Mangelerscheinungen werden dagegen »Erregungsmittel« vom Typ des Cocain oder Amphetamin gesucht. Füllt dieses Suchen das gesamte Bewußtsein immer wieder neu aus, sprechen wir von Sucht.

Psychotherapie

Die *Therapie* eines Drogenabhängigen verläuft im Prinzip nicht anders als die eines Alkoholikers.

Im *ersten* Schritt muß die *Entgiftung* stattfinden und die körperliche Abhängigkeit überwunden werden; eine medizinische Maßnahme, die meist im Krankenhaus durchgeführt wird.

Im *zweiten* Schritt muß eine *echte zwischenmenschliche Beziehung* zwischen Drogenabhängigem und Therapeut aufgebaut werden einschließlich eines Arbeitsbündnisses. Die dabei notwendige Vertrauensbasis ist gerade beim Drogenabhängigen sehr schwer zu erhalten. Kommt man ihm aber insofern entgegen, daß man ihm als Zwischenschritt zwischen erstem und zweitem Schritt Methadon anbietet (in der Bundesrepublik Deutschland: Dolantin), ist der Drogenabhängige nach Erfahrung holländischer Therapeuten (Geerlings, 1980) eher in der Lage, dem Therapeuten zu vertrauen.

Im *dritten* Schritt der Therapie repräsentiert der Therapeut die *Droge*. Er nimmt dabei im Laufe des therapeutischen Prozesses dieselben bedrohlichen Qualitäten im Erleben des Patienten an wie die seiner Primärobjekte. Steht der Therapeut aber trotz häufiger Rückfälle unmißverständlich zum Patienten, dann lassen sich mit ihm in einem dritten Therapieschritt auch die oben genannten psychodynamischen Prozesse herausarbeiten, frühere Mängel können partiell kompensiert und ungesteuerte Affekte kontrolliert werden. Das Spiel mit Übergangsobjekten im Sinne Winnicotts (Gitarre, Flöte), künstlerisches Gestalten und die Auseinandersetzung mit Farbe oder Ton erleichtern dabei die Psychotherapie wesentlich.

3. Kapitel: Beiträge der Psychoanalyse zur Gruppentherapie

Die Gruppentherapie ist für die offizielle Psychoanalyse ein ungeliebtes Kind. Auf ihren Tagungen fristet sie nur ein Schattendasein. Dem entspricht die Neigung des einzelnen, seine Abhängigkeit von Gruppen nicht wahrhaben zu wollen. Trotzdem wird die Psychotherapie des einzelnen in der Gruppe und durch die Gruppe in großem Umfang in der kassenärztlichen Versorgung angewandt. Die Sektion »Analytische Gruppentherapie« im Deutschen Arbeitskreis für Gruppendynamik und Gruppenpsychotherapie pflegt ihre wissenschaftliche Weiterentwicklung in Forschung, Diagnose, Therapie und Prävention.

*Der Autor hatte das Glück, über Erich Lindemann (*1900–1974*) früh mit dem kommunikationssteigernden Phänomen Gruppe in Berührung gekommen zu sein, hat persönlich viel davon profitiert und sich konsequent für die Verbreitung des Verfahrens eingesetzt, das der sozialen Natur des Menschen als »zoon politikon« (Aristoteles) besonders entgegenkommt und zudem in der therapeutischen Praxis besonders wirtschaftlich ist.*

Das Phänomen Gruppe erfordert in seiner Pluralität und Komplexität freilich eine eigene Methode und Theorie, die dem besonderen Gegenstand angemessen ist. Dabei wollen die schwierigen methodologischen Probleme bei der Entwicklung von Konzepten und Modellen beachtet sein, sollen sich Methode, Theorie und Leiterverhalten in der täglichen Praxis bewähren. *Ihre wissenschaftliche Überprüfung ist in vollem Gange.*

1. Theorie
Probleme der Anwendung der Psychoanalyse auf die Gruppentherapie

Das klassisch psychoanalytische Verfahren läßt sich nicht ohne weiteres auf die Gruppe übertragen. Mit dem Instrument der psychoanalytischen Wahrnehmung sehen wir die Psyche des einzelnen und ihre Dynamik, ihre Psycho-Dynamik. Sehen wir aber damit die Dynamik einer Gruppe, ihre Gruppen-Dynamik? Hier gibt es zwei Antworten:

1. Wenn wir die Gruppe wie ein Individuum behandeln: ja. In dieser Perspektive haben wir ja gewissermaßen ein Phantasie-Individuum vor uns.

2. Nein, denn in Wirklichkeit befinden wir uns in der Gruppe in einer völlig anderen Situation. Unser in der Anwendung beim Indiviuum bewährtes Instrument wird also dem Phänomen Gruppe nicht gerecht. Es fehlte daher nicht an Bemühungen, hier Abhilfe zu schaffen. Foulkes (1974) beschreibt eine »frei fließende Diskussion« oder »freie Gruppenassoziation« als »Äquivalente der freien Assoziation des Individuums« (S. 173) neben einer Reihe anderer »Äquivalente psychischer Mechanismen« wie Traum, Übertragung und Widerstand (S. 141 und 175) in der Gruppe, sieht aber weniger die gemeinsame »unbewußte Phantasie«, vielmehr eine »gemeinsame Matrix der interpersonalen Realität« (S. 159) und gelangt damit zu einem »neuen Feld«, bei dem zwar »klassische psychoanalytische Konzepte ... mit Vorteil in einer Gruppensitzung angewendet werden« können, für die aber »die simple Übertragung psychoanalytischer Begriffe ... wenig anzuraten« (sei). Sie hätten dann nämlich »ihre ursprüngliche Präzision verloren« und müßten deshalb »revidiert« werden (S. 163). Foulkes gelangt somit in konsequenter Beachtung der Gruppe als einem Gegenstand mit eigenen Gesetzmäßigkeiten unter Einbeziehung soziologischer Kategorien zu einer »neuen Wissenschaft, in der sich Psychologie und Soziologie treffen« (S. 183). Sie ist durch eine andere Methode gekennzeichnet, eben die Gruppen-Analyse als Analyse der Gruppe, die zwar Äquivalente der Psychoanalyse beachtet,

aber, in sich völlig eigenständig, nur in der Gruppe vorkommende Phänomene zu erfassen sucht und in eigenen Begriffen wie Matrix und Netzwerk »nicht bloß interpersonale«, sondern »transpersonale« oder »supra-personale« (S. 99) Prozesse beschreibt. Damit hat Foulkes eine gegenüber der Psychoanalyse *andere* Methode, eben die Gruppen-Analyse, geschaffen, die sich von der Psycho-Analyse deutlich unterscheidet. Dies betrifft besonders die Bedeutung der »essentials« der psychoanalytischen Methode, nämlich Übertragung und Widerstand im Hinblick auf das Verhältnis zwischen Gruppe und Leiter. Dagegen wird der einzelne Teilnehmer ausdrücklich unter psychoanalytischen Aspekten von Übertragung und Widerstand gesehen.

Meiner Meinung nach kann die psychoanalytische Methode, wie wir sie unter 1.1 näher beschrieben haben, in der Gruppe in zwei Dimensionen angewandt werden:

1. *In einer gruppenbezogenen Dimension als Psychoanalyse der Gruppe*: Das heißt, wir richten, anschaulich gesprochen, unser psychoanalytisches Instrument mittels Introspektion und Empathie in Ausübung unserer professionellen Kompetenz als Psychoanalytiker unter Beachtung von Übertragung und Widerstand auf die Gruppe als solche, fühlen uns in sie ein, versuchen wahrzunehmen, was die Gruppe unbewußt beschäftigt, was sie abwehrt, wie sie abwehrt, welche Ängste in ihr vorherrschen, welche Beziehung zwischen Gruppe und Leiter wiederbelebt ist, und durch welche Emotion diese Beziehung gekennzeichnet ist. In dieser Perspektive betrachten wir die Gruppe also wie ein Individuum. Dies ist natürlich am ehesten möglich, wenn die Gruppe relativ homogen zusammengesetzt ist. Um Homogenität zu erreichen, empfehle ich, die Teilnehmer nach Art ihrer Konflikte und Persönlichkeitsstruktur möglichst gleichartig auszuwählen. Dann konstelliert sich bei Teilnehmern mit klassischen Neurosen gemeinsam als Gruppe gegenüber dem Leiter eine typisch ödipale Übertragung mit Ausbildung einer *»Übertragungsneurose«*, bei Teilnehmern mit »Borderline Persönlichkeits-Organisation« eine *»Spaltungs-Übertragung«* (Kutter, 1976), oder bei Wiederbelebung psychotischer Persönlichkeitselemente eine *Übertragungs-Psychose* (Little, 1958/

1959). Die Widerstände werden entsprechend der Persönlichkeitsstruktur der Teilnehmer jeweils andersartig sein: Verdrängung, Isolierung und andere reifere Abwehrmechanismen bei neurotischen Patienten; Spaltung, Idealisierung und Entwertung bei Patienten mit »Borderline Persönlichkeits-Organisation« und Projektion, Introjektion mit Verschwinden der Grenzen zwischen Ich und Nicht-Ich bei Patienten mit psychotischen Persönlichkeitsanteilen.

2. *In individuumbezogener Dimension* verwenden wir die psychoanalytische Methode als *Psychoanalyse des einzelnen in der Gruppe*. Im Gegensatz zu den Autoren, die ausschließlich die Gruppe als Ganzes betrachten, habe ich immer den Standpunkt vertreten, daß wir als Psychoanalytiker in der Regel von einzelnen zur Psychoanalyse motivierten Patienten aufgesucht werden und jedem einzelnen gegenüber verantwortlich sind. Dies gilt um so mehr, als die Ergebnisse der ausschließlich gruppenbezogenen Methode der Kollegen des Tavistock Institute for Human Relations in London nach einer empirischen Erfolgsuntersuchung von Malan (1976) nicht so günstig ausfielen wie erwartet. Es ist sehr wahrscheinlich, daß eine Methode, die nicht nur die Gruppe, sondern auch den einzelnen berücksichtigt, bessere Erfolge zeitigt. Damit steht der Gruppenleiter, wie gesagt, will er psychoanalytisch tätig sein, vor einer »doppelten« Aufgabe (Kutter, 1976): Er muß sein psychoanalytisches Instrument abwechselnd auf die Gruppe als Ganzes *und* auf die jeweils einzelnen einstellen. Er wird dabei zwangsläufig immer das jeweils andere ausblenden müssen, um das psychoanalytische Instrument stets korrekt anzuwenden; das heißt: in der Anwendung auf die einzelnen bleibt die Betrachtung der Gruppe ebenso ausgeschlossen wie in der Anwendung des Instrumentes auf die Gruppe als Ganzes die einzelnen Teilnehmer. Diese »doppelte Aufgabe« mag an die Grenze der Kapazität eines einzelnen Psychoanalytikers heranreichen. Bei einer Co-Therapie, wie sie Heising und Wolff (1976) beschrieben haben, könnten sich zwei Leiter diese Aufgabe teilen. Meine Vorstellung einer derartigen Arbeitsteilung wäre es, daß der eine Leiter die Gruppe als Ganzes und der andere die einzelnen Teilnehmer im Auge behält. In Nachbe-

sprechungen könnten die beiden Co-Therapeuten ihre Wahrnehmungen dann austauschen und integrieren.

Einige gängige Gruppentherapiekonzepte

In der Gruppentherapie kennen wir viele Konzepte, deren gemeinsames Ziel es ist, psychisch gestörte Menschen von ihren seelischen Störungen zu befreien. Um dieses Ziel zu erreichen, wenden wir, wie in der Einzelbehandlung, eine Methode an, die mit seelischen Mitteln arbeitet, das heißt: Gruppen-Psychotherapie. Dieses spezielle therapeutische Verfahren ist besonders durch Slavson bekanntgeworden. In seinem Buch »Analytische Gruppentherapie« (1977) betont er im Gegensatz zur Wiederbelebung unbewußter *Phantasien* in der Psychoanalyse die Bedeutung der *realen* Erfahrung in der Gruppe.

Die Grundlagen und Methoden der Gruppen-Psychotherapie hat Yalom (1974) ausführlich behandelt. Auch bei diesem Autor spielen die reale Ebene der »interpersonalen Beziehungen« (S.32) und das »korrigierende emotionale Erleben« (S.38) eine größere Rolle als die unbewußte *Bedeutung* von Beziehung und Erlebnis, wie sie sich in der »klassischen« Psychoanalyse des einzelnen im Laufe des psychoanalytischen Prozesses herauskristallisiert. Das Vorgehen von Slavson und Yalom entspricht damit wohl der Psychotherapie, verdient aber nicht das Attribut »psychoanalytisch«.

Sigmund Freud (1921) hat zwar selbst nicht praktisch mit Patienten in der Gruppe gearbeitet, er hat aber in seiner Studie »Massenpsychologie und Ich-Analyse« eine Theorie der Masse vorgelegt, auf die wir weiter unten näher eingehen.

In der Nachfolge Freuds bemühten sich eine Reihe von Psychoanalytikern des »Tavistock Institute for Human Relations«, die Psychoanalyse nicht nur als Theorie, sondern als Methode so rein wie möglich in der Gruppen-Psychotherapie anzuwenden: Sutherland und Ezriel stellten schon 1952 in zwei fast vergessenen Artikeln in der Zeitschrift »Psychiatry« die Prinzipien ihres Vorgehens heraus:

1. Die psychoanalytische Theorie der unbewußten Objektbeziehungen und -übertragungen gilt in der Gruppe genauso

wie in der Einzelanalyse. Dazu kommen als gruppenspezifische Kennzeichen

2. die Theorie der »gemeinsamen Gruppenspannung« und

3. die »unbewußte Phantasie« der Gruppe und die individuelle Abwehr dagegen. Damit nutzen die Autoren, genauso wie Freud, bestimmte Elemente der psychoanalytischen *Theorie* für ein besseres Verständnis der in Gruppen ablaufenden Prozesse: die Theorie der Objektbeziehungen, der Übertragung und der unbewußten Phantasie. Andererseits verwenden sie für die Gruppe spezifische neue Begriffe wie »Gruppenspannung« und »gemeinsamer Nenner der vorherrschenden unbewußten Phantasien aller Mitglieder«, die nur für die Mehr-Personen-Situation der Gruppe spezifisch sind.

Die psychoanalytische *Methode* der Psychoanalyse des einzelnen, und nicht nur einzelner Elemente der psychoanalytischen Theorie, hat Argelander zuerst (1963/64) konsequent auf die Gruppe angewandt. Er schreibt: »Je mehr wir unsere Aufmerksamkeit von den einzelnen Teilnehmern abziehen und dem Gesamtgeschehen in der Gruppe zuwenden, um so mehr gehen wir mit der Gruppe wie mit einem einheitlichen Wesen um. Unabsichtlich verwandeln wir dabei eine Vielpersonensituation in eine bi-personale Beziehung. Wir sprechen von den Gefühlen der Gruppe in einer Relation zum Gruppenleiter, der ihre Äußerungen beobachtet und sich mit ihnen auseinandersetzt. Auf diese Art lösen wir ein schwieriges Problem, denn wir vereinfachen die komplizierte Situation für unsere Zwecke. Wir reden von einem Gruppen-Ich, Gruppen-Über-Ich, von den Bedürfnissen und Ängsten der Gruppe, von ihrem Abwehrverhalten usw.« (Argelander, 1972). Die Haltung des Psychoanalytikers in der Gruppe ist damit praktisch dieselbe wie in der psychoanalytischen Zweierbeziehung.

Anschaulich gesprochen sitzt der Analytiker gleichsam mit geschlossenen Augen in der Gruppe, hört auf die Rede der Teilnehmer der Gruppe und versucht, in »gleichschwebender Aufmerksamkeit« (Freud, 1912) zu verstehen, was die Rede bedeutet, um dann das so Verstandene, an die gesamte Gruppe gerichtet, zu deuten. Seine Haltung und innere Einstellung entspricht dabei, wie in der Psychoanalyse des einzelnen, der bekannten Neutralität und Objektivität. Seine Funktion ist es, sich einzustimmen auf das unbewußte Material, indem er sich seinem »unbewußten Gedächtnis« überläßt (Freud, 1912). Der Leiter der Gruppe versucht, die einzelnen Sätze der Teilnehmer wie die Stücke eines Puzzlespiels zu erkennen und zusammenzusetzen, bis eine verständliche »Gestalt« entsteht. Er versucht außerdem, die Gefühle, die ihm von anderen (in der Einzelbeziehung vom Analysanden, in der Gruppe von der Gruppe insgesamt) entgegengebracht werden, mitzufühlen und herauszufinden, welche Szene der andere mit ihm als Mitspieler unbewußt gestalten will oder, mit anderen Worten: in welche Position er ihn bringen will. Der Gruppenleiter benutzt damit die psychoanalytische Methode der Erforschung und Behandlung der Persönlichkeit, wie sie Sigmund Freud in der Psychoanalyse einzelner entwickelt hat, in der Anwendung auf die Gruppe. Darüber hinaus verwendet er natürlich ebenso wie die vorgenannten Autoren des Londoner Tavistock Institutes Elemente der psychoanalytischen Theorie, der psychischen Entwicklung, der Persönlichkeitstheorie, der Theorie der Objektbeziehungen und der Abwehrlehre.

Während die bisher genannten Psychoanalytiker die Gruppe vorwiegend nach dem Modell des Individuums verstehen, hat Bion (1971) eine heute noch aktuelle Theorie der Gruppen-Dynamik entwickelt, die der Psychodynamik des einzelnen ebenbürtig ist. Seine Theorie besagt, kurz zusammengefaßt, folgendes: Arbeitet eine Gruppe unter Kooperation ihrer Mitglieder rational zusammen, dann arbeitet sie im Prinzip so, wie Freud die Funktion des Ich beschrieben hat. Dies nennt Bion eine »Arbeitsgruppe«. Kommt es dagegen in einer Gruppe unter dem Einfluß »mächtiger emotionaler Tendenzen« (Bion, 1971) zu Störungen der Arbeitsfähigkeit, dann spielen unbewußte Prozesse eine Rolle, die Bion »Grundannahmen« nennt. Hierbei unterscheidet er bekanntlich

1. eine Grundannahme der »Abhängigkeit«, in der alle Gruppenteilnehmer vom Leiter »Schutz und Nahrung« erwarten.

2. eine solche von »Kampf und Flucht«, in der sich die

Gruppe gleichsam zusammengefunden hat, »um gegen etwas zu kämpfen oder davor zu fliehen«, und

3. eine solche der »Paar-Bildung«, bei der sich in einer frustrierenden Situation zwei Teilnehmer zusammenfinden, was die Gruppe in der Hoffnung auf eine unerwartete Lösung der unbefriedigenden Lage dankbar aufgreift. Diese gemeinsamen Grundannahmen sind nur möglich, weil jeder einzelne in Bions Nomenklatur eine »Valenz« besitzt, das heißt: eine »Fähigkeit zur sofortigen, unwillkürlichen Verbindung ... mit einem anderen, um eine Grundannahme mit ihm zu teilen und danach zu handeln« (Bion, 1971).

Die Theorie der Gruppen-Dynamik entspricht somit einer eigenständigen »Gruppen-Psychologie«, die der Psycho-Dynamik des einzelnen als Psychologie des Unbewußten analog ist. Sie ist insofern »gruppen-analytisch«, als sie eine Analyse der Gruppe anvisiert. Grinberg, Langer und Rodrigué (1960) haben das Bionsche Gruppenkonzept weiter ausgebaut: Sie sprechen von einer »Mikrosoziologie« der Gruppe, sehen die Gruppe als Ganzes, sprechen, ähnlich wie Ezriel (1952) und Sutherland (1952), von einer »gemeinsamen Gefühlsatmosphäre«, und sie deuten die Phantasien der Gruppe gegenüber dem Leiter. Insofern gehen sie genauso vor wie Argelander, indem sie die Gruppe wie ein Individuum behandeln. Sie verwenden damit das Instrument der Psychoanalyse wie in der Psychoanalyse des einzelnen. Das heißt mit anderen Worten: Der Gegenstand, auf den sie die psychoanalytische Methode anwenden, ist nicht das Individuum, sondern die Gruppe. Sie üben somit Gruppen-Analyse aus, ohne allerdings diese Bezeichnung selbst zu verwenden, indem sie die in der Gruppe vorherrschende Dynamik, die Gruppen-Dynamik, analysieren. Dazu gehören vor allem die Rollen, welche einzelne Gruppenteilnehmer in bestimmten Gruppensituationen einnehmen. Damit verwenden die drei argentinischen Autoren, in Ergänzung zu ihrem psychoanalytischen »Mikroskop«, gleichsam ein »Makroskop«, das sie der Soziologie entlehnt haben, indem sie die Positionen und Rollen der Teilnehmer beachten.

Foulkes verwendet als erster die Bezeichnung »Gruppen-Analyse« (Foulkes, 1948). Er benützt zwar ausdrücklich die

»technischen Grundprinzipien der Einzel-Psychoanalyse« (Foulkes, 1974), sieht aber scharf die Unterschiede zwischen Gruppen-Analyse und Einzel-Analyse, wenn er zum Beispiel feststellt: »Die Gruppe reagiert als Ganzes, und nicht nur als Summe der einzelnen Teilnehmer.« Oder: »Die Übertragungsreaktionen der Gruppe als Ganzes sind etwas anderes als die der betroffenen Individuen.« Die Übertragungsreaktionen der Teilnehmer werden klar als »Kollektivwiderstand« auf die Gruppensituation bezogen. Die in der Gruppensituation verwendete Methode entspricht dann insofern einer Gruppen-Analyse, als die Gruppe als solche der Gegenstand ist, der analysiert wird.

Ich selber habe aus meinen Erfahrungen in der psychoanalytischen Praxis im Umgang mit einzelnen Gruppen bestimmte Elemente der psychoanalytischen *Theorie* auf die Gruppen-Psychotherapie angewandt. Die Gruppe schien mir als ein geeignetes »soziales Feld für Wachstum und Krisen der Persönlichkeit« und als ein »kommunikationssteigerndes Medium« (Kutter, 1970), in dem sich das psychoanalytische Instrument der »gleichschwebenden Aufmerksamkeit« genauso anwenden läßt wie in der Einzelanalyse. Anhand eines Fallbeispiels konnte ich 1971 zeigen, daß auch in der Situation der Gruppe genau wie in der Psychoanalyse des einzelnen »intensive« und »langdauernde« Übertragungen vorkommen, und daß der Prozeß der psychoanalytischen Gruppentherapie im Prinzip »gleichartig« wie in der Einzelanalyse abläuft, wenn auch »gruppenspezifische Besonderheiten« dabei zusätzlich beachtet werden müssen. So ist zum Beispiel die Übertragung deshalb, weil sie »gleichzeitig auf mehrere Familienmitglieder gerichtet ist« – »gruppenspezifisch andersartig«. In meinem Buch »Elemente der Gruppentherapie« (1976) versuchte ich zu verdeutlichen, wie ich *methodisch* vorgehe:

Grundsätzlich gleichartig wie in der Einzelanalyse, wenn ich einen »verstehenden«, »beobachtenden« und »erklärenden« Weg beschreibe, den der Gruppenleiter geht. Insbesondere der »verstehende« Weg ist dabei derselbe wie in der Psychoanalyse des einzelnen, wenn ich mich im Sinne eines »szenischen Verstehens« (Lorenzer 1970) selbst teilweise in die Szene einlasse und gleichzeitig versuche, aufgrund meiner

Kenntnisse der entscheidenden seelischen Entwicklungsphasen des Menschen und ihrer sozialen Dimension herauszufinden, welche dieser Entwicklungsphasen wiederbelebt ist. Die Szene und ihre Beziehungsmuster werden dann ebenso gedeutet wie die sie charakterisierenden affektiven Besetzungen. Versuche ich nun, auf diese Weise die Gruppe gleichzeitig als meinen Gegenstand zu verstehen, und die sie zusammensetzenden einzelnen Teilnehmer als weitere Gegenstände, dann habe ich ein »zweidimensionales Modell der psychoanalytischen Gruppentherapie« vor mir, bei dem der Leiter eine *»doppelte Aufgabe«* hat, nämlich: *sowohl den einzelnen als auch die Gruppe als Ganzes* zu sehen« (Kutter, 1976).

Die doppelte Aufgabe kann er nie gleichzeitig leisten: Wendet er nämlich sein Instrument der Psychoanalyse zur gleichen Zeit auf einen einzelnen Teilnehmer an, dann verliert er zwangsläufig die Gruppe als Ganzes aus den Augen. (Er sieht den Wald vor lauter Bäumen nicht.) Stellt er dagegen sein analytisches Instrument auf die Gruppe ein, dann bleibt ihm der einzelne verschlossen (er sieht den Wald und nicht die Bäume). In diesem Modell betreibt somit der Leiter in idealtypischer Weise:

1. Psycho-Analyse mit Hilfe des Instrumentes der auf den einzelnen gerichteten psychoanalytischen Wahrnehmung, indem er die Psyche der einzelnen in der Gruppe sieht und
2. Gruppen-Analyse mit Hilfe des Instrumentes der Gruppen-Analyse, indem er die Gruppe als Ganzes im Auge hat.

Freuds Beitrag zur Gruppentherapie

Wie schon oben angedeutet, hat Freud in seiner Studie »Massenpsychologie und Ich-Analyse (1921, S. 128) eine Theorie der *Masse* vorgelegt, die sich durchaus auch auf die *Gruppe* anwenden läßt. »Eine Anzahl von Individuen (sehen) ein und dasselbe Objekt an der Stelle ihres Ich-Ideals (und haben sich) infolgedessen in ihrem Ich miteinander identifiziert«. Dabei ist die Identifizierung mit einer Regression verbunden, die die Teilnehmer einer Gruppe gleichsam zu Kindern macht, während sie den Leiter, den sie an die Stelle ihres Ich-Ideals gesetzt haben, als große Führerfigur erleben. Der Leiter ist die

Autorität, der Patriarch, der Tyrann. Jedes Mitglied der Gruppe ist gegenüber dieser Autorität autoritätsgebunden (Adorno, Bettelheim, Frenkel-Brunswik, Gutermann, Janowitz, Levinson und Sanford 1950) oder von der Autorität abhängig, um nicht zu sagen, hörig. Der Leiter weiß alles, das Mitglied nichts. Extrembeispiel des Nationalsozialismus: Führer befiehl, wir folgen.

Mit diesem Modell haben wir eine ausgesprochen *patriarchalische Version der Gruppe* vor uns, die *absolut leiter-zentriert* ist. Täuschen wir uns nicht: derartige Konstallationen finden sich auch in Therapie-Gruppen, besonders dann, wenn die Teilnehmer unbewußt Führung suchen und sich der Leiter, ebenso unbewußt, als Führer anbietet. Die oben genannte Identifizierung dient hierbei vorwiegend der Abwehr der in großen Gruppen herrschenden Ängste, sich entweder selbst neben den vielen anderen zu verlieren oder mit diesen zu verschmelzen. Sie kann auch Ausdruck einer Identifizierung mit dem Angreifer (A. Freud, 1936) sein, nämlich dann, wenn der Leiter als angreifendes Objekt empfunden wird, und man sich seines Angriffs nur dadurch erwehren kann, daß man sich mit ihm identifiziert.

Eine reifere Reaktion auf die Macht des Leiters ist *die Revolte gegen den Leiter*. Eine derartige Revolte kommt in jeder gesunden Gruppe mehr oder weniger ausgeprägt vor (Slater 1970), es war aber Freud (1912/13), der als erster in »Totem und Tabu« mit seiner Theorie von der Ur-Horde auf die Revolte der Söhne, die wir heute um die der Töchter erweitern, gegen den Leiter, hinwies. In »Der Mann Moses und die monotheistische Religion« hat Freud (1937) seine Theorie wiederholt und auf die Religion angewandt. Für unseren Zusammenhang ist daraus wesentlich, daß die Revolte gegen den Leiter regelmäßig von Schuldbewußtsein, Selbstbestrafungs- und Selbstbeschädigungstendenzen, von Reue und Wiedergutmachungsgefühlen begleitet wird.

Für die praktische Gruppentherapie kommt es darauf an, auch nur geringfügig ausgeprägte Tendenzen von Revolte und Protest wahrzunehmen, sie aber nicht zu früh zu deuten, allenfalls die Ängste und Widerstände dagegen, damit sich zumindest in der Phantasie so etwas wie ein »Vatermord« ereignet. Danach sind dann die genannten Reaktionen von Schuld und Wiedergutmachung zu interpretieren und durchzuarbeiten. Diese Abfolge finden wir nicht nur in Therapie-Gruppen, sondern im Prinzip in jeder Gruppe.

Ich erinnere mich sehr gut an den Ablauf eines Seminars, in dessen erster Phase die Teilnehmer völlig vom Lehrer abhängig waren, gefolgt von einer zweiten Phase der Revolte und Kritik an Konzept und Seminarstil des Leiters. Daran schloß sich eine zunächst nicht erklärbare Phase mit depressiven Gefühlen und Arbeitsunlust an, die erst nach einer Deutung des ursächlichen Zusammenhangs mit der vorausgegangenen Revolte als Schuldgefühle wahrgenommen werden konnten, gefolgt von einer Phase einer insgesamt befreiten Atmosphäre mit gesteigerter Arbeitsfähigkeit.

Weitere psychoanalytische Modelle

1. Das *»Familien-Modell«* geht auf Walter Schindler (1951) zurück. Die Gruppe wird als »Abbild der Familie« (Kutter, 1970) verstanden: Auf der einen Seite bilden sich die jeweils erlebten Familienbeziehungen der einzelnen Mitglieder in der Gruppe ab, auf der anderen Seite entsteht eine neue »Familie auf Zeit«, die Therapie-Gruppe. Der Gruppenleiter nimmt – durch entsprechende Übertragungen der einzelnen Mitglieder auf ihn – meist Züge eines Primär-Objektes an, entweder die einer Mutter oder eines Vaters, während die anderen Gruppenmitglieder, ganz analog der Konstellation in einer Familie, vor allem für diejenigen, die in Familien mit Geschwistern aufgewachsen sind, unbewußt die Geschwister repräsentieren. Das Familien-Modell wird zu einem kompletten Abbild der Familie, wenn eine Co-Therapie (G. Heising und E. Wolff, 1976) durchgeführt wird, bei der durch die beiden Gruppenleiter das Elternpaar der Teilnehmer besonders leicht reaktiviert wird.

2. Die *»Neurosen-Theorie«* der Gruppe ist mit diesem Familien-Modell weitgehend identisch, entwickelt sich doch die Neurose aus gestörten Objektbeziehungen im Laufe der primären Sozialisation in der Familie mit ihren charakteristischen ödipalen Konflikten. Wurden nämlich im Laufe der familialen Sozialisation Objektbeziehungen konflikthaft erlebt, so werden sie in der Familie der Therapie-Gruppe

zwangsläufig reaktiviert und wiederinszeniert. Die individuelle Symptom- oder Charakterneurose des einzelnen Mitglieds wandelt sich dann im Laufe des Gruppenprozesses gleichsam unter der Hand, analog der *»Übertragungsneurose«* in der Einzeltherapie, zu einer Art »Gruppenneurose«, während der einzelne diejenigen gestörten Prozesse, die sich vorher innerseelisch in ihm abgespielt haben, inter-personell zwischen den die Gruppe bildenden Personen so wiedererlebt, wie sie ursprünglich vor deren Internalisierung in der jeweiligen Primär-Familie real existierten. Die diesbezüglichen neurotischen Konflikte werden damit der Bearbeitung zugänglich. Auf diese Weise können auf ödipale Konflikte zurückzuführende klassische Neurosen ebenso effektiv behandelt werden wie durch Einzelanalyse.

3. Das *Struktur-Modell.* In metapsychologischer Sicht sind es im Gegensatz zum Familien- oder Neurose-Modell nicht Übertragungen auf frühere Bezugspersonen, sondern *Projektionen* einzelner psychischer Instanzen oder Repräsentanzen, die, im Laufe des Gruppenprozesses auf Leiter und andere Teilnehmer projiziert, in diesem wiedergefunden werden können. Analog dem Modell der Metapsychologie des Individuums entwickelt die Gruppe in dieser Perspektive eine bestimmte *Struktur*, die sich durch eine ganz spezifische ihr eigene Metapsychologie auszeichnet. Einzelne Gruppenmitglieder nehmen die projizierten Repräsentanzen sehr leicht auf und identifizieren sich mit ihnen. Damit ist die ursprünglich internalisierte Objektbeziehung nach Externalisierung in der Gruppensituation unmittelbar präsent. Die Summe dieser Externalisierungen bildet eine für jede Gruppe charakteristische Gruppen-Struktur. Die sich bildende Gruppenstruktur kann man mit Eugen Mahler auch *»Gruppen-Ich«* nennen (1969, S. 507), das durch wechselnde unbewußte Phantasien »in verschiedene Formen und Stadien von Regression geraten kann« (S. 508), aber dennoch eine mehr oder weniger konstante »bestimmte Grundstruktur« (S. 510) aufweist. Sehen wir die Gruppe unter dem Aspekt wie ein einzelnes Ich, dann können wir statt metatheoretischem Modell auch von einer »Ich-Theorie« der Gruppe sprechen. In konsequenter Anwendung dieser Theorie kennen wir die Gruppe nicht nur im Anschluß an Erikson (1966) als soziales Feld für Wachs-

tum und Krisen der *einzelnen* Persönlichkeit (Kutter, 1970, S. 729), sondern als Gruppe in ihrem Gruppen-Ich oder, wie wir mit Erikson (1961) lieber sagen, in ihrer »*Gruppen-Identität*«, und wir verfolgen deren Wachstum und Krisen.

4. Das »*Fokal-Konflikt-Modell*« der Gruppe, wie es von Whitaker und Lieberman (1973) entwickelt wurde, sieht den Gruppenprozeß als eine Reihe von sich konstellierenden Gruppenkonflikten, die jeweils als Fokal-Konflikt der Gruppe verstanden werden. In der Gruppe bilden sich Kräfte und Gegenkräfte, an denen die einzelnen Mitglieder in verschiedenem Ausmaß teilnehmen. Diese Kräfte und Gegenkräfte bestehen aus Wünschen, Ängsten vor diesen Wünschen und Abwehrmechanismen gegenüber diesen Wünschen. Whitaker und Lieberman unterscheiden ein störendes Motiv von einem reaktiven Motiv und folgern, daß sich beide Motive in der Gruppe als Fokal-Konflikt auswirken. Die Gruppe und ihre einzelnen Teilnehmer versuchen dann eine Lösung des entstandenen Konfliktes, die die entstandene Angst reduzieren soll. Die gefundene Lösung ist immer eine *gemeinsam* gefundene Lösung.

Hat die Gruppe eine Reihe von Fokal-Konflikten durchgemacht und gelöst, so resultiert wiederum eine ganz spezifische *Struktur* oder *Kultur* der Gruppe, die sich aus der Summe der Beiträge der einzelnen Teilnehmer gebildet hat.

5. Das »*Psychose-Modell*« der Gruppe baut auf den Thesen Melanie Kleins und ihrer Schule auf, wie sie besonders im Tavistock-Institute for Human Relations in London durch Bion (1971) vertreten wurde. Auch das Gruppenkonzept der Autorengruppe Grinberg, Langer und Rodrigué (1960) kann, zumindest teilweise, dem Psychose-Modell subsumiert werden. Es ist durch folgende drei Hypothesen gekennzeichnet.

(1) die Gruppe bezieht sich durchgehend auf den Gruppenleiter,

(2) die Gruppe erlebt sich in den drei Grundannahmen und

(3) die Grundannahmen dienen der Abwehr tiefer aus Teilobjekt-Beziehungen psychotischer Art stammender Gefühle von Verschmelzung und Zerstörung. Unbewußte Phantasien über Teilobjekte wie Brust, Mund, Penis, Scheide, oder über

den Inhalt des Leibes der Mutter beherrschen die Gruppenmitglieder. Projektive und introjektive Identifikationen spielen sich laufend in sich überkreuzender Weise zwischen den Teilnehmern ab. Die Grenzen zwischen einem selbst und den andern sind aufgehoben. Das Ich der einzelnen Teilnehmer ist in der Gruppe aufgegangen, hat sich in ihr aufgelöst. Wenn sich eine derart tiefe Regression im Gruppenprozeß eingestellt hat, kann man die Gruppe in der Tat wie ein psychotisches Individuum verstehen. Ihr Hauptcharakteristikum ist das Phänomen der aufgehobenen Grenzen zwischen den Teilnehmern. Aus der Psychosenlehre wissen wir, daß es die Grenze zwischen Ich und Nicht-Ich ist, die durchlässig geworden ist. Was in der Gruppe regressiv wiederbelebt ist, entspricht, um mit Mahler (1968) zu sprechen, symbiotischen Objektbeziehungen, wie sie in der Dual-Union zwischen Mutter und Kind auch in Stadien tiefer Regression während der Einzelanalyse reaktiviert werden. Es scheint, daß die Mehrpersonen-Beziehung an sich derartige psychotische Phänomene provoziert. Dies nehmen z.B. R. Bion (1971, S. 102) für die Kleingruppe und P. Turquet (1974) zumindest für die Großgruppe an, desgleichen, wenn auch in einem völlig anderen Zusammenhang, Otto F. Kernberg (1973).

Die Frage, zu beantworten, ob es sich hier um ein originäres Gruppenphänomen handelt oder um eine sekundäre Erscheinung, die durch die primäre Persönlichkeitsstruktur der Teilnehmer bedingt ist, ist nicht einfach. Die Antwort hängt von der grundsätzlichen Position des Betrachters ab. Ich persönlich bin der Meinung, daß eine psychotische Gruppenstruktur nur dann entstehen kann, wenn sich eine Gruppe entweder »aus psychotisch kranken Mitgliedern« zusammensetzt, oder wenn sich im Laufe einer tiefen Regression der in jedem von uns steckende »psychotische Kern« (A. Green, 1975, S. 532) aktualisiert hat.

6. Wenn wir schließlich von einer *»Narzißmus-Theorie«* der Gruppe sprechen, so müssen wir definieren, was wir darunter verstehen. Entweder bilden narzißtisch strukturierte Persönlichkeiten nach Externalisierung ihrer narzißtischen Persönlichkeitsanteile eine Gruppe, die genauso wie die sie zusammensetzenden Mitglieder eine narzißtische Struktur auf-

weist. Oder diese narzißtische Struktur tritt als Gruppenphänomen auf; allein dadurch, daß sich einzelne in einer Gruppe zusammenfinden. So meint z.B. Finger (1977), daß jede Gruppe, unabhängig von der Struktur ihrer Teilnehmer, regressiv ein sogenanntes »narzißtisches Dual-Selbst« wiederbelebt, in das, wenn ich Urte Finger richtig verstehe, sowohl Elemente einer symbiotischen Objektbeziehung eingehen als auch solche einer primär-narzißtischen Konfiguration. Es gibt noch eine weitere Möglichkeit, das Kohutsche Narzißmuskonzept auf die Gruppe anzuwenden, indem ich sage: Die Gruppe entwickelt genauso wie ein narzißtisches Individuum Größen-Phantasien über sich selbst als Gruppe, während der Leiter unbewußt als idealisierte Eltern-Imago gesehen wird.

Wir sollten von »Narzißmus-Modell« der Gruppe nur dann sprechen, wenn die für narzißtische Persönlichkeiten geltenden Phänomene wie idealisierende Übertragung und Mobilisierung des Größen-Selbst in der Gruppe analog der Einzel-Analyse wahrnehmbar sind. Dies ist meiner Erfahrung nach aber nur dann der Fall, wenn die Gruppe aus Teilnehmern zusammengesetzt ist, die zumindest partiell narzißtische Persönlichkeitsstörungen aufweisen.

7. Das *»Göttinger Modell«* integriert gleichermaßen psychoanalytische und sozial-psychologische Konzepte, indem es nicht nur die unbewußten Phantasien und Objektbeziehungen der Teilnehmer zu sehen versucht, sondern auch die einzelnen Aktivitäten der Mitglieder, die im Anschluß an Homans (1960) und R. Schindlers (1957/58) »soziodynamsicher Rangstruktur« Teil einer Gesamtaktivität der Gruppe sind. In dieser übernehmen die einzelnen Teilnehmer im Sinne einer »soziodynamischen Funktionsverteilung« (Heigl-Evers, 1972, S. 69) bestimmte Funktionen. Insgesamt resultiert ein topographisches Modell der Gruppe mit drei Schichten, in dem eine Ebene der manifesten und bewußten Interaktion, eine vorbewußte Ebene der psychosozialen Abwehrmanöver oder psychosozialen Kompromißbildungen und eine Ebene der unbewußten Phantasien bzw. Objektbeziehungen unterschieden werden (Heigl-Evers und F. Heigl, 1975).

8. Das *»Schicht-Modell«*. In diesem Modell (Kutter, 1971) wird neben einer oberflächlichen Schicht I der bewußten rea-

len Interaktionen, die mit der der Gruppendynamik identisch ist, in der es um soziale Rolle und Position der Teilnehmer geht, eine Schicht II der Übertragungs- und Gegenübertragungs-Beziehungen unterschieden, in der die ödipalen und Familienkonflikte reaktiviert werden. Die noch darunter liegende tief unbewußte Schicht III beinhaltet gleichermaßen Phantasien großer Harmonie und Übereinstimmung entsprechend der »anaklitisch-diatrophischen Gleichung« (Gitelson, 1962) *und* primitive Objektbeziehungen, die sich gegenseitig zerstören und auslöschen im Sinne psychotischer Prozesse. Schicht II mit Übertragung und Gegenübertragung entspricht also den ödipalen Konflikten des Familien- bzw. Neurose-Modells, während die tief unbewußte Schicht III mit ihren alle destruktiven Anteile verleugnenden Tendenzen nach einer allumfassenden Harmonie und den dazu gehörenden Gegenpol der alle positiven Elemente abwehrenden gegenseitigen Destruktivität zwanglos in unserem obengenannten »Psychose-Modell« aufgeht. Voraussetzung dazu ist aber, daß die Grenzen zwischen Ich und Nicht-Ich tatsächlich aufgehoben sind. Ist dies nicht der Fall, dann handelt es sich nicht um psychotische Prozesse, sondern um solche, wie wir sie aus den Schriften Kernbergs über die Borderline Personality-Organisation (1975) kennen. Wir kommen somit zu einem weiteren Modell, nämlich dem

9. *»Borderline-Modell«* der psychoanalytischen Gruppenpsychotherapie: Nach diesem Konzept werden frühe Objektbeziehungen mit überwiegend aggressiver Besetzung wiederbelebt und im Hier-und-Jetzt der Gruppe aktiv. Sie sind in zwei Anteile gespalten, von denen die einen die »nur guten«, idealisierten, und die anderen die »nur bösen« bzw. »schlechten«, entwerteten Anteile repräsentieren. Eine solche in zwei Anteile aufgespaltene Konstellation des Gruppenprozesses ergibt sich besonders dann, wenn die Teilnehmer der Gruppe die Merkmale einer sogenannten Borderline-Personality-Organization aufweisen. Dies war bei der von mir 1976 (S. 67–81) beschriebenen Studentengruppe der Fall, deren Teilnehmer sämtlich schweren Traumatisierungen während der frühesten Sozialisation des ersten Lebensjahres ausgesetzt waren.

10. Das *»Segment-Modell«* und seine Erweiterung zum *Zylinder-Modell*: Nach dieser Theorie bildet jeder einzelne Teil-

nehmer ein bestimmtes Segment eines Kreises, der in der Summe seiner Segmente das Ganze der Gruppe darstellt bzw. deren Gestalt ausmacht. Teilt man diesen Kreis und damit die den Kreis zusammensetzenden Segmente in verschiedene Schichten ein, die von der Peripherie des Kreises bis zu dessen Zentrum dem oben erwähnten Schicht-Modell entsprechen, habe ich ein Konzept, in dem ich querschnittartig den Ort der Teilnehmer in der Gesamtgestalt der Gruppe bestimmen kann. Führe ich noch die Dimension der Zeit ein und erweitere den Kreis in der dritten Dimension zu einem Zylinder, dann kann ich auch im Längsschnitt zu jeder beliebigen Zeit ein einzelnes Segment oder den ganzen Kreis bestimmen (Kutter, 1976, S. 61).

Individuum und Gruppe

Daß der einzelne von der Gruppe und eine Gruppe von den sie zusammensetzenden Individuen abhängt, das heißt mit anderen Worten, daß zwischen Individuum und Gruppe eine Interdependenz besteht, ist unumstritten. Umstritten ist aber, welche Seite in dieser Gleichung höher bewertet wird. Diese Bewertung wird, auch im Hinblick auf die vorgestellten Modelle psychoanalytischer Gruppentherapie, selten reflektiert. Ich will daher im folgenden diesem Problem nicht ausweichen und einige Überlegungen dazu beisteuern. Dabei können wir zwei sich in extremer Weise gegenüberstehende Grundpositionen unterscheiden:

(1) Die Gruppe im Dienste des einzelnen oder
die Gruppe als Mittel zum Zweck für die Selbstfindung des einzelnen: die *»individuum-zentrierte«* Betrachtung der Gruppe.

(2) Der einzelne im Dienste der Gruppe.
Die Gruppe stellt einen Wert an sich dar, wobei der einzelne »Mittel zum Zweck« für die Gruppe ist, die *»kollektiv-zentrierte«* Betrachtungsweise.

1. *Die Gruppe im Dienst des einzelnen* bzw. als Mittel zur Selbstfindung ihrer Mitglieder (*»individuum-zentrierte«* Betrachtungsweise der Gruppe).

Daß wir, ohne an Gruppen zu partizipieren, nicht leben können, ist seit Aristoteles Vorstellung vom Menschen als einem »zoon politicon« bekannt. Bion (1971, S. 130) meint mit seinem Begriff »Valenz« auch nichts anderes, als daß jeder fähig ist, mit einem anderen sofort und unwillkürlich in Verbindung zu treten oder mit anderen Worten, »sich zusammen mit anderen Individuen augenblicklich in ein eingeführtes Verhaltensmuster einzuordnen« oder wie Walton (1971, S. 42) sich ausdrückt, »unbewußt mit anderen zu kollaborieren«. Ohlmeier (1975, S. 551) ordnet diese Fähigkeit einer bestimmten Ich-Funktion zu, die er »Gruppen-Ich-Funktion« nennt, und von der er annimmt, daß sie, analog der Entwicklung zur »Ich-Identität«, einer ganz bestimmten Entwicklungslinie folgt. In Fortführung dieses Gedankens meine ich, daß der einzelne die Gruppe braucht, damit diese ihm eigene Verhaltensweisen analog der »Spiegel-Übertragung« in der Zweier-Beziehung (Kohut, 1973, S. 140) zurückspiegelt. Diese Funktion der Gruppe für den einzelnen ist besonders dann wichtig, wenn dieser noch kein stabiles Ich konstituiert hat. In diesem Sinne kann während der primären Sozialisation eine ausgewogene Familiengruppe wirken oder später eine gut funktionierende Therapie-Gruppe. In einer späteren Entwicklungsphase bekommt die Gruppe für den einzelnen eine neue, eigene Bedeutung, dann nämlich, wenn er nach Durchlaufen der drei psychischen Bereiche (Balint 1957/58) der Zweier-Beziehung, der »triangulären Situation« und des »Auf-sich-selbst-gestellt-Seins« die Gruppe als vierten menschlichen Bereich erfährt, in dem er sich gleichsam in einer post-ödipalen Phase – weiter entwickeln kann (peergroup).

Kommt es dagegen im Laufe des Gruppenprozesses zum »Verlust der Individualität«, wobei »jedes Ich seine Grenzen aufgibt und mit den anderen zu einer mehr oder weniger undifferenzierten Gemeinschaft verschmilzt« (Grinberg, Langer und Rodrigué, 1960), dann wird die Individualität der einzelnen Mitglieder geopfert (S. 93). Hier besteht die Gefahr, daß die »im Dienste der Gruppe« (Ohlmeier, 1975, S. 552) erwünschte Regression pathologisch wird und den *einzelnen* Gruppenmitgliedern schadet.

Es besteht erneut die Gefahr, daß der einzelne Teilnehmer zugunsten des *Kollektivs* zu kurz kommt. Der Gruppenprozeß läuft *auf Kosten des einzelnen* ab. Ich bin daher der Meinung, daß der Leiter, so schwer ihm dies auch fallen mag, stets versuchen sollte, neben der Gruppe als Ganzem auch die spezielle Situation des *einzelnen* im Gesamtablauf und deren Veränderung im Laufe des Gruppenprozesses zu beachten. Das Extrem einer negativ zu bewertenden Relation zwischen Gruppe und Individuum liegt dann vor, wenn ein einzelner im Interesse eines rücksichtslosen Egoismus auf Kosten der Gruppe versucht, diese nur als Mittel zum Zweck zu benutzen. Damit schadet er der Gruppe, d.h. seine individuelle Entwicklung geht auf Kosten der Gruppe. Der individuumzentrierte Ansatz würde in *Individualismus* ausarten.

2. *Der einzelne im Dienste der Gruppe:* Die Gruppe stellt einen Wert an sich dar, wobei der einzelne allenfalls Mittel zum Zweck für die Gruppe ist (der *»kollektiv-zentrierte«* Ansatz).

Diese hohe Wertschätzung der Gruppe als solcher findet sich besonders in linken Studentenkreisen. Auch viele Analytiker trauen der Gruppe ein höheres therapeutisches Potential zu als einem einzelnen Therapeuten. Richter (1972, 1974, 1976) darf als der prominenteste Vertreter dieser Auffassung gelten. Obwohl er auch den einzelnen in der Gruppe sehr wohl beachtet, legt er den Akzent unmißverständlich nicht auf den einzelnen »Träger eines persönlichen Defektes«, sondern auf das »defekte Kommunikations-System«, dessen Glied der Träger ist (1972, S. 29). Sein Motto lautet: So wie die Gruppe den einzelnen schädigen kann, so kann sie ihm auch nützen. So schützt die Gruppe den einzelnen, vermittelt ihm Halt und Sicherheit und befriedigt darüber hinaus ebenso libidinöse wie narzißtische Bedürfnisse. In dieser Perspektive hat eine Gruppe in der Tat ein größeres Potential als ein einzelner, um bestimmte Aufgaben zu meistern, und das heißt hier: therapeutische Aufgaben. Die Vorzüge der Gruppe kommen dabei besonders Ich-schwachen Teilnehmern zugute. Für sie ersetzt das »Gruppen-Ego« das eigene schwache Ich, das Clan-Gewissen das eigene Über-Ich (Parin, Morgenthaler und Parin-Matthey, 1963), die ganze Gruppe oder der Leiter das Ich-Ideal. Die Funktionen dieser Instanzen sind, um mit Stierlin (1975) zu sprechen, an die Gruppe »delegiert«. Diese Verhältnisse hat schon Freud (1921) in »Massen-Psychologie und Ich-Analyse« beschrieben und auf Kirche und Heer übertragen, und zwar in ausgesprochen negativer Bewertung für den einzelnen. Wulff (1972) dagegen hebt die

Vorzüge derartiger Gruppenstrukturen, wie er sie in Vietnam vorfand, ausdrücklich hervor. Die einzelnen Mitglieder hätten dort zwar kein Ich wie der Europäer, dafür gäbe es aber auch keine Ich-Störungen. Ich bezweifle, ob eine Gruppe in dieser extrem kollektiv-orientierten Sicht noch für das einzelne Mitglied gut sein kann und ob darüber hinaus unter diesen Umständen die Mitglieder dem Ganzen der Gruppe optimal nützen können. Es ist auch negativ zu bewerten, wenn die Gruppe einen einzelnen im Dienste der Gruppe benützt, um bestimmte Gruppenziele zu erreichen, ohne daß dieser explizit dem zustimmt. Beispiele für derartige negative Wirkungen einer Gruppe auf einen einzelnen hat die Schizophrenieforschung bei der Untersuchung entsprechend strukturierter Familien aufgedeckt. Weniger extrem pathologische Verhältnisse hat Richter (1963) beschrieben, als er zeigte, wie leicht Eltern ihre Kinder unbewußt als Substitut für den Partner benutzen oder ihre Kinder mißbrauchen und abgewehrte Selbstanteile in sie projizieren, die sie dann in ihnen bekämpfen. Demnach bringen allzu überhöhte Einschätzungen des Kollektivs im Sinne eines Kollektivismus leicht Gefahren für den einzelnen mit sich. Die Gruppe fordert ihr Recht auf Kosten individueller Freiheit. Ist der einzelne nicht bereit, sich der Gruppennorm zu unterwerfen, droht die Gruppe mit Sanktionen. Die Mitgliedschaft einer Gruppe kostet also immer ihren Preis. Dieser kann im Extrem bei totaler Gleichschaltung zur Entmündigung des einzelnen Mitglieds führen, wenn jeder nur anonym um den Preis individueller Verantwortung nur das tut, was die Gruppe verlangt. Vorzüge und Kosten müssen in der Relation Gruppe – Individuum also sorgfältig abgewogen werden, um Extreme zu vermeiden.

Der Mensch im steten Wechsel zwischen Zweier-Beziehung, triangulärer Konstellation, Gruppenzugehörigkeit und Alleinsein – Die vier seelischen Bereiche

Um Belastungen und Vorzüge beider Seiten der Gleichung Individuum und Gruppe abzuwägen, bedarf es der Fragen: »Welche Funktion hat die Gruppe für das Individuum?« bzw. »Welche Funktion hat das Individuum für die Gruppe?« Hier interessiert uns besonders der Abwehraspekt. Beispiele dafür, wie *die Gruppe der Abwehr individueller Ängste* und

Konflikte dient, wurden oben schon erwähnt. Der einzelne sucht in der Gruppe Schutz und Sicherheit, um seiner Ich-Schwäche nicht gewahr zu werden. Diese unbewußte Funktion haben z. B. viele Gruppen, die nach außen mit lautstarken politischen Zielen auftreten. Ihre Mitglieder sind in der Gruppe stark, aber ohne sie schwach und hilflos. Verharrt der einzelne zu lange in der Gruppe, so stagniert seine Entwicklung. Er wagt dann weder die offene Auseinandersetzung als einzelner noch die Regression im Dienste des Ichs; beide sind für eine progressive Entwicklung unabdingbar. Die Gruppe kann ihrerseits so weit gehen, das Individuum für bestimmte Zwecke zu benützen, um nicht zu sagen: zu mißbrauchen.

Ein Urteil über die Kosten / Nutzen-Relation für Gruppe und Individuum kann nie wertneutral sein. Was für den einen schon ein Ausnutzen des einzelnen im Dienste der Gruppe ist, bezeichnet der andere als erstrebenswertes Ziel. Ich meine, daß die Produktivität einer Gruppe um so größer ist, je mehr Spielraum sie für das einzelne Mitglied läßt.

Mit Hilfe dieser Perspektive können wir uns, so glaube ich, vor *Selbstunterschätzung* und *Gruppenüberschätzung* ebenso schützen wie vor *Selbstüberschätzung* und *Gruppenunterschätzung*. Der jahrelange Gruppen-Enthusiasmus wäre damit durch eine nüchterne Betrachtungsweise abgelöst.

Funktion und Interaktion des Leiters

Hier können wir grundsätzlich drei Möglichkeiten voneinander unterscheiden:

Die *erste* lautet: *der Leiter* ist nicht Mitglied der Gruppe, sondern er *verhält sich distanziert*, er *ist der Experte*, der weiß, »wie der Hase läuft«. Er kennt die Theorie, hat Diagnose, Prognose und Therapieplan festgelegt. In dieser Sicht kann man den Leiter wie den Dirigenten eines Orchesters sehen, der an Hand seiner Partitur dirigiert. Die Teilnehmer tun dann das, was dirigiert wird, sind abhängig von dem, was der Leiter sieht und sagt. Dies ist natürlich eine sehr asymmetrische Relation, absolut leiter-zentriert. Solche Verhältnisse mögen für eine Arbeitsgruppe streckenweise nützlich sein, nicht aber für eine analytische Therapie- oder Selbsterfahrungsgruppe.

Die *zweite* Möglichkeit ist der polare Gegensatz zur ersten: *der Leiter ist Mitglied der Gruppe* wie die anderen Gruppenteilnehmer auch. Er ist genau so wie diese vom Gruppenprozeß abhängig, ist ebenso wie diese in das Geschehen involviert. Er weiß oft selbst nicht, »was gerade läuft«, aber: »die Gruppe weiß es«. Bei diesem Konzept kann natürlich Chaos, Anarchie oder Anomie entstehen.

Die *dritte* Möglichkeit der Rolle und Funktion des Leiters in einer Gruppe ist die der Teilnahme an einem *Dialog zwischen Leiter und Gruppe*. Beide zusammen ergeben dann, in dem eingangs genannten dialektischen Sinne, ein Drittes, so wie Mutter und Vater zusammen das Kind. Tertium datur. Dabei spricht zunächst die Gruppe, und der Leiter hört, was die Gruppe spricht. Dann spricht auch der Leiter, während die Gruppe hört. Wenn dieser dialektische Prozeß genügend lange abläuft, »sehen« beide Seiten schließlich, um was es geht (Graf Wittgenstein, 1978). Jeder trägt zur gemeinsamen Sache bei. Zwischen Gruppe und Leiter herrscht eine »relative Symmetrie«.

Neben seiner professionellen Funktion steht der Leiter ständig in Interaktion zur Gruppe wie zu den einzelnen Mitgliedern, und zwar auf drei Ebenen:

1. Auf der *Ebene der aktuellen Interaktionen*, die von außen beobachtbar sind;

2. auf der virtuellen, nicht beobachtbaren, dennoch aber stark erlebten *Ebene der Übertragungen und Gegenübertragungen* (vgl. 1.1);

3. auf einer tiefen *Ebene gemeinsamer Verbundenheit*.

Jeder Ebene entspricht eine besondere Interaktion des Leiters:

In der ersten Ebene ist er reale Bezugsperson, in der zweiten Übertragungsfigur und Projektionsschirm für unbewußte Wünsche mit den dazugehörigen Gefühlen und Emotionen, in der dritten Ebene steht er in einer fundamentalen Beziehung zur Gruppe und ihren Teilnehmern. Während die erste Ebene der aktuellen Interaktion der Ebene des Arbeitsbündnisses (vgl. 1.1) entspricht, stimmt die Ebene der gemeinsamen Verbundenheit der Gruppenteilnehmer untereinander mit der fundierenden, den anderen grundsätzlich akzeptierenden Ebene der Zweierbeziehung überein. Gerade auf der

Basis dieser Beziehung muß der Leiter in der Lage sein, eine Atmosphäre gegenseitiger Akzeptanz zu schaffen, durch seine Zuwendung und sein Interesse an den Gruppenmitgliedern die Voraussetzungen für deren Entwicklung schaffen, wozu eine ganz bestimmte *Haltung* gehört. Dabei können wir folgenden Facetten unterscheiden:

Zurückhaltung, nämlich Zurück-Haltung der eigenen Person zugunsten des anderen. Der Leiter wird also eher schweigen als sprechen. »Reden ist Silber, Schweigen ist Gold.« Damit läßt er den andern die Chance, herauszufinden, was abläuft, eine Chance, die die anderen nicht hätten, würde der Leiter sprechen.

Aus-halten. Der Leiter muß nicht nur fähig sein können, negative Übertragungen auszuhalten, besonders die entwertenden, sondern auch, daß er zugunsten der sich entwickelnden anderen an Vorsprung verliert und nicht Mitglied der Gruppe ist, das heißt, er muß fähig sein, das Ausgeschlossensein auszuhalten.

Halt geben: Der Leiter gibt ebenso den einzelnen in der Gruppe wie der Gruppe als Ganzes insofern Halt, da: er sie im Winnicottschen Sinne des »holding« (1976) so hält, wie eine Mutter ihr Baby.

Stand-halten: Der Leiter muß, um mit Michael Balint (1958) zu sprechen, »ein Widerstand leistendes Hindernis (sein), mit dem man sich auseinandersetzen« kann; eine eher väterliche Funktion, die den Teilnehmern der Gruppe die Orientierung in der Realität erleichtert.

Rück-halt: Der Leiter muß letztlich für jedes seiner Gruppenmitglieder Rückhalt sein als Voraussetzung dafür, daß sich die Teilnehmer von ihm ablösen und verselbständigen können.

Haltung: in den genannten Facetten ist nicht weniger wichtig als *Deutung*.

Übertragung, Widerstand und Prozeß

Neben den Übertragungen *des einzelnen auf andere* einzelne überträgt jedes Gruppenmitglied Gefühle, Wünsche einschließlich Abwehr gegen diese Wünsche auch *auf die Gruppe als Ganzes.* Eine weitere Besonderheit der Übertragung in der Gruppe ist die Tatsache, daß gleichzeitig auf mehrere Personen übertragen werden kann, das heißt: Sie ist nicht nur bi-lateral, sondern *multi-lateral*. Dabei eignet sich die Gruppe besonders für das Wiedererleben schon einmal erlebter Gruppen, von denen die Familien-Gruppe die wichtigste ist. So wie in einer Familie verschieden intensive Beziehungen gleichzeitig zu den die Familie zusammensetzenden Personen bestehen, so gestalten sich auch die unbewußt sich wiederholenden Beziehungen in der Therapie-Gruppe. Wir sprechen von *»Familien-Übertragung«* (Kutter, 1971, S. 866). Nach Walter Schindler (1951) repräsentiert hierbei oft der (männliche) Gruppenleiter den Vater, die Gruppe als Ganzes die Mutter und die einzelnen Gruppenmitglieder die Geschwister. Wie in einer Familie kann über weite Strecken die Beziehung zu einer Person der Gruppe ganz im Vordergrund stehen, wobei diese nicht der Gruppenleiter sein muß.

Die Summe der Widerstände der einzelnen (vgl. 1.1) bildet den *Gruppen-Widerstand*. Er richtet sich gegen den Fortschritt des Gruppenprozesses, meist gegen die unvermeidlichen regressiven Prozesse. Theoretisch können wir dabei dieselben Widerstandsformen unterscheiden wie bei der Einzelanalyse. Bei der Gruppentherapie kommen aber folgende Widerstandsformen dazu:

1. Die Gruppe schiebt einem Mitglied die Rolle des Widerstandes zu: Zum Beispiel: wenn ein Gruppenmitglied auf der Ebene der realen Interaktionen verharrt, während alle übrigen Teilnehmer bereit sind, sich regressiven Prozesses zu überlassen.

2. Die Gruppenmitglieder lassen sich als jeweils einzelne nicht auf den Gruppenprozeß als solchen ein, sondern erwarten vom Leiter vielmehr, nur als jeweils getrennt vom anderen existierendes Individuum gesehen zu werden.

3. Die Teilnehmer der Gruppe lassen sich zu forciert auf den Gruppenprozeß ein, tauchen in diesem gleichsam unter, um regressiven oder progressiven Prozessen, die mit Ängsten verbunden wären, als jeweils einzelne auszuweichen.

4. Die wesentlichen Prozesse der Gruppe finden nicht während der vom Therapeuten anberaumten Sitzungen, sondern außerhalb der Therapie-Zeiten, meistens im Anschluß an die Therapiesitzungen, in einer »Kneipe« statt.

5. Ein einzelnes Gruppenmitglied wehrt sich in spezifischer Weise, sich auf den Gruppenprozeß einzulassen. In einem solchen Fall werden Wiederholungen schlechter Erfahrungen mit Gruppen gefürchtet, was so weit gehen kann, daß jede Gruppe panisch vermieden werden muß.

In dem Maße, wie die einzelnen Gruppenmitglieder Beiträge zur Gruppe leisten, entsteht der *Gruppenprozeß*. Er wird mit jedem Beitrag differenzierter und nimmt, im Querschnitt gesehen, die Form eines Kreises an, in dem die einzelnen Teilnehmer die Segmente bilden, im Längsschnitt betrachtet, die eines Zylinders, der sich mit zunehmendem Ablauf der Zeit, um im Bild zu bleiben, entsprechend verlängert und mit den Veränderungen der einzelnen Teilnehmer, wiederum im Querschnitt betrachtet, seine Struktur laufend verändert.

Die Gesamtstruktur der Gruppe hängt von der Ebene ab, die regressiv aufgesucht und gleichzeitig gemieden wird. Dabei kann die Gruppe schon in den ersten Minuten der ersten Sitzung, vor allem dann, wenn der Leiter schweigt, sehr frühe Stadien der psychischen Entwicklung wiederbeleben, in denen, trieb-psychologisch, in oraler Gier der Leiter unbewußt jeden füttern soll, in der sie sich von ihm, in anal-sadistsicher Position, geschlagen fühlt oder mit dem sie, auf genitaler Stufe, mehr oder weniger verdeckte sexuelle Beziehungen eingehen möchte. Es gibt Gruppen, die eine Entwicklung durchlaufen, die der des Individuums von der Geburt an über prä-ödipale, ödipale und post-ödipale Phasen bis ins Erwachsenenalter gleicht. Andere Gruppen bilden einen u-förmigen Verlauf, der im Erwachsenenalter beginnt – regressiv – über die Adoleszenz zu ödipalen und danach prä-ödipalen Phasen bis zu sehr tiefen Regressionen mit symbiotischen Verschmelzungen voranschreitet, um von dort – progressiv – über dieselben Zwischenstufen wieder zum Erwachsenen-Status aufzusteigen (Kutter 1971). Der Gruppenprozeß ist dabei stets das Ergebnis von vier Variablen, nämlich:
1. der Teilnehmer,
2. des Leiters,
3. der Gruppe als Ganzes (Zahl der Teilnehmer, Sitzordnung) und
4. der vom Leiter angewandten Methode (Kutter, 1980). Insofern gleicht keine Gruppe der anderen. Jede ist einmalig.

Vier Beispiele von Therapie-Gruppen

Die erste Gruppe besteht aus acht Teilnehmern: vier Frauen und vier Männern mittleren Alters, von Beruf Journalistin, Hausfrau, Statiker, Betriebswirt, Ingenieur, Kaufmann, Arbeiterin, Programmiererin. Alle Teilnehmer leiden an *Neurosen*, wie wir sie als klassische Symptomneurosen unter 2.3.2 beschrieben haben. Der individuellen Struktur der Teilnehmer entsprechend entwickelt die Gruppe auch *eine neurotische Struktur*, die gleichermaßen konversions-neurotische, zwangs-neurotische und phobische Züge umfaßt. Damit wäre die oben skizzierte Theorie der Gruppe in der Praxis bestätigt. Umgekehrt wurde natürlich die Theorie aus der Beobachtung praktischer Beispiele, wie dem der gerade vorgestellten Neurotiker-Gruppe, erst konzipiert. Nach Überwindung der Schamgefühle, sich zu exponieren, und der Angst, von anderen verletzt zu werden, belebt die Gruppe im Laufe des Gruppenprozesses typisch ödipale Konstellationen mit sexuellen Konflikten, in denen die Männer die Frauen ebenso zu verführen versuchen wie die Frauen die Männer. Dabei erscheinen die Männer in einer ersten Phase relativ schwach und impotent, vor allem erkennbar an ihrer Angst, aktive Rollen in der Gruppe zu übernehmen, während die Frauen, meist unter Führung der redegewandten Journalistin, die Männer lange Zeit dominieren. Erst nach Bearbeitung der Abwehr der Frauen, sich angstfrei einem Mann hingeben zu können und umgekehrt der Männer, ohne Potenzängste sich einer Frau zu nähern, lösen sich die dazugehörigen Konflikte, gefolgt von entsprechender Symptombesserung.

Eine zweite Gruppe, ebenfalls aus vier Männern und vier Frauen bestehend, fühlt sich von Anfang an auffallend minderwertig; ganz in Übereinstimmung mit der individuellen Persönlichkeitsstruktur der Mehrheit der Teilnehmer, die als *narzistische Persönlichkeitsstörungen* beziehungsweise als Störungen, wie wir sie unter 2.5 und 2.6.A beschrieben haben, eingeordnet werden können. Entsprechend groß ist die Angst vor narzißtischer Kränkung, sowie ein Gruppenmitglied Wünsche anderen gegenüber anmeldet. Schließlich wagt die Gruppe, sich mehrheitlich in den Gruppenprozeß einzulassen, dem Leiter zu vertrauen, gefolgt von dessen zunehmender Idealisierung. Die unvermeidlichen Enttäuschungen an dessen Fähigkeiten, die Gruppe ideal zu versorgen, zu leiten und jeden einzelnen rasch gesund zu machen, rufen reaktiv narzißtische Wut hervor. Dazugehörige Idealisierungswünsche und Enttäuschungen in der Kindheit der einzelnen Teilnehmer sind damit reaktiviert und werden der Bearbeitung zugänglich: Väter werden angeklagt wegen ihres mangelnden Vorbildes. Nachdem es gelungen war, derartige Konflikte in der Beziehung zum Analytiker weitgehend durchzuarbeiten, bessern sich die Symptome der meisten Teilnehmer.

Eine dritte Gruppe mit wesentlich jüngeren Teilnehmern, deren Zusammensetzung wegen mehrerer Therapieabbrüche mit danach hinzugekommenen Mitgliedern wechselt, erweist sich als *besonders tief gestört*: Noch stärker als in dem zweiten Beispiel einer Gruppentherapie soll der Leiter möglichst rasch helfen, gleichsam ein Wunder vollbringen. Tut er dies nicht, was er in der Realität auch gar nicht kann, wird er entweder gezielt angegriffen oder pauschal entwertet. Neben den den Gruppenleiter entwertenden Teilnehmern sind andere, die ihn idealisieren. Damit haben sich zwei Fraktionen entwickelt, die im Prinzip genauso wie in der von Kernberg (1975) beschriebenen *»Borderline-Personality-Organization«*, bezogen auf die Gruppe als Ganzes, zwei Teile unterscheiden lassen, von denen sich der eine Teil nahezu ausschließlich gut und der andere Teil nahezu ausschließlich schlecht fühlt. Mit anderen Worten: die Gruppe ist in zwei Hälften gespalten, die Grenzen zwischen beiden Hälften können jedoch, im Gegensatz zum Konzept der Psychose, lange voneinander getrennt gehalten werden. Es kommt jedoch bei einigen Gruppenmitgliedern mit psychose-nahen Strukturen, ausgelöst durch eine ungewöhnliche Häufung von leiter-bedingten Unterbrechungen des Gruppen-Prozesses, zu chaotischen Phasen mit Verschwimmen der Grenzen zwischen den Teilnehmern, paranoiden Vorstellungen (»da sind Abhörgeräte im Raum versteckt«) sowie, gegen den Leiter gewandt, »Sie werden uns alle verraten«; zusätzlich angeheizt durch die gerade herrschende Terroristenverfolgung. Damit hat die Gruppe die schizoid-paranoide Position wieder besetzt (vgl. 2.6.A). Es gelingt ihr im weiteren Verlauf nicht, zur depressiven Position oder gar ödipalen Konstellation voranzuschreiten. Die Teilnehmer erleben den Leiter vielmehr genauso wie eine kalte, lieblose und die meiste Zeit nicht anwesende Mutter, auf die kein Verlaß ist. Die Teilnehmer dieser dritten Gruppe entsprechen somit mehrheitlich derjenigen modernen Neuroseform, die wir unter 2.5 als Folge gravierender mütterlicher Deprivation geschildert haben. Von einer derart versagenden Mutter, als die der Leiter erlebt wird, kann man sich nur trennen, was sechs Teilnehmer tatsächlich tun, um sich eine Einzeltherapie zu suchen, während zwei Mitglieder dieser dritten Gruppe die schweren, durch den Gruppenprozeß wiederbelebten frühen Defizite in einer Einzeltherapie beim früheren Gruppenleiter nach Aufbau einer verläßlichen Basis-Beziehung im Rahmen eines stabilen Arbeitsbündnisses durcharbeiten und überwinden können. Theoretisch gesehen bezogen sich die Störungen aller Teilnehmer dieser dritten Gruppe auf kritische Entwicklungsphasen der Lösung aus der Dualunion beziehungsweise der Individuations-Separations-Phase im Sinne Mahler, Pine und Bergman (1975). Zu den dazugehörigen prä-ödipalen Konflikten paßten die teilweise sehr psychose-nahen Strukturen einiger Teilnehmer, psychosomatische Symptome (in einem Fall: Colitis ulcerosa) und die Neigung zu delinquentem Verhalten (vgl. 2.2).

In einer *vierten Gruppe*, einer *Ehepaar-Gruppe*, bestehend aus vier Ehepaaren mit meist akademischer Bildung (Lehrer, Ingenieur, Architekt, Kaufmann) und teils psycho-neurotischen, teils psychosomatischen Symptomen (depressive Verstimmungen, Angstzustände, Potenzstörungen beziehungsweise Orgasmusschwierigkeiten oder Schlafstörungen, Kreislaufstörungen, Herzbeschwerden und Neigung zu Asthma bronchiale), entwickelte sich ein zunehmender Kampf zwischen Männern und Frauen. Von der ersten Sitzung an wird deutlich, wie sich die Paare gegenseitig zerstören, zerfleischen, einander auffressen. Die Phase der gegenseitigen Zerstörung wurde erst duch eine neue Phase mit intensiven Wünschen, den Gruppenleiter zu zerstören, abgelöst, nachdem die sich zunächst nur als Paare definierenden Teilnehmer sich zunehmend als Individuen dem Gruppenprozeß überlassen konnten. Jetzt entwickelte sich eine sowohl von einzelnen Teilnehmern wie von der Gruppe als

Ganzes ausgehende destruktive Übertragungsbeziehung mit dem Leiter, gefolgt von einer ebenso sichtbaren wie spürbaren Beruhigung der Paar-Beziehungen. Im weiteren Verlauf des Gruppenprozesses konnten die individuellen Konflikte der Teilnehmer eine ähnliche, teils psycho-neurotische, teils psycho-somatische Struktur der Gruppe bilden, wie wir es oben bei den drei kasuistischen Beispielen einer gemischt zusammengesetzten Gruppe geschildert haben: Intensive Liebesgefühle waren von massiven destruktiven Tendenzen durchsetzt. Verschmelzungswünsche folgten ausgeprägten Abgrenzungs-Bemühungen und umgekehrt. Ein geordneter Prozeß mit Phaseneinteilung wie unter 3.1 beschrieben stellte sich nicht ein. Es bestanden immer mehr oder weniger gleichzeitig sowohl psycho-neurotische als auch narzißtische und Boderline-Merkmale. Als roter Faden ließ sich allenfalls die eingangs beschriebene sado-masochistische Konstellation, die anfangs zwischen den einzelnen Paaren bestand, in der Gruppe verfolgen. Dabei waren typische »Kollusions-Muster« (Willi, 1975, 1978) zu beobachten, von denen die Beziehung, in der der eine Partner den anderen in Besitz nimmt und von sich abhängig macht, um ihn auszubeuten, am deutlichsten erkennbar war, und zwar, wie nicht anders zu erwarten, von seiten der Männer gegenüber den Frauen. Um voranzukommen, mußten die Teilnehmer ihre entsprechenden Anteile zunehmend unter Überwindung von Widerständen wahrnehmen, wobei es den Männern leichter fiel, ihre Besitz- und Unterdrückungs-Wünsche gegenüber den Frauen zu überwinden als den Frauen, die stärker unbewußten Abhängigkeits- und Unterwerfungswünsche durch zunehmende Verselbständigung zu ersetzen.

Abschließend wollen wir als Nachtrag zum Kapitel Theorie der Gruppe als spezifische Besonderheit der Ehepaar-Gruppe festhalten, daß die Probleme der Paare nur dann gelöst werden können, wenn sich die damit zusammenhängenden gestörten Beziehungsmuster zwischen Gruppe und Leiter via Übertragung und Gegenübertragung wiederholen. Sie können dort wegen der Konstante des Leiters viel besser durchgearbeitet werden als innerhalb einer Konstellation, in der beide Partner massiv involviert sind und ständig gleichzeitig agieren und re-agieren.

3. Variationen der Gruppen-Therapie

Die Methode der Gruppenanalyse läßt sich ebenso wie die klassische Einzelanalyse des Standard-Verfahrens methodisch variieren: Über eine

Kurzform wird nur ein gemeinsamer zentraler Konflikt bearbeitet; etwa bei einer ausschließlich aus Patienten mit klassischen Neurosen zusammengesetzten Gruppe der ödipale Konflikt oder, bei mehrheitlich in der Separations-Individuations-Phase gestörten Teilnehmern, die Problematik der Lösung aus der Dualunion. Eine derartige Kurzform der Gruppen-Therapie eignet sich für studentische Teilnehmer, die sich ausnahmslos in den verschiedenen Stadien der Adoleszenz, überwiegend der Spät-Adoleszenz, befinden (Blos, 1973). Typisch hierfür sind die schon genannten (vgl. 3.1) Phasen von Protest, Schuldgefühl und Wiedergutmachungs-Tendenzen und häufigem Schwanken zwischen Auflehnung und Unterwerfung. Als weiterer Fokus läßt sich im Sinne einer Kurz-Therapie wie in der Einzeltherapie auch in der Gruppe die Identitätsthematik formulieren, sowie die Tatsache des unausweichlichen Endes der Gruppe. Als gruppenspezifische Besonderheit muß in jeder Gruppe der Fokus durchgearbeitet werden, daß jedes Gruppenmitglied den Leiter zwar für sich alleine haben möchte, gleichzeitig aber wegen der Anwesenheit anderer Gruppenmitglieder ihn mit diesen teilen muß.
Der Vollständigkeit halber können wir in Analogie zur Einzeltherapie (vgl. 1.4) auch eine

vereinfachte Gruppenanalyse

unterscheiden, bei der alle Fokalkonflikte der Gruppe weniger gründlich bearbeitet werden als in der klassischen Gruppenanalyse sowie eine

konzentrierte Gruppenpsychotherapie,

in deren Verlauf es, analog der konzentrierten Psychotherapie des einzelnen einem erfahrenen Gruppenleiter gelingen kann, – vorausgesetzt, die Teilnehmer der Gruppe sind hierzu ihrerseits in der Lage –, alle relevanten Konflikte unter erhöhter individueller und Gruppen-Belastung gleichermaßen intensiv und differenziert durchzuarbeiten, so daß dasselbe Ergebnis wie bei einer langfristigen Gruppenanalyse in wesentlich kürzerer Zeit erreicht wird. Eine

klassische Gruppenanalyse
dauert übrigens bei einer Sitzung pro Woche genauso lang wie eine Einzelanalyse, also drei bis vier Jahre. Derselbe Prozeß kann bei zwei Sitzungen pro Woche eineinhalb bis zwei Jahre dauern bei circa 120–160 Sitzungen. Bei Beschränkung des Therapieziels auf nur einen zentralen Konflikt im Sinne einer Kurzform der Gruppenpsychotherapie würde nur die Hälfte dieser Zeit benötigt; desgleichen bei der überdurchschnittlichen Einsatz aller Beteiligten fordernden konzentrierten Gruppenpsychotherapie.

4. Anwendungen der Gruppentherapie

1. Selbsterfahrungsgruppen

Der Unterschied zwischen Therapie- und Selbsterfahrungsgruppe besteht schlicht darin, daß die Teilnehmer der letzteren primär nicht wegen psychischer Störungen, krankhafter Symptome oder aus anderen medizinischen Gründen an einer Gruppe teilnehmen. Sie sind vielmehr ausschließlich, wie der Name sagt, an Selbsterfahrung interessiert. Sie möchten sich selber besser kennenlernen, ihre Selbst- und Fremd-Wahrnehmung erweitern, ihre Sensibilität für zwischenmenschliche Prozesse verfeinern und sich darüber hinaus über die realen Begegnungen mit anderen Menschen in der Gruppe persönlich bereichern. Dabei stellen sich im Laufe des Gruppenprozesses bei manchem Teilnehmer durchaus auch neurotische, zuweilen auch psycho-somatische oder andere Symptome heraus, die die Teilnehmer nur wegen fehlenden Leidensdrucks nicht registriert oder im Sinne einer Charakter-Neurose ich-synton verarbeitet hatten. Übertragung, Widerstand und Prozeß unterscheiden sich im übrigen in nichts von der Therapie-Gruppe (vgl. 3.1).

2. Balint-Gruppen-Arbeit mit Psychologiestudenten

Michael Balints erfolgreiche Arbeit in der Weiterbildung von Ärzten mit dem Ziel, diesen ein besseres Verstehen von Menschen zu ermöglichen, wurde bald auch bei Angehörigen anderer sozialer Berufe, wie bei Sozialarbeitern (E. Balint, 1959/60) und Pfarrern (H. Argelander, 1973) angewandt. Allen diesen Bemühungen ist gemeinsam, wie dies Balint (1957) meisterhaft lehrte, eine immer bessere Fertigkeit zu entwikkeln, um in einer berufsmäßigen zwischenmenschlichen Beziehung die »Angebote« des anderen über die eigene gefühlsmäßige Reaktion zu verstehen und für die Diagnose zu nutzen. Aufgabe des Leiters einer Balint-Gruppe war es dabei, eine Atmosphäre zu schaffen, die es den Teilnehmern ermöglichte, ihre Ängste und Unsicherheiten im Umgang mit anderen Menschen nach und nach zu überwinden. Über diesen Abbau von Ängsten und von eigenen Widerständen konnte sich der Umfang der Möglichkeiten, den jeweils anderen zu verstehen, zunehmend erweitern.

Das *bewußte Ziel* der Balint-Gruppe ist das Erfassen der Beziehung zwischen dem Berichterstatter und dessen Klienten, auf das sich Teilnehmer und Leiter einstellen. Dabei zeigt sich dann regelmäßig, daß sich, über die Art des Berichtes und über die Art der Reaktionen bei den Teilnehmern, mit Hilfe der Interpretationen des Leiters auch eine dem Berichterstatter bislang *unbewußte* Beziehung in der Gruppe abbildet. Über eine Art »Prisma-Effekt« (Loch, 1964) kommt es zu einer Wider-Spiegelung der Beziehung und ihrer Probleme in der Gruppe. Einige Teilnehmer identifizieren sich mit dem Berichterstatter, während sich andere mit dem Fall, über den berichtet wird, identifizieren. Wieder andere reagieren auf diese Identifizierungen so, daß die spezifische Art der Beziehung, über die berichtet wird, schließlich im Hier und Jetzt der Gruppe unmittelbar für alle Beteiligten erlebbar wird.

Der Berichterstatter ist in diesen Prozeß natürlich am stärksten involviert. Er reagiert am intensivsten auf die Angebote seines Klienten, ohne zunächst zu wissen, inwieweit diese Reaktionen Gegenübertragungsgefühle sind oder, unabhängig vom Klienten, aus eigenen Konflikten stammen. Die spontanen und frei assoziativen Äußerungen der Gruppenmitglieder helfen ihm dann aber, unterstützt durch die Interventionen des Leiters, beide Seiten der Beziehung, die Angebote des anderen wie die eigene gefühlsmäßige Reaktion, unter zunehmender Überwindung eigener Ängste und Widerstände, zunehmend wahrzunehmen und zu erkennen. Eigene blinde Flecke und Wahrnehmungslücken werden dabei zwangsläufig berührt. Sie werden in aller Regel *nicht direkt* angesprochen. Dies würde die Ängste und Widerstände des berichtenden Kollegen nur erhöhen. Dies wäre zum Beispiel dann der Fall, würde man die latenten homosexuellen Tendenzen eines Berichterstatters in der Beziehung zu einem Klienten direkt deuten. Unterläßt man dies, so hat der betreffende Kollege *indirekt* die Chance, über den durch Bericht und Reaktionen der Teilnehmer in ihm ausgelösten inneren Prozeß diese ihm zunächst unbewußte Dimension der Beziehung nach und nach wahrzunehmen und in seine bewußte Persönlichkeit zu integrieren.

Über Balint-Gruppen-Arbeit mit *Studenten* liegen noch wenig Untersuchungen vor; wenn, dann über solche mit Medizin-Studenten (Luban-Plozza, 1977). Ich selber sammelte erste Efahrungen im Umgang mit Studenten der Sozialarbeit und Sozialpädagogik (1974). Inzwischen konnte ich diese Erfahrungen mit Studenten der Psychologie seit 1976 an der Universität Frankfurt erweitern: Psychologiestudenten arbeiten während ihres Praktikums in den Semesterferien oder kontinuierlich studienbegleitend mit Klienten verschiedenster Art: verhaltensgestörten Kindern und Jugendlichen, entlassenen Psychiatrie-Patienten, Drogenabhängigen, entlassenen Strafgefangenen und Obdachlosen. Man kann ganz allgemein sagen, daß *die Fälle*, mit denen Studenten arbeiten, fast durchweg *schwer gestörte* Menschen sind; Menschen, wie sie in der psychotherapeutischen Praxis in der Regel nicht anzutreffen sind. Zu der Besonderheit, daß die Teilnehmer der Balint-Gruppen hier *Studenten der Psychologie* sind, kommt also eine zweite Besonderheit, nämlich die, daß es sich bei den berichteten Fällen in der Regel um sehr schwer gestörte Menschen handelt. Die dritte Besonderheit ist die, daß die Balint-Gruppen-Arbeit *innerhalb der Institution Universität* stattfindet.

Diese drei Besonderheiten führen selbstverständlich zu Implikationen hinsichtlich der *Methode*, die der Balint-Gruppen-Leiter anwendet. Soll er mehr wie Argelander (1973) eine »aktive« Technik anwenden und die Gruppe stark strukturieren, oder soll er, mehr Balint (1957) folgend, eine eher »passive« Technik anwenden, die geeignete Atmosphäre schaffen und selbst in der Gruppe gleichsam »untertauchen«? Meiner Meinung nach ist in der Initialphase eine mehr aktive Technik notwendig, um den Studenten zu zeigen, wie sie die unbewußten Angebote des Klienten zunehmend wahrnehmen, und wie sie besser damit umgehen können. Diese Art des Vorgehens ist auch deswegen notwendig, damit die *Rahmenbedingungen*, unter denen die Balint-Gruppen-Arbeit stattfindet, ebenso geklärt werden können wie die jeweilige *Arbeitssituation* der betreffenden Studenten. Dazu gehört selbstverständlich auch die Erörterung der Vereinbarung über Ziele und Methode: bezogen sowohl auf das Hier und Jetzt der Balint-Gruppen-Arbeit als auch das Dort und Dann der praktischen Arbeit mit dem Klienten.

Für den erfolgreichen Umgang mit Studenten ist es wichtig zu wissen, daß diese, im Gegensatz zu praktizierenden

Ärzten mit abgeschlossener Berufsbildung, selbst in einem intensiven persönlichen Entwicklungsprozeß stehen, der häufig die Merkmale einer *verzögerten* Adoleszenz aufweist, und durch *phasenspezifische individuelle Abwehrmechanismen* wie Agieren, Projizieren und Intellektualisieren gekennzeichnet ist. Dazu kommt die Besonderheit, daß Studenten sich häufig in Gruppen zusammenschließen, in denen der einzelne Student sich fast nur als *Teil der Gruppe* fühlt und nicht als einzelner auf sich selbst gestellt erlebt. Diese spezifischen Umstände, bei denen der einzelne Student Teil einer Gruppe ist, führen häufig zu einer Art *»phasenspezifischen Gruppen-Abwehr«* gegenüber der eigentlichen Aufgabe, nämlich der individuell ausgerichteten Beziehungsdiagnostik.

Eine weitere Besonderheit einer Balint-Gruppen-Arbeit mit Studenten ist die, daß ein relativ hoher Prozentsatz von psychisch gestörten Studenten mit latenten Therapiewünschen in solche Gruppen kommt. Die schwer gestörten Fälle und die ebenfalls psychisch gestörten Studenten bilden dann zusammen sehr schwierige, komplizierte Beziehungsmuster, zuweilen von der Art einer »folie à deux«; zum Beispiel wenn sich eine Studentin wie eine Tochter mit einer ihrerseits ihre Tochter nicht freigebenden Mutter unbewußt symbiotisch zusammenschließt. In einem anderen Fall trifft sich ein unbewußt latent homosexueller Student mit einem ebenso latent homosexuellen Klienten. *Die eigenen psychischen Schwierigkeiten* sind dabei der Grund für die auffallende Affinität gegenüber schwer gestörten Füllen. Die Studenten tun dann unbewußt mit diesen Fällen das, was sie wünschen, daß man ihnen tun möge. Dabei geht es vor allem darum, nicht im Stich gelassen zu werden, real Unterstützung zu erfahren, nicht fallengelassen zu werden, beziehungsweise schlicht darum: *Liebe zu erfahren.* Ich habe darüber hinaus die Tatsache, daß Studenten auffallend häufig Fälle auswählen, die von den offiziellen Institutionen nicht adäquat versorgt werden konnten, als einen *Vorwurf* gegenüber diesen Institutionen verstanden. Die Studenten drücken in ihrem Verhalten gleichsam einen Protest aus dagegen, wie die Gesellschaft bestimmte Gruppen wie Straffällige, Obdachlose, aus psychiatrischen Kliniken Entlassene oder überhaupt unversorgt Gebliebene vernachlässigt.

Der Balint-Gruppen-Leiter muß dem Protestverhalten der

Studenten Verständnis entgegenbringen. Er muß darüber hinaus die oben genannten *individuellen* wie *gruppenspezifischen* Characteristica der besonderen Altersgruppe der Studenten kennen und angemessen berücksichtigen. Tut er dies, dann wird er merken, daß sich in der Balint-Gruppen-Arbeit mit Studenten nicht nur die berichteten Probleme des Falles in der Gruppe widerspiegeln, sondern, schon erkennbar an der Auswahl der Fälle, *auch umgekehrt, die eigenen Probleme* des berichtenden Studenten. Dazu kommen die den Teilnehmern unbewußten *Binnen-Probleme der Gruppe*, die sich ebenfalls in der Auswahl der Fälle abbilden.

Eine solche Balint-Gruppe mit Studenten hat dann geradezu *Merkmale einer Selbsterfahrungs-Gruppe.* Wir konnten dies mit Hilfe eines speziellen Fragebogens, des sogenannten »Stuttgarter Bogens« (Ermann, 1983), empirisch belegen. Nach unseren Erfahrungen hat es sich dabei als günstig erwiesen, der Gruppe und jedem einzelnen Mitglied Gelegenheit zu geben, indirekt über die berichteten Fälle *die eigenen unbewußten Bedürfnisse*, selbst besser verstanden zu werden, zu artikulieren. Diese Technik läuft auf eine Art latente, *indirekte* Selbsterfahrungs-Gruppen-Arbeit hinaus: mit anderen Worten: der Balint-Gruppen-Leiter läßt es zu, daß die Gruppe indirekt eine Art *»Gruppen-Psychotherapie-Phase«* durchmacht, ehe sie mit der eigentlichen fall-bezogenen Arbeit beginnt. Dies scheint in der Balint-Gruppen-Arbeit mit Psychologie-Studenten geradezu eine unerläßliche Voraussetzung für eine spätere produktive, fall-bezogene Arbeit zu sein. Wahrscheinlich trifft das auch für Studenten anderer Fachgebiete zu, soweit sie einen Beruf anstreben, bei dem es um soziale Beziehungen geht (Medizin, Pädagogik, Sozialarbeit, Soziologie). Wir halten es daher – zumindest in der Balint-Gruppen-Arbeit mit Studenten – für vorteilhaft, wenn der Balint-Gruppen-Leiter *auch Erfahrungen mit Therapie-Gruppen* hat. Er kann dann die unbewußten Angebote der Balint-Gruppen-Mitglieder ihm gegenüber so verstehen, wie die Übertragungen von Mitgliedern einer Therapie-Gruppe. Im Gegensatz zu diesen interpretiert er aber diese Angebote nicht direkt, sondern bezieht sie immer nur indirekt auf den zur Diskussion stehenden Fall. Der berichtende Student hat dann um so besser die Gelegenheit, indirekt über die Einfälle der Gruppenmitglieder und über die Interpretationen des

Leiters seine eigenen Konflikte wahrzunehmen und darüber hinaus ein Stückweit einer Lösung zuzuführen.

Es ist übrigens günstig für den Balint-Gruppen-Leiter, wenn er *nach* der Balint-Gruppen-Sitzung die abgelaufenen Prozesse mit einer *Beobachtergruppe*, die diese Prozesse hinter dem Einweg-Spiegel mitverfolgt hat, besprechen kann. Dabei sind folgende unbewußte Beziehungsebenen zu unterscheiden:

1. die unbewußte Beziehung zwischen dem berichtenden Studenten und seinem Klienten,

2. die unbewußten Angebote der Gruppe gegenüber dem Gruppen-Leiter und

3. das unbewußte Angebot des einzelnen berichtenden Studenten gegenüber dem Gruppenleiter. Während der Gruppenleiter in der Balint-Gruppen-Situation in erster Linie die unbewußte Dimension der Beziehung zwischen Berichterstatter und Klient im Auge hat, können die *Beobachter* auch den Gruppenprozeß als solchen einschließlich der Übertragung der Gruppe auf den Leiter, sowie die individuelle Problematik des berichtenden Studenten gezielt wahrnehmen. Mit diesen zusätzlichen Informationen versehen ist der Leiter einer Balint-Gruppe mit Studenten viel besser in der Lage, den Gruppenmitgliedern nicht nur bei der Lösung ihrer Probleme im Umgang mit schweren Fällen, sondern auch bei der Lösung eigener individueller Konflikte wirkungsvoll zu helfen.

3. Gruppenpsychoanalyse und nachfolgende Einzeltherapie – ein Zwei-Phasen-Modell analytischer Psychotherapie

Eine Gruppe ermöglicht als kommunikationssteigerndes Medium eine oft so intensive Affektivität und eine solche Fülle emotionaler Erlebnisse, daß diese unmöglich alle zum Gegenstand der Analyse werden können. Die Schnelligkeit der ablaufenden Prozesse, deren Kompliziertheit durch die vielschichtigen Überschneidungen der jeweils individuellen Konflikte der Teilnehmer und die Tatsache der Anwesenheit mehrerer Personen zur selben Zeit erlauben es praktisch nicht, die ebenso bei den einzelnen wie in der Gruppe insgesamt re-aktivierten Konflikte in ihren verschiedenen Facetten zu erkennen und im Nachhinein zu lösen. Während sich in einer Untergruppe bereits eine dramatische Szene zwischen einzelnen Teilnehmern der Gruppe ausbildet, beginnt an einer anderen Stelle eine andere Szene Gestalt anzunehmen, in die wieder andere Teilnehmer involviert sind. Wird eine der Szenen bearbeitet, bleibt die andere unbearbeitet. Somit entsteht im Laufe des Gruppenprozesses bei einer Fülle von Erfahrungen leicht ein Defizit an Einsicht.

Im Laufe einer Einzeltherapie im Anschluß an die Gruppentherapie kann dieses Einsichts-Defizit ausgeglichen werden. Jetzt besteht im Rahmen einer Zwei-Personen-Beziehung die Gelegenheit, die in der Gruppe erlebten vielfältigen Erfahrungen in Ruhe von den verschiedensten Seiten her zu beleuchten und durchzuarbeiten. Wiederholen sich Anteile der in der Gruppe gemachten Erfahrungen im Hier und Jetzt der Beziehung zwischen Patient und Therapeut, dann wirkt die Parallelität der während der ersten Phase der Gruppentherapie erlebten Interaktionen mit der unmittelbar in der Beziehung zum Therapeuten erfahrenen Beziehung *und* der wieder erinnerten infantilen Beziehungs-Muster besonders einsichtsfördernd.

Das genannte Zwei-Phasen-Modell mit einer ersten erlebnis-zentrierten Phase einer Gruppentherapie und einer zweiten einsicht-orientierten Einzel-Psychotherapie hat sich mir in mehreren Fällen praktisch bewährt. Es wird daher zur Nachahmung empfohlen.

5. Einsicht und korrigierende emotionale Erfahrung – zwei kurative Elemente analytischer Gruppentherapie

Die Deutung des Gruppenleiters soll in Übereinstimmung mit Ezriel (1952) sowohl die gewünschte als auch die gefürchtete und vermiedene Dimension einer pathogenen Objektbeziehung im Hier und Jetzt der Gruppe einschließen. Zuvor muß sich das pathogene Objektbeziehungs-Muster natürlich mit der nötigen Intensität zwischen dem betreffenden Gruppenmitglied einerseits und dem Leiter und anderen Gruppenmitgliedern andererseits re-aktiviert haben. Stimmt die Deutung, führt sie zur Einsicht, gefolgt von verändertem Verhalten. In Wirklichkeit verlaufen die zur Einsicht führenden Prozesse indessen komplizierter ab:

Wie unter 1.1 ausgeführt, entwickelt sich auch in der Gruppentherapie *zuerst* via Wiederholungszwang das pathogene Objektbeziehungs-Muster, auf das der Leiter in seiner Gegenübertragung – in horizontaler Dimension –, teils in konkordanter Identifizierung mit dem Patienten, teils in komplementärer Identifizierung mit dessen Bezugsperson, reagiert. Distanziert er sich *dann* aus professioneller Kompetenz (vgl. 1.2) von diesem Interaktionsmuster, kann er – in vertikaler Dimension, unter Nutzung seiner Gegenübertragung und der ihm zur Verfügung stehenden professionellen Erfahrung einschließlich der psychoanalytischen Theorie –, die Art der reaktivierten Interaktion nach Form, Inhalt und begleitenden Affekten und zeitlich auf die reaktivierte Entwicklungsphase bezogen, annäherungsweise bestimmen.

Deutet er *in einem dritten Schritt* seine Einsicht in Form einer Interpretation, dann haben die in die pathologische Szene involvierten Gruppenteilnehmer die Möglichkeit, ihrerseits Distanz zum aktuellen Geschehen zu gewinnen, sich daraus zu lösen und zur Einsicht zu gelangen.

Damit wird die reaktivierte Interaktions-Gestalt gleichsam durch die Einsicht ersetzt und löst sich auf. Jetzt ist in einem weiteren Schritt der Veränderung genau wie in der Einzeltherapie (vgl. 1.1) die Chance des Neubeginns gegeben. Sie besteht unter Rückgriff auf ein Konzept von Alexander und French (1946) in nichts anderem als der in Psychoanalytiker-

Kreisen vielfach geschmähten »korrigierenden emotionalen Erfahrung«.

Eine derartige neue Erfahrung kann aber nur dann gemacht werden, wenn der Patient über die Interpretationen des Leiters oder auch durch Interpretationen anderer Gruppenmitglieder *Einsicht* in die sich ständig wiederholenden Interaktionsmuster gewonnen hat. Im Gegensatz dazu glaubt Foulkes (1982, S. 21), daß »Einsicht ... eine Änderung ... bereits voraussetzt«, womit die korrigierende emotionale Erfahrung Vorrang vor der Deutung hätte; ein Standpunkt, den ich bei aller Wertschätzung der realen Beziehung zwischen Patient und Therapeut ebensowenig für die Situation der Gruppe akzeptieren kann, wie in der Psychoanalyse des einzelnen, deren bewährtes Instrument gerade die Deutung darstellt: Wir unterscheiden somit folgende, zeitlich nacheinander ablaufenden Einzelschritte von der Wiederinszenierung der ungelöst gebliebenen Konflikte bis zur Einsicht in die korrigierende emotionale Erfahrung:

1. Der Gruppenleiter stimmt sich auf die in der Gruppe vorherrschenden unbewußten Prozesse ein, identifiziert sich wechselseitig mit dem einen oder anderen Gruppenmitglied und mit der Gruppe insgesamt, nimmt sich dann aber – in horizontaler Dimension – wieder aus der Beziehung heraus, um nun – in vertikaler Dimension – auf der Grundlage seiner Erfahrungen und auf dem Hintergrund der psychoanalytischen Theorie herauszufinden, welche unbewußten Prozesse sich in der Gruppe in der Beziehung zu ihm und zwischen den Teilnehmern untereinander wiederinszeniert haben (vgl. 1.1).

2. Kommt der Gruppenleiter dergestalt zur Einsicht in das unbewußte Geschehen des Gruppenprozesses, teilt er dies in Form einer Deutung der Gruppe mit.

3. Jetzt können die Teilnehmer ihrerseits, in dem Maße als ihnen die Deutung des Gruppenleiters sinnvoll erscheint, zur Einsicht gelangen.

4. Damit werden die zuvor wiederinszenierten Prozesse unterbrochen. Die sich darin abbildenden Übertragungen lösen sich auf. Nun können neue Beziehungen an Stelle der überkommenen Beziehungsmuster treten. Damit ereignet sich

das, was Alexander und French (1946) eine korrigierende emotionale Erfahrung nennen. Sie wäre hiermit allerdings in ihrem zeitlichen Zustandekommen anders abgeleitet, nämlich als Folge von Einsicht in eine Übertragung.

Wir können somit *zwei Formen von Einsicht* unterscheiden, die zeitlich aufeinander folgen, nämlich:

1. eine *Einsicht erster Ordnung*, die der Deutung des Gruppenleiters folgt und der korrigierenden emotionalen Erfahrung vorausgeht, sowie

2. eine *Einsicht zweiter Ordnung*, die *nach* der korrigierenden emotionalen Erfahrung einsetzt.

Dabei entspricht die Einsicht zweiter Ordnung in der zeitlichen Abfolge der Einsichtgewinnung dem letzten, nämlich

5. Schritt, der Einsicht in die emotionale Erfahrung.

Übrigens scheint, meiner Erfahrung nach, die Einsicht erster Ordnung in der Psychotherapie der klassischen Neurosen (vgl. 2.3) auszureichen, während bei den heute so häufigen strukturellen Ich-Störungen (Boderline-Fälle, narzißtische Persönlichkeitsstörungen, psychosomatische Erkrankungen) die Einsicht zweiter Ordnung im Anschluß an die korrigierende emotionale Erfahrung einen wichtigen und notwendigen zusätzlichen Heilfaktor darstellt.

4. Kapitel: Beiträge der Psychoanalyse zu gesellschaftlichen Fragen

Seit Freud versteht sich Psychoanalyse nicht nur als klinische Methode zur Behandlung psychischen Leids, sondern auch als Kulturtheorie. *Auf viele an gesellschaftlichen, sozialen und politischen Fragen Interessierte übt Psychoanalyse als Gesellschaftstheorie eine große Anziehungskraft aus, erlaubt ihre Methode in der Anwendung auf gesellschaftliche Gegenstände doch allein soziologisch oder politologisch schwer zugängliche Einsichten in kollektive Prozesse von Krieg und Frieden, Antisemitismus, Faschismus, Ethnozentrismus, Vorurteile; sowie über das Leben des einzelnen in Gesellschaft vieler anderer.*

Während die zweifelhafte Liaison zwischen Psychoanalyse und Marxismus in den Zwanziger Jahren und während der Studentenrevolte nach 1968 zwar manche revolutionäre Hoffnung nährte, die sich freilich als Utopien entpuppten, gibt es ernsthafte Versuche, Psychoanalyse auf gesellschaftliche Probleme anzuwenden: So bewährt sich ihre Entwicklungstheorie in Erziehung und Sozialisation, ihre Konflikttheorie in Familiendynamik und -therapie, ihre Methode in Sozialarbeit und Sozialpädagogik, in Medizin und Psychologie. Ob dies auch für Politik und Kunst zutrifft, ist noch offen. Die schwierige Frage empirischer Überprüfung soll uns indessen nicht abhalten, auf der Grundlage praktischer Erfahrung im Umgang mit einzelnen und Gruppen, auf dem Hintergrund psychoanalytischer Theorie, ermutigt von Vorbildern wie Mitscherlich und Richter, einige Thesen zu Erziehung, Familie, Sozialarbeit, Institution, ja sogar zu Politik und Kunst aufzustellen, deren Einsichtigkeit zu prüfen dem kritischen Leser überlassen bleibt. Hier gilt somit der provokative Titel des Buches »Psychoanalyse in der Bewährung« ohne jede Einschränkung.

1. Probleme

Psychoanalyse wurde von Anfang an nicht nur auf neurotisch gestörte Menschen angewandt, sondern auch auf andere Gegenstände: Freud schrieb über Leonardo da Vinci, über Jensens »Gradiva«, über Märchen, über Religion und Kultur. Die Frage ist, ob sich Psychoanalyse in der Anwendung auf andere, nicht-klinische Gegenstände, ebenso bewährt wie im therapeutischen Bereich. Übertragen wir nämlich psychoanalytische Erfahrungen aus der Zweier-Situation des analytischen Prozesses auf Prozesse, die mehr Menschen umfassen, dann besteht die Gefahr, daß wir zu Fehlschlüssen gelangen. Die Methode muß immer dem Untersuchungs-Gegenstand angemessen sein.

Unter dieser strengen Perspektive definiert sich Psychoanalyse im engeren Sinne als *ein therapeutisches Verfahren*, das sich in der Anwendung auf zahlreiche psychische Störungen, insbesondere Neurosen, wie wir im ersten und zweiten Teil dieses Buches gesehen haben, durchaus bewährt hat. Bei Beachtung der damit verbundenen methodologischen Schwierigkeiten gilt dies auch in der Anwendung der Psychoanalyse auf eine kleine Gruppe von bis zu zehn Personen. Aber schon bei derartigen kleinen Gruppen spielen andere Gesetzmäßigkeiten eine zusätzliche Rolle, die Gegenstand der Soziologie sind. Dies trifft um so mehr für Phänomene zu wie Erziehung, Familie, Sozialarbeit und Politik; alles Phänomene, die mit Methoden, die dem jeweiligen Gegenstand angemessen sein müssen, untersucht werden können. Während sich also Psychoanalyse als therapeutische Methode mit der Therapie des einzelnen und allenfalls kleiner Gruppen befaßt, ist es in konsequenter Abgrenzung Sache einer Gesellschaftstheorie, sich ein Bild über gesellschaftliche Prozesse zu machen, einer Religionstheorie, religiöse Prozesse zu erklären und einer Theorie der Sozialarbeit, die diesbezüglichen Interaktionen zu beschreiben.

Gleichzeitig wird *Psychoanalyse* aber selbst als *Gesellschaftstheorie* verstanden, als eine Wissenschaft, deren Fragen nicht beim einzelnen aufhören, sondern auch dessen gesellschaftliches Leben umfassen. Im Grunde ging es in der Psychoanalyse immer schon um die Beziehung zwischen Menschen. Beziehung ist der eigentliche Gegenstand der

Psychoanalyse. Warum soll Psychoanalyse dann nicht auch die Beziehungen in größeren Gruppen oder gar die Prozesse einer ganzen Gesellschaft untersuchen? Kühne, gesellschaftskritisch engagierte Analytiker haben dies ebenso wie psychoanalytisch interessierte Gesellschaftswissenschaftler immer getan. Ich nenne nur die Namen Adorno, Brückner, Caruso, Dahmer, Fromm, Lorenzer, Malinowski, Mitscherlich, Mitscherlich-Nielsen, Parin, Reik und Waelder.

Mögen auch die damit verbundenen methodologischen Probleme noch ungelöst sein, so ist es trotz der Einwände empirischer Sozialwissenschaftler gelungen, bestimmte Aspekte gesellschaftlicher Phänomene auf den Begriff zu bringen. In diesem Zusammenhang sind zu nennen: Die Neurose fördernde Unterdrückung sexueller Wünsche durch allzu rigide Erziehungsmaßnahmen, die vaterlose Gesellschaft, die Unfähigkeit des deutschen Volkes, über die Ereignisse des Nationalsozialismus zu trauern, die Vorurteile gegenüber Fremden und die zweifachen Versuche, Psychoanalyse mit Marxismus zu verbinden (während der zwanziger Jahre und während der Studentenbewegung nach 1968).

Ich selber habe ebenfalls versucht, obwohl ich mich in meinem Selbstverständnis als Arzt und klinischer Psychoanalytiker verstehe, Psychoanalyse auf gesellschaftliche Gegenstände anzuwenden. Auszüge daraus sollen im Folgenden zur Diskussion gestellt werden.

2. Erziehung – ein Beitrag der Psychoanalyse zur Pädagogik

In der Erziehung oder, wie wir heute lieber sagen, während der Sozialisation, gehen Eltern und Kind eine enge Beziehung ein, die mit der Beziehung zwischen Analytiker und Analysand vieles gemein hat. Hier müssen Eltern, genauso wie der Analytiker bei seinem Analysanden, versuchen, die Bedürfnisse des Kindes zu erraten und zu verstehen, auf das Kind zu reagieren, auf das Kind zu hören, um sehen zu lernen, was in ihm vorgeht (vgl. 1.1). Die Methode der Erziehung ähnelt insofern der psychoanalytischen Methode. Das Arbeitsbündnis würde im Idealfall einem Erziehungs-Bündnis oder moderner: einem Sozialisations-Bündnis entsprechen, in dem der eine Partner den andern anerkennt und respektiert. Genauso wie in der psychoanalytischen Therapie müßte dann als weitere Voraussetzung ein basales wechselseitiges Vertrauen geschaffen werden, damit Erziehung oder Sozialisation fruchtbar werden kann. Nur die Übertragungs- und Gegenübertragungs-Ebene würde von seiten des Kindes gegenüber den Eltern fehlen, da ja das Kind die Eltern zum erstenmal erlebt. Im Gegensatz dazu kommen von seiten der Eltern Übertragungen auf das Kind sehr häufig vor; wenn ein Kind etwa seine Mutter an den enttäuschenden früheren Ehemann erinnert. Ein Kind kann aber auch, wie Richter (1963) gezeigt hat, einem Vater oder einer Mutter den Partner ersetzen, ja darüber hinaus wie die eigene Mutter oder der eigene Vater erlebt werden. Werden Kinder, ohne daß dies den Eltern bewußt zu sein braucht, beauftragt, unerfüllt Wünsche der Eltern auszuleben, oder wird an sie gar die Aufgabe delegiert, etwa die Ehe der Eltern zusammenzuhalten, dann wird das Erziehungs-Bündnis unweigerlich empfindlich gestört, und die Entwicklung des Kindes behindert. Es kommt also darauf an, für jedes Kind eine

möglichst optimale Ausgangssituation

zu schaffen. Dazu gehören folgende Voraussetzungen:

a) Auf seiten der *Mutter*: zunächst sollte ihre ökonomische Ausgangssituation soweit abgesichert sein, daß sie keine existentiellen Sorgen hat. Dann sollte sie psychisch in der Lage sein, sich vorurteilslos auf ihr Kind einzustellen und eine von

Übertragungen und Projektionen freie Beziehung mit ihm einzugehen. Dazu gehört nach Erikson (1966)

1. die eigene Erfahrung, als Kind selbst eine gute Mutter erlebt zu haben;

2. Verständnis seitens der Umwelt und

3. ein »Weltbild, das Vergangenheit, Gegenwart und Zukunft in einer überzeugenden Grundform der Vorsorge zusammenhält«.

Das heißt auch, daß die Gesellschaft die Funktion der Mutter ebenso schätzt wie diese selbst. Abwertende Haltungen gegenüber der Rolle der Mutter im Gegensatz zur erfolgreichen berufstätigen Frau würden dem zuwiderlaufen. Hier wird vielfach die entwicklungsfördernde, bereichernde Seite der Funktion einer Mutter unterschätzt. Dies sagten mir mehrere Frauen, die früher unter dem Eindruck der Studentenbewegung ausschließlich für berufliche Freiheit und Unabhängigkeit waren, für die Abschaffung des Paragraphen 218 auf die Straße gingen und ein Kind ablehnten, nachdem ihnen im Laufe des analytischen Prozesses und zwar ohne Beeinflussung des Analytikers, klar geworden war, was sie mit dieser Haltung eigentlich an Möglichkeiten der Selbstverwirklichung verfehlt hatten. Diese Frauen erlebten eine gewaltige Nachreifung, verbunden mit einem viel besseren Selbstwertgefühl, einer besseren Beziehung zu ihrem Körper und einer erweiterten Fähigkeit, den anderen respektierende Beziehungen einzugehen.

b) Der *Vater* ist im Idealfall der Beschützer der Frau, Rückhalt der Mutter. Um diese Aufgabe meistern zu können, sollte er seinerseits, in Analogie zu den Eriksonschen Punkten, einen genügend selbstsicheren eigenen Vater erlebt haben, Zustimmung seitens der Umwelt zu seiner Vaterrolle und ebenfalls eine grundsätzliche Haltung echter Sorge (engl.: concern) und Anteilnahme. Er sollte eine gesunde männliche Identität erlangt haben, verbunden mit einer festen Position im gesellschaftlichen Leben. Dann wird er seinerseits sicher sein, daß er seiner Frau die nötige Sicherheit vermitteln kann. Gleichzeitig sollte er eigene feminine Anteile seiner Persönlichkeit integriert haben, um nicht in neurotischer Weise mit der Frau als Mutter zu rivalisieren oder sie um ihre mütterlichen Funktionen zu beneiden. Seine Selbstsicherheit sollte es ihm erlauben, nicht auf sein Kind eifersüchtig reagieren zu müssen. Wie jüngste Erfahrungen zeigen, scheint sich in dieser Beziehung eine erfreuliche Entwicklung mit einer Art neuer Väterlichkeit anzubahnen (vgl. H.J. Schultz, 1982). Nun zur anderen Seite der Beziehung innerhalb des Erziehungs-Bündnisses, zu den

Bedürfnissen des Kindes

Über die unerläßliche emotionale Zuwendung seitens der wichtigsten Bezugspersonen des Kindes ist viel geschrieben worden. So viel kann sicher gesagt werden: Zur Versorgung des Kindes gehören nicht nur die Befriedigung des Hungers durch Nahrungszufuhr, sondern auch die Befriedigung von Bedürfnis nach Wärme, Zärtlichkeit und seelischer Zuwendung. Psychoanalytisch können wir dabei körperliche Bedürfnisse wie die nach Wärme und Gestreicheltwerden, von seelischen Bedürfnissen wie die nach be-achtet werden und ge-liebt werden unterscheiden. Dazu kommen schon sehr früh geistige Bedürfnisse nach Anregung und Reaktion auf frühe Neugier des kleinen Lebewesens.

Natürlich können alle diese Bedürfnisse nie optimal befriedigt werden. Das Kind wird daher lernen müssen, daß Versagungen seiner verschiedensten Bedürfnisse unvermeidlich sind, während die Eltern ihrerseits einsehen müssen, daß sie nicht vollkommen sind. Die unvermeidliche Frustration sollte indessen dosiert sein, zur einigermaßen richtigen Zeit erfolgen und sollte nicht zu lange andauern. Dabei kommt es in einer optimalen Beziehung zwischen Kind und Bezugsperson darauf an, daß beide Seiten zu der jeweils gegebenen Zeit herausfinden, welches Bedürfnis vorrangig befriedigt sein will, und welche Bedürfnisse nicht unbedingt befriedigt sein wollen.

Ein Säugling will nicht immer gestreichelt werden, er möchte auch schlafen. Ein heranwachsendes zweijähriges Kind braucht nicht immer gehalten zu werden, es möchte auch seine eigenen sich entwickelnden Fähigkeiten erproben und die Welt erobern. Zu anderen Zeiten allerdings sucht es wieder den Schutz der Mutter und deren Trost.

Eine einfühlsame Mutter – dies gilt natürlich mutatis mutandis auch für den Vater und andere wichtige Bezugspersonen – wird dann, wenn das Kind Schutz sucht, dieses nicht abweisen; sie wird es aber auch dann, wenn es seine neugewonnene Freiheit austesten will, nicht festhalten oder an sich binden. Dies erfordert ein ständiges, sich äußerst sensibel auf die Bedürfnisse des Kindes Einstellenkönnen, eine Einfühlungsfähigkeit oder empathische Kompetenz (vgl. 1.2), die der des Psychoanalytikers in nichts nachsteht.

Wie im psychoanalytischen Prozeß findet also im Laufe des Erziehungsprozesses ein ständiger Dialog statt, in dem innerhalb eines ständigen wechselseitigen Austausches laufend Signale ausgesandt und empfangen werden, und zwar unter Einschluß aller Sinne des Zeigens und Sehens, des Sich-Äußerns und Hörens, des Riechens und Schmeckens und vor allem des Fühlens, etwa beim Streicheln. Die wichtigste Dimension in der Kommunikation zwischen Kind und Mutter/Vater ist aber die nicht beobachtbare und nicht über das Medium der Sprache ablaufende Kommunikation der Einfühlung und des auf die Gefühle des anderen Reagierens.

Haß ist kein primäres Bedürfnis, vielmehr Reaktion auf Versagung, mögen sich über diese Frage heute die Psychoanalytiker auch noch nicht alle einig sein. Eine überwiegend liebevolle Zuwendung kann also reaktiven Haß vermeiden; ein Aspekt, der nicht genug betont werden kann. Ist aber einmal auf reaktive Weise Haß entstanden, dann besteht auch das Bedürfnis, ihn zu äußern.

Dem Bedürfnis nach Abhängigkeit, verbunden mit passiven Wünschen nach Geliebt-werden, Beachtet-werden und Versorgt-werden stehen Bedürfnisse nach Freiheit, Eigenständigkeit und Selbständigkeit diametral gegenüber. Wie bei den Psychoanalytikern haben auch Eltern unterschiedliche Schwierigkeiten mit diesen Bedürfnissen. Die einen können besser mit diesen, die anderen besser mit jenen umgehen. Dabei scheint es ebenso häufig vorzukommen, daß Eltern ihre Kinder an sich binden wie von sich stoßen. Im ersten Fall haben wir es dann mit der unter 2.2 genannten Bindungs-Neurose zu tun, im zweiten Fall mit früh auf sich selbst bezogenen Kindern, die später eine narzißtische Persönlichkeitsstörung entwickeln. Eine Bindungs-Neurose entsteht auch dann, wenn der Mann seine Frau zu wenig als Frau fordert und gänzlich als Mutter dem Kind überläßt. Es gibt auch eine Bindungs-Neurose in der Beziehung zum Vater, nämlich dann, wenn der Vater das Kind für eigene Zwecke beansprucht und seine freiheitlichen Bedürfnisse behindert. Allerdings:

Ohne jede Autorität würden die Bedürfnisse des Kindes gleichsam ins Leere wuchern, besonders was die aggressiven Anteile betrifft. Diese benötigen ebenso wie die Bedürfnisse nach Liebe und Zuwendung zu ihrer Entwicklung und Ausführung eine gesunde, stabile und haltgebende Umgebung. Zuviel Freiheit und Unabhängigkeit würden dem Kind Angst bereiten. Das Resultat wären dann freie, aber ichschwache, von ihren Trieben leicht überwältigte Menschen. Dies wären – kurz gefaßt – die Nachteile einer antiautoritären, richtiger gesagt, autoritätsfreien oder nicht-autoritären Erziehung.

Zuviel unnötige Autorität wiederum, vor allem wenn sie in krankhaft übersteigerter Weise ausgeübt wird, wäre andererseits genauso falsch. Darauf haben die linksgerichteten Autoren, wie W. Reich, H. Marcuse, A. Plack u.a. zu Recht hingewiesen. Allzu autoritäre Erziehung würde nämlich aus Angst vor Strafe Unterwerfung des Kindes provozieren, zu einer zu großen Abhängigkeit von der Autorität und innerseelisch im Endeffekt zum selben Ergebnis führen wie die autoritätsfreie Erziehung: zu ich-schwachen, leicht ihren Trieben ausgelieferten Persönlichkeiten. Was dem Kind also an Umwelteinflüssen vermittelt werden muß, sind Stabilität ohne Erstarrung, Flexibilität ohne Labilität, Sicherheit ohne Zwanghaftigkeit, Großzügigkeit ohne allzu weite Grenze, Bestimmtheit ohne Einengung und vor allem eine in sich ruhende Zuneigung und Anerkennung, die zwischen Gewährung und Versagung die richtige Mitte zu finden weiß. Allzu großer Eifer würde ebenso schaden, wie es Nachlässigkeit tun würde. Voraussetzung für eine solche erzieherische Haltung ist die Fähigkeit, selbst Versagungen durch das Kind ertragen zu können; Versagungen, die durch den zur Entwicklung notwendigerweise gehörenden Protest ebenso entstehen können wie durch phasenspezifische, gesteigerte Abhängigkeitswünsche. Dies gilt natürlich in besonderem Maß für diejenigen Kinder, die durch unglückliche äußere Einflüsse in ihrer seelischen Entwicklung Schaden genommen haben, vielfach unverschuldet durch ihre Eltern, wie z.B. dann, wenn durch schicksalhafte Ereignisse, wie Krankheit oder Tod der Mutter, oder durch zu bedrängende eigene Probleme der Eltern die Toleranzgrenze des Kindes überschreitende Versagungen unvermeidlich waren. Andererseits dürfen Kinder ihre Eltern berechtigterweise anklagen, wenn sie ihnen, nachdem sie sie in die Welt gesetzt haben, nicht den Start ins Leben ermöglichen, den zu geben sie verpflichtet sind. Im Hinblick auf die Eltern hat es aber in solchen Fällen keinen Wert, sich zu einer Liebe zu zwingen, die nicht echt empfunden sein kann. Dann ist es sicher besser, das Kind in Pflege in eine andere Familie oder in ein hierfür geeignetes Heim zu geben. Für diese neue Umwelt gilt dann um so mehr, was ich eingangs über die Notwendigkeit einer stabilen Ausgangssituation gesagt habe. Die Erzieher sollten die Bedürfnisse der Kinder jeder Altersstufe möglichst genau kennen, deren Ängste und Frustrationstoleranz richtig einschätzen und danach ihre Erziehungsmaßnahmen dosieren; gilt doch auch hier das Paracelsus-Wort: Nur die Dosis macht das Gift.

3. Familien-Konflikte und deren Lösung – der Beitrag der Psychoanalyse zur Familie

Die inneren Konflikte des Menschen haben wir bereits kennengelernt. Die äußeren Konflikte, die im Gegensatz zu den nur indirekt erschließbaren inneren Konflikten von außen beobachtbar sind, haben wir dagegen noch nicht besprochen. Um aber zu verstehen, was sich in Familien an Konflikten abspielt, wie diese entstehen und wie sie gelöst werden können, ist ein kurzer theoretischer Exkurs angebracht: Wir sehen äußere soziale Konflikte als Schwierigkeiten zwischen zwei, drei oder mehr Menschen. Wir sprechen dann von Zweier-, Dreier- oder mehr Mehr-Personen-Konflikten, in der Fachsprache von dualen, triadischen ödipalen oder Gruppen-Konflikten.

Je nach den in einer Familie vorkommenden Personen können sich unterschiedliche Konflikt-Felder konstellieren: Zwischen einem Kind und seiner Mutter, zwischen Kind und Vater, zwischen Vater und Mutter (Zweier-Konflikte), zwischen den genannten drei Personen als typisch ödipaler Konflikt (Dreier-Konflikt) oder Mehr-Personen-Konflikte, in die in einer Familie mit mehreren Kindern alle Personen eingeschlossen sind. Im letzteren Fall können sich unterschiedliche Fraktionen bilden, die miteinander in Konflikt stehen wie zum Beispiel die Fraktion der Kinder gegenüber der der Eltern; es können sich aber auch Koalitionen etwa zwischen Vater und dem ersten Kind und Mutter mit dem zweiten Kind ergeben. Die Summe dieser Konflikte bildet dann das Konfliktfeld der Familie.

Dazu ein *praktisches Beispiel*:

Familie Schmidt bietet *äußerlich ein ausgewogenes Bild*, erscheint gesellschaftlich gut angepaßt und wirkt keinesfalls konflikt-verdächtig: Der Mann hat eine erfolgreiche Karriere als Ingenieur hinter sich und ist Geschäftsführer einer angesehenen Firma. Die Frau, akademisch gebildet, arbeitete während des sozialen Aufstiegs ihres Mannes einige Jahre als Lehrerin, gab dann ihren Beruf auf, als Kinder kamen und widmete sich von da an neben dem Haushalt ausschließlich der Erziehung der drei sich gut entwickelnden Kinder.

Anfangs hatte der beruflich ehrgeizige Vater noch verhältnismäßig viel Zeit für Frau und Kinder. Man traf sich gemeinsam beim Mittag- und Abendessen und verbrachte die Freizeit weitgehend gemeinsam in der Familie bei Spiel und Sport. Mutter und Vater hatten das Gefühl, die Kinder gemeinsam zu erziehen.

Später beanspruchte die mittlerweile selbständige Tätigkeit den Mann und Vater in einem Ausmaß, das ihm immer weniger Zeit und Kraft ließ, sich um Frau und Kinder zu kümmern. Während der Vater also zunehmend außer Haus beruflich engagiert war, fanden sich innerhalb des Hauses Mutter und Kinder umsomehr zueinander; eine Entwicklung, die sich im Laufe der Jahre im Sinne eines Teufelskreises verschärfte: Je häufiger der Mann und Vater abwesend war, um so mehr schlossen sich Mutter und Kinder zu einer Untergruppe zusammen, und je mehr sich diese Untergruppe der Familie verbündete, desto mehr trieb es den Vater und Ehemann in seine berufliche Tätigkeit.

Als mittlerweile selbständiger Unternehmer hatte er nicht nur Erfolg, sondern fühlte sich auch durchaus wohl in seiner Haut. Er erwies sich als kontaktfreudig im Umgang mit Mitarbeitern und war im Kreise der Kollegen anerkannt. Innerhalb der Familie, am mittlerweile seltener gewordenen gemeinsamen Mittags- und Abendtisch und bei den immer weniger werdenden gemeinsamen Unternehmungen an Feierabenden und Wochenenden fühlte er sich deswegen zunehmend entfremdet. Es kam gehäuft zu gegenseitigen Mißverständnissen, denn das Subsystem zwischen Mutter und Kindern hatte mittlerweile durch die häufigen Kontakte untereinander fast eine eigene Sprache entwickelt, die der außerhalb des Subsystems stehende Mann beziehungsweise Vater kaum noch verstand.

Angeregt durch den Ehemann kam die Familie, einem Zug der Zeit folgend, zu einer *Beratungsstelle*, bei der die gesamte Familie zum Gegenstand der Analyse gemacht wurde:

Dem Berater bot die Familie ein *desintegriertes* Bild, gekennzeichnet durch 1. einen weitgehend außerfamilial orientierten Ehemann und Vater, 2. sich zunehmend verselbständigende Kinder und 3. eine immer mehr vereinsamende Ehefrau und Mutter. Deren in den letzten Jahren zunehmenden

Erschöpfungszustände und depressiven Verstimmungen führten schließlich, ausgelöst durch eine außereheliche Beziehung des Ehemannes und Vaters, zu einer massiven Krise, die vorwiegend die beiden Eheleute betraf.

Jetzt erkrankte die Ehefrau an einer schweren Depression mit Selbstmordgedanken, Antriebsverminderung, ausgeprägter Lustlosigkeit, Appetitlosigkeit und Schlafstörungen. Auch beim Ehemann kam es zu Symptomen psychischer Dekompensation, abwechselnd verbunden mit niedergeschlagener Stimmung und Arbeitsunfähigkeit einerseits und Flucht in die Arbeit im Sinne einer Art Arbeitssucht andererseits. Die jugendlichen Kinder blieben von dem elterlichen Konflikt, jeweils in ihre peer-group integriert, relativ unberührt und fielen, abgesehen von leichten Schulschwierigkeiten, wenig auf.

Im Laufe der nach der Krise in der Ehebeziehung begonnenen *Paar-Psychotherapie* stellt sich heraus, daß die *Frau* ihre Zuflucht aus ihrer unbefriedigenden Situation vorwiegend in der Phantasie suchte und fand: Sie liest Romane über Frauenschicksale und historische Biographien; ein Fluchtweg, den sie seit ihrer Kindheit nutzt, um unangenehmen Situationen zu entrinnen. Außerdem findet sie Ruhe im behaglichen Einrichten der Wohnung, in der Pflege von Blumen und in der Gartenarbeit.

Der *Mann* fühlt sich trotz beruflicher Erfolge seelisch unbefriedigt. Er vermißt Intimität, Zärtlichkeit, Nähe und Wärme, und die dadurch entstandene Leere suchte er nicht zuletzt durch die außereheliche Beziehung zu kompensieren, wenn auch die dadurch wiederum entstandenen Konflikte ihn zusätzlich belasteten.

Wie haben sich die *Kinder* geholfen? Dadurch, daß sie jeweils in der Gruppe ihrer Altersgenossen Anregung und Geborgenheit fanden. Darüber hinaus entwickelte sich der eine Sohn in erklärtem Protest gegen die Gesellschaft zu einem wenn auch nicht militanten, doch entschiedenen Gegner gegenüber weiterer wirtschaftlicher Expansion und Wiederaufrüstung. Wie viele Jugendliche engagierte er sich für die Friedensbewegung, demonstriert gegen Gorleben und Startbahn West, ist für Ökologie und gegen Ökonomie. Der zweite Sohn ist mittlerweile drogenabhängig, lebt mitten in der entsprechenden Szene, ist längst ausgezogen, wenn er auch eine letzte

Bindung an den Rest seiner Herkunftsfamilie nicht ganz verloren hat. Das dritte Kind, eine Tochter, fand einen Kompromiß zwischen Anpassung an Schule und Auflehnung gegen Schule und kommt damit gut zurecht.

Im weiteren Verlauf wurde der *Frau* klar, daß sie ihren Mann unbewußt so erlebte, wie einst als Kind ihre Mutter, während dem *Mann* deutlich wurde, daß er seine eigenen Ängste vor Strafe wegen seines nur halb eingestandenen Freiheitsdranges und Tatendurstes zunehmend wahrnehmen konnte, gefolgt von einer Reduzierung seiner rastlosen beruflichen Tätigkeiten, verbunden mit mehr Muße und Zunahme an Lebensqualität. Insofern sind die pathologischen Konflikte der beiden Eltern zu Gunsten einer größeren Einsicht in abgewehrte Kindheitskonflikte im Nachhinein weitgehend gelöst und damit echt bewältigt, denn auch die neurotischen Symptome beider beteiligten Partner waren mit der Konfliktbewältigung verschwunden. Sie lernten die ihnen verbleibende freie Zeit besser miteinander zu nutzen, erfreuten sich zunehmend an Wanderungen zu zweit, lernten wieder tanzen und erlebten sogar eine, nicht zuletzt durch den Seitensprung des Ehemannes zustandegekommene Neubelebung ihrer sexuellen Beziehungen.

In diesem Zusammenhang darf nicht verschwiegen werden, daß dieses günstige Ergebnis nur dadurch möglich war, weil dem Ehemann klar geworden war, daß die familien-therapeutischen Maßnahmen seine aus seiner Herkunftsfamilie stammenden individuellen Konflikte nicht ausreichend lösen konnten. Er unterzog sich deswegen im Anschluß an die Familientherapie einer intensiven psychoanalytischen Einzelbehandlung, in der er unter Nutzung regressiver Prozesse seine Kindheitskonflikte mit all ihren Schmerzen, Ängsten und anderen Affekten erneut durchlitt. Dadurch war es ihm aber möglich, die in seiner Kindheit wegen der damals herrschenden Macht/Ohnmacht-Verhältnisse ungelöst gebliebenen infantilen Konflikte im Nachhinein einer Lösung zuzuführen und auf der Basis eines konfliktfähig gewordenen erwachsenen Ichs mit Unterstützung des Psychoanalytikers im Nachhinein zu bewältigen. Das sehr strenge Über-Ich wich einer toleranteren Einstellung gegenüber seinen jetzt zunehmend freieren Aktivitäten im Umgang mit seinen Mitmenschen. Schuldgefühle mußten nicht mehr durch selbstbestrafende

Akte gesühnt werden. Trotzdem entwickelte sich unser geplagter Ingenieur nicht zu einem verantwortungslosen, nur triebgesteuerten »Playboy«. Im Gegenteil, sein Verantwortungsbewußtsein gegenüber seiner Rolle als Vater nahm zu, er konnte einiges während der früheren Adoleszenz seiner Kinder Versäumte in offener Auseinandersetzung mit seinen heranwachsenden Söhnen nachholen. Die zwischen ihm und seinen Söhnen bestehenden inter-personalen Konflikte wichen somit ganz im Sinne von H. Stierlins »Conflict and reconsiliation« (1969) einer *Versöhnung*.

Ähnlich versöhnlich entwickelte sich die Konfliktbewältigung zwischen den Eltern beziehungsweise Ehepartnern. Auch hier ergab sich eine Einsicht in die Begrenztheit menschlicher Möglichkeiten, deren Freiheiten immer dort enden, wo die Freiheit des anderen begrenzt wird. Das heißt: in psychoanalytischer Sicht, wo der andere seelisch verletzt wird. Die Voraussetzungen zu derartigem neuen Verhalten im Sinne eines echten »Neubeginns« (Balint 1966) wären indessen ohne die längerfristige und intensive Einzelpsychotherapie und die dadurch möglich gewordene individuelle Konfliktbewältigung mit sehr großer Wahrscheinlichkeit nicht möglich gewesen.

Familie im Spannungsfeld von Staat und Gesellschaft

Versuchen wir auf diesem heiklen Gebiet die psychoanalytische Methode anzuwenden, dann können wir fragen, was die eine Instanz der Beziehung mit der anderen Intanz »macht«.

Fragen wir also einmal ganz naiv, *was der Staat mit der Familie »macht«*, so ergeben sich folgende Antworten: Der Staat setzt Normen, erläßt Gesetze, macht Vorschriften, die sich auf die Familie und die sie zusammensetzenden Individuen beziehen. Durch Gesetzgebung ist dem Individuum zwar freie Entfaltung seiner Persönlichkeit (Grundgesetz I, Art. 2) zugestanden; zusätzlich abgesichert durch entsprechende Paragraphen im Bürgerlichen Gesetzbuch. Dies hindert den Staat aber nicht, vom Ehemann und Vater unserer Familie direkt zu verlangen, seinen Beitrag gegenüber Staat und Gesellschaft zu leisten (vgl. Hegel, 1807). Herr Schmidt arbeitet also nicht nur für seinen Lebensunterhalt und für seine Familie, sondern immer auch für Staat und Gesellschaft.

Frau Schmidt erbringt ihren Beitrag an den Staat indirekt über ihre Erziehungsarbeit an den Kindern. In welchem Ausmaß und auf welche Weise sich diese Leistungen an Staat und Gesellschaft nachteilig auf das Leben der Familie ausgewirkt haben, ist uns am Beispiel unserer Akademikerfamilie deutlich geworden. Eherecht und Familienrecht schützen zwar de jure ebenso wie Kindes- und Jugendrecht deren Interessen, tun es aber de facto oft nicht. In diesem Zusammenhang möchte ich Mitscherlichs bekannten Buchtitel von der »vaterlosen Gesellschaft« umdefinieren und von der »vaterlosen Familie« sprechen, denn es ist ja die Gesellschaft, die den Vater hat, wenn dieser seiner Berufsarbeit nachgeht, während die Familie ihn die meiste Zeit über nicht hat.

Daß diese Entwicklung zu einer Schwächung der Rolle des Vaters in der Familie führte, während die Position der Mutter indirekt verstärkt wurde, wird in der sozialen Literatur vielfach beklagt (Marcuse, 1957) und auf die ökonomischen Zwänge einer komplizierten Industriegesellschaft zurückgeführt. Während nun die damit verbundenen, früher in diesem Ausmaß nie möglich gewesenen Vorteile einer beruflichen Emanzipation der Frau in aller Munde ist, werden die Nachteile dieser gesellschaftlichen Entwicklung für die Familie und die Frau weniger gesehen. Sind nämlich Mann und Frau womöglich in einer doppelten Karriere beruflich engagiert, bleibt ihnen nur noch wenig Zeit für sich selbst und für den anderen. Der Ehemann hat genausowenig von seiner Ehefrau wie die Ehefrau von ihrem Ehemann, denn die meiste Zeit sind sie ja mit Beruf und Kindererziehung beschäftigt.

Im Falle der Berufstätigkeit beider sind es die Kinder, die die größten Einbußen hinnehmen müssen, denn ihnen fehlt jetzt nicht nur der Vater, sondern auch die Mutter. Sie wachsen also nicht nur vaterlos, sondern auch weitgehend mutterlos auf; kein Wunder, daß sich hinter den vielfältigen neurotischen Symptomen bei den Patienten unserer heutigen psychotherapeutischen Praxis immer wieder Verlassenheitsängste als Ursache finden lassen. Insofern ist die gesellschaftlich und vom Staat genutzte, um nicht zu sagen ausgenutzte Familie geradezu ein Nährboden für die Entstehung innerpsychischer Konflikte und neurotischer Leiden, wie wir es in unserer Beispielfamilie gesehen haben.

Nimmt der Beitrag gegenüber Staat und Gesellschaft überhand – und dies geschieht ganz unmerklich – geht diese *»Selbstaufopferung«* auf Kosten der Familie.

Natürlich können sich trotz aller Opfer Mann und Frau in unserem Familienbeispiel in ihren persönlichen Zielen selbst verwirklichen. Es wird aber zu wenig gesehen, daß die indirekt über Erziehungsarbeit oder direkt über Berufspraxis erfüllten Funktionen ihren Preis kosten. Dem Gewinn an beruflicher Selbstverwirklichung steht also ein Verlust und Verzicht an privater Lebensqualität gegenüber.

Der Staat fordert sein Recht aber nicht nur von den Eltern, sondern auch von den Kindern. Diese haben zwar die Chance, über Kindergarten und Schule sozialisiert zu werden, um dadurch vollwertige Mitglieder der Gesellschaft zu werden. Die »Sozialisationsagenturen« in Form der schulischen Einrichtungen des Staates üben aber auch eine Kontrolle über die Erziehung der Kinder aus, die den Einfluß der Familie sichtlich schmälert.

Was »macht« nun der Bürger mit dem Staat? Er erwartet von »Vater Staat« Schutz und Beistand. Darüber hinaus ist der Staat heute unbewußt zu einer Art versorgender Mutter geworden (Mitscherlich, 1967).

Freilich sind staatliche Institutionen dazu da, im Falle existentieller *wirtschaftlicher* Not Abhilfe zu schaffen. Für die Lösung und Bewältigung der geschilderten *psychologischen* Not aufgrund interpersonaler und intrapsychischer Konflikte stehen staatlich geförderte Familien- und Erziehungsberatungsstellen zur Verfügung, die Hilfe zur Selbsthilfe im Sinne des Subsidiaritätsprinzips gewähren.

Damit haben wir *einen* Hebel der Konfliktbewältigung, der über staatliche und staatlich geförderte Institutionen der Familie als Ganzes wirtschaftlich und psychologisch hilft.

Der *zweite* Hebel sitzt im Konfliktfeld der gestörten Familie selbst, wie wir es oben am Beispiel unserer Akademikerfamilie gesehen haben. Reicht der familiendynamische Ansatz nicht aus, bleibt

als *dritter* Hebel die auf individuelle Veränderung zielende Psychotherapie, wie wir es ebenfalls am Beispiel unserer Akademikerfamilie gesehen haben.

Ablösungsprobleme zwischen Eltern und Kindern

Hier können Eltern ihre heranwachsenden, zu Jugendlichen gewordenen Kinder nicht loslassen, machen ihnen latente Vorwürfe, wenn sie sich nicht den Erwartungen der Eltern entsprechend entwickeln und mischen sich in ihre Angelegenheiten ein: Die Kinder sollen es einmal besser haben als es einem selbst ergangen war. Werden Jugendliche derart ins eigene Erleben der Erwachsenen einbezogen, wird ihre Identitätsfindung äußerst gefährdet.

Auf der anderen Seite lassen Väter und Mütter ihre Kinder vielfach allein und sind gerade dann nicht zur Stelle, wenn ein Kind in Not ist und Antworten auf seine Fragen sucht. Um derartige Ablösungskrisen lösen zu können, müssen, der psychoanalytischen Methode entsprechend, unbewußte Erwartungen auf beiden Seiten bewußt gemacht werden. Zwei unbewußt miteinander verstrickten Menschen ist dies aber allein nicht möglich. Eine dritte, außenstehende Person kann dagegen den miteinander verstrickten Menschen schon allein dadurch helfen, daß sie eine der verstrickten Personen aus der Verstrickung löst. Ist dies geschehen, können beide, nunmehr voneinander getrennten Partner eher erkennen, was der eine unbewußt mit dem anderen macht. Dabei sind bei unbewußten Bindungen von Kindern an die Eltern die »peergroup« der Gleichaltrigen denkbar gut geeignet, während sich Eltern ihrerseits an Freunde ihrer Generation wenden können. So kann eine Beratung durch einen professionellen Dritten weitgehend vermieden werden. Bei pathologischen Bindungen, die sich trotz wiederholter Versuche, sie zu lösen, nicht lösen lassen, sollte allerdings der Weg zu einer Beratungsstelle nicht gescheut werden.

Zum aktuellen Jugendproblem

Warum sind die heutigen Jugendlichen so kompromißlos, so radikal? Warum scheuen sie selbst vor Gewalt nicht zurück? *Antwort*, zunächst *aus der Sicht der Jüngeren:* »Weil wir sonst nicht gehört werden, weil sich die Repräsentanten der ebenso allmächtig wie anonym erlebten sozialen Institutionen als intolerant und unflexibel erweisen, auf als berechtigt empfundene Anliegen überhaupt einzugehen.«

»Euer Leistungsdruck ist mörderisch. Das seht ihr doch selbst an der zunehmenden Häufigkeit von Alkoholismus, psychosomatischer Erkrankung und Kriminalität. Wenn ihr uns nichts Besseres an beruflichen Rollen anzubieten habt, verweigern wir die Mitarbeit. Wenn ihr nicht in der Lage seid, den Frieden zu erhalten, die Probleme der Umweltverschmutzung, der Energieverknappung und des Hungers der Dritten Welt zu lösen, dann steigen wir aus. Wenn ihr, quer durch die Parteien in Legislative, Executive und Rechtsprechung nicht imstande seid, uns zu überzeugen, dann lassen wir euch allein, dann braucht ihr euch nicht zu wundern, wenn wir ein alternatives Leben suchen.«

Antwort, aus der Sicht der Älteren: »Wir haben doch alles für euch getan: eine funktionsfähige Wirtschaft aufgebaut in aufoperungsvoller Arbeit, eine freie demokratische Gesellschaft geschaffen mit einem Grundgesetz, das verdient, geachtet zu werden, mit einer Politik, die jedem Bürger gegenüber offen ist. Freilich wachsen die Bäume nicht in den Himmel, gibt es keine Patentrezepte für drängende aktuelle Probleme der internationalen Friedenspolitik, der Ökologie, der Jugendarbeitslosigkeit. Die Jugend muß aber lernen, daß die materiellen Mittel natürlicherweise begrenzt sind, daß menschliche Natur unvollkommen ist und von Menschen geschaffene Gesellschaftssysteme ebensowenig vollkommen sein können.«

Antwort des außenstehenden Dritten: Die Jugend läuft Gefahr, das »Erbe der Väter« auszuschlagen. Sie verweigert sich, um vielleicht später das Versäumte in »nachgetragener Liebe« schmerzlich zu vermissen. Sie identifiziert sich nicht mit den Werten der persönlichen, pädagogischen und politischen Väter und bleibt somit leicht regressiv, in symbiotischer Bindung an die Mutter fixiert, in unbewußter Sehnsucht nach Geborgenheit, womöglich in der Droge, im Dunkel der Diskothek, am Schoße der Natur, um deren Erhaltung man kämpft, die man in der abgeschlossenen jugendlichen Subkultur pflegt und in der Projektion auf eine neue bessere Gesellschaft ersehnt. Dabei kastriert sich die Jugend selbst, bringt sich um die Früchte, nicht des Zorns, sondern der Werte, die es wert sind, bewahrt zu werden. Sie bleibt partiell gelähmt und verharrt in subdepressiver Resignation.

Freilich ist Auflehnung und Protest immer auch ein *»pha-*

senspezifischer Mechanismus der Adoleszenz«, *ein entwicklungsbedingter Generationenkonflikt*. Dies war zur Zeit Platos nicht anders als im Mittelalter. Das ist in unserer westlichen Industriegesellschaft nicht anders als in Ländern des Ostblocks oder der Dritten Welt. Trotzdem spielen *die politischen Rahmenbedingungen der aktuellen gesellschaftlichen Situation* im Konflikt zwischen den Generationen eine nicht zu unterschätzende Rolle, weiten den Generationenkonflikt zur *»Generationenkrise«* aus: Die Kluft zwischen den Generationen ist heute so groß geworden, daß in der Sicht der Jugend oft Gewalt der letzte Ausweg zu sein scheint, um sich Gehör zu verschaffen.

Auf der anderen Seite nimmt die ältere Generation die Jugend zu wenig ernst, läßt sie im Stich, interessiert sich nicht für ihre Ängste vor der Zukunft. Sie ist zu stolz, um sich zu ihnen herabzulassen. Sie hat Angst, ihr Gesicht zu verlieren, wenn sie etwas falsch macht, wenn ihr eine neue Entwicklung entgangen ist. Sie zieht sich auf anonyme Institutionen zurück, verweist auf das geltende Recht, ohne zu bedenken, daß sich das Rechtsempfinden geändert hat, versteckt sich hinter ausführende Organe wie Polizei und verweigert ihrerseits den so notwendigen Dialog, anstatt die Herausforderung der Jugend anzunehmen.

Die Probleme von Ökonomie und Ökologie, von Politik und Recht, von Bildung und Gesundheit sind heute derart kompliziert und komplex geworden, daß uns nur noch gemeinsame Anstrengungen retten können; in wechselseitiger Anerkennung des anderen, in offener Diskussion, im ehrlichen Verhandeln und Ringen um akzeptable Lösungen, in neuem Vertrauen zwischen den Generationen.

In der heutigen Welt mit all ihren Herausforderungen können wir uns keine »Generationenkrise« leisten, deren Lösung an den Problemen der Adoleszenz scheitert. Nicht zuletzt deswegen sind Informationen über diese schwierige Entwicklungsphase zwischen Kindheit und Erwachsenenalter so wichtig. Dies erfordert eine Bewußtseinsänderung aller beteiligten Kräfte, ist aber nicht ohne einen wechselseitigen Lernprozeß möglich, der die Ängste und Widerstände des jeweils anderen einkalkuliert.

4. Beiträge der Psychoanalyse zu Sozialarbeit und Sozialpädagogik

In jedem Bereich, in dem es professionell um zwischenmenschliche Beziehungen geht, ist die psychoanalytische *Methode* grundsätzlich anwendbar. So kann die Einzelfall-Hilfe in Sozialarbeit und Sozialpädagogik (englisch: case work) weitgehend psychoanalytischen Regeln folgen (Salzberger-Wittenberg, 1973, Junker, 1973). Auch die von uns oben (vgl. 3.3) geschilderten Selbsterfahrungs- und Supervisions-Gruppen haben sich in der Aus-, Weiter- und Fort-Bildung von Sozialarbeitern und Sozialpädagogen bewährt (Kutter, 1974). Psychoanalyse ist in dieser Perspektive Hilfswissenschaft für Sozialarbeit/Sozialpädagogik, und zwar dann, wenn es um unbewußte Probleme in der Praxis geht, die anderweitig nicht gelöst werden können.
Aber auch Psychoanalytische *Theorie* (vgl. 2) kann im Bereich sozialer Praxis hilfreich sein (Leber, 1972); speziell die psychoanalytische Konflikt- und Krankheits-Lehre kann den praktizierenden Sozialarbeitern und Sozialpädagogen in den Stand versetzen, nicht nur bei der Heilung bereits eingetretener Störungen das nötige Verständnis dafür aufzubringen, sondern auch befähigen, derartige Störungen gar nicht erst entstehen zu lassen.

Prävention, *Prophylaxe* oder *Vorbeugung* sind wichtiger als Therapie. Dies wäre nach Caplan (1969) *primäre Prävention*. Sie zielt auf möglichst gute Ausgangsbedingungen, um eine optimale Sozialisation des einzelnen zu ermöglichen (vgl. 4.2).

Das Ziel der *sekundären Prävention* ist dagegen, die Dauer bereits eingetretener Störungen zu verkürzen, während die *tertiäre Prävention* versucht, durch Krankheit bereits eingetretene Störungen wenn irgend möglich zu verringern (Rehabilitation).

Dabei muß es unser Hauptziel sein, im Sinne der *primären Prävention* die *Entstehung* psychischer Störungen *soweit wie möglich* zu *verhindern*. Staatliche Institutionen sind hierbei ebenso notwendig wie Eigeninitiative: Der Staat stellt die für die Entwicklung der jüngeren Generation notwendigen äußeren (ökonomischen, finanziellen, räumlichen und zeitlichen)

Voraussetzungen bereit. Staatlich getragene Erziehungs-Beratungsstellen stehen, im Sinne sekundärer Prävention dann zur Verfügung, wenn Eigeninitiative nicht mehr ausreicht.

Von Sozialpädagogen geleitete *Gruppen von Kindern und Jugendlichen* können hierzu ebenso wie Elterngruppen, die möglichst auch die Väter einschließen sollen, hilfreich sein. Auch psychoanalytisch orientierte *Problemlösungs-Gruppen* sind denkbar geeignet, die aus nicht-bewußten Konflikten zwischen Klienten einerseits und Sozialarbeitern/Sozialpädagogen andererseits entstandenen Konflikte zu lösen.

Dazu ein *Beispiel aus der Zeit der Studentenbewegung*, in der sozial engagierte junge Menschen die Universitäten verließen, um, Karl Marx folgend, die »herrschenden« gesellschaftlichen Verhältnisse aktiv zu »verändern«: Mit der den Studenten damals eigenen Überaktivität schossen die Mitglieder einer Initiativgruppe im Märkischen Viertel in Berlin dabei weit übers Ziel hinaus. Sie kalkulierten nämlich viel zu wenig die unvermeidlichen Konflikte ein, wie sie prinzipiell in jeder Gruppe sehr leicht entstehen können. Ebensowenig berücksichtigten sie, von ihrer nahezu ausschließlich politischen Zielrichtung gleichsam geblendet, die psychologische Dimension ihrer Klienten und ihrer selbst. Die angesprochenen Kinder und Jugendlichen entsprachen nicht den Erwartungen der antiautoritär eingestellten Studenten, was zwangsläufig zu Enttäuschungsreaktionen führen mußte, die sich die Mitglieder der Initiativgruppe aber nicht bewußt machten. Sie versuchten vielmehr in Abwehr der Enttäuschung an sich selbst und an den Klienten, staatliche Instanzen als die Ursache allen Übels anzusehen und lenkten konsequenterweise ihre Agitationen gegen deren Repräsentanten. Unter diesen Umständen blieb dem zur Mitarbeit gewonnenen Psychoanalytiker nichts anderes übrig, als den Teilnehmern der Initiativgruppe – genauso wie den Patienten einer Therapie-Gruppe – so schonend wie möglich zu zeigen, was sie eigentlich tun und wogegen sie sich wehren. Dabei fiel es ihnen am schwersten, die Begrenzung der materiellen Mittel ebenso einzusehen wie die Grenzen ihrer eigenen Fähigkeiten und auch die Grenzen ihrer Klienten. Geht man vom Realitätsprinzip aus, dann wäre die aus der Enttäuschung resultierende Einsicht in die Grenzen des Möglichen ein Fortschritt.

5. Institutionen und deren unbewußte Bedeutung

So wie Menschen von anderen Menschen, die unbewußt ein Idealobjekt repräsentieren, abhängig sein können (vgl. 2.5), können Menschen auch von Institutionen abhängig sein. Institutionen sind hierbei in soziologischer Sicht Einrichtungen zur Regelung zwischenmenschlichen Verhaltens. Sie stellen Träger von Macht dar, wie staatliche Einrichtungen zur Sicherung sozialer und individueller Bedürfnisse. Sie lenken und steuern das Handeln der Menschen, können es aber auch begrenzen.

Nach Gehlen (1964) haben Institutionen wie Familie, Schule, Beratungsstelle »Entlastungsfunktion«, indem sie den Menschen lebenswichtige Aufgaben abnehmen. Institutionen können aber auch über Technokratie und Bürokratisierung den Menschen belasten und insofern eine soziale Leidensquelle ersten Ranges (Freud, 1930) darstellen. Sie zwingen zur Anpassung und fordern Verzicht. Damit werden kindliche Bedürfnisse ohne unvermeidliche Notwendigkeit zusätzlich unterdrückt (Marcuse, 1957). Unter diesen äußeren Bedingungen bildet sich ein neuroseförderndes »pathogenes Klima«, eine Stuation mit massiven Stressoren, die bei den dem Streß ausgesetzten Menschen leicht zu psychosomatischen Erkrankungen führen (vgl. 2.6).

Die im Bereich der Soziologie vielfach beachteten negativen Auswirkungen insbesondere staatlicher Institutionen auf den Menschen und seine Entwicklung wollen wir in diesem Zusammenhang aber nicht weiter verfolgen, sondern uns vielmehr in klinisch-psychoanalytischer Perspektive dem Individuum zuwenden und fragen, *welche Bedeutung Institutionen für den einzelnen* haben können.

So können ungelöst gebliebene ödipale Konflikte der Familie in Institutionen ausgetragen werden wie in Schule und Universität (Wellendorf, 1975). Dabei kommt es besonders leicht zu Übertragungen der Schüler auf die Lehrer, die unbewußt als Väter oder Mütter erlebt werden. Nicht weniger häufig, aber weniger beachtet, sind Übertragungen der Lehrer auf die Schüler, wenn Lehrer aus eigenem neurotischem Unvermögen partiell behindert sind, die schulische Situation so wahrzunehmen, wie sie ist (Münch, 1983). Aber nicht nur die in Institutionen tätigen Personen können Übertragungsobjekte werden, sondern auch die Institution selbst. So wird die Schule vielfach negativ, natürlich an entsprechenden Auslösern »aufgehängt«, als der Inbegriff von Zwang, Unterdrückung, Strafe und mit entsprechenden mit unangenehmen Situationen zusammenhängenden Gefühlen erlebt.

Andere Institutionen wiederum können idealisiert werden, etwa die eigene politische Partei, die wie eine gute Familie empfunden wird, die einem endlich die Geborgenheit vermittelt, nach der man jahrelang suchte, und über die endlich diejenigen Ziele realisiert werden können, die zu verwirklichen man allein nicht in der Lage war.

Können derartige negative und idealisierende Übertragungen auf Institutionen noch relativ leicht bewußt gemacht werden, so gelingt dies bei unbewußter Abhängigkeit von Institutionen viel weniger. Institutionen können in dieser Perspektive sogar unbewußt Abwehr gegen innere Verfolgungs- und depressive Ängste sein (Jaques, 1953, S. 479). Jacobson (1972) beschrieb Patienten, die nicht nur andere Menschen, sondern auch reale Institutionen zu Abwehrzwecken benutzen. Ich selber hatte Gelegenheit, Patienten zu behandeln, die sich von der Universität deswegen nicht trennen konnten, weil sie unbewußt mütterlichen Schutz repräsentierte (Alma mater!). Bei einem Beamten war es die Bundesbahn, die wie eine Mutter für alles sorgt, oder das Finanzamt. Eine Institution, in der die Bedürfnisse nach mütterlichem Schutz besonders leicht wiederbelebt werden, ist das Krankenhaus.

Dafür geeignete Institutionen können aber auch unbewußt als Vater erlebt werden: »Vater Staat« war für frühere Generationen Garant für Sicherheit und Stärke, während die jüngere Generation von großem Mißtrauen gegenüber allen staatlichen Einrichtungen erfüllt ist. Wie die analytische Praxis zeigt, spielen hierbei insofern Spaltungsmechanismen eine große Rolle, als viele junge Menschen heute sich selbst und die eigene Gruppe idealisieren, Regierung, Gesetzgebung und Rechtsprechung dagegen verteufeln. Während sich früher der »außen-geleitete Typ« (Riesman, 1961) leicht von staatlichen Institutionen manipulieren ließ, ist es heute die eigene innere Orientierung, die zum obersten Prinzip erhoben wird.

Mit dem letzten Beispiel der Verteufelung des Staates ist ein

Mechanismus angesprochen, der unter den unbewußten Bedeutungen von Institutionen eine wichtige Rolle spielt, nämlich die *Projektion*:

Häufig sind es externalisierte Über-Ich-Anteile, die auf staatliche Institutionen projiziert, von diesen als Strafe gefürchtet werden, was natürlich besonders leicht Institutionen wiederfährt, die ohnehin mit Strafe zu tun haben wie Strafjustiz und Polizei. Nicht von ungefähr sind gerade diese Institutionen besondere Zielscheibe der protestierenden Jugend. Man kann sich aber auch mit einer Institution identifizieren, das heißt: ganz in ihr aufgehen, so werden wie sie. Wenn zum Beispiel Ludwig XIV. sagt »l'état, c'est moi«, oder wenn ein Japaner sich so stark mit seiner Firma identifiziert, daß ihm deren Wohlergehen wichtiger ist als das eigene Wohl.

Institutionen werden zu einem *Mittel der Angstbewältigung*, wenn sie dem von ihnen Abhängigen Sicherheit und Schutz bieten. Bei Störungen in der Beziehung zwischen Institution und Individuum bricht die durch die Institution gebundene Angst unmittelbar aus.

Institutionen sind außerdem *Mittel der Aggressions-Bewältigung*. Als eine derartige Möglichkeit wurden früher Kriege angesehen. In friedlichen Zeiten dienen dagegen sportliche Einrichtungen – man denke nur an Fußball – der Aggressions-Bewältigung, und zwar in direkter Form für die Fußballspieler selbst, indirekt über die Identifikation mit ihnen auch für die Zuschauermassen.

Dem soziologisch orientierten Leser mögen die genannten unbewußten Bedeutungen von Institutionen für den einzelnen gegenüber deren politischen und sozialen Funktionen belanglos erscheinen. Im Interesse des einzelnen hat sich aber die psychoanalytische Perspektive auch in der Anwendung auf die unbewußte Funktion von Institutionen für das Individuum praktisch durchaus bewährt.

6. Psychoanalyse und Politik – psychoanalytische Ansätze zu einer politischen Psychologie

Definition

Psychoanalytische und politische Praxis gehen jeweils von ganz unterschiedlichen Prämissen aus. In der Politik geht es um bewußt eingesetzte Machtausübung; unmittelbar und gezielt in totalitären Staaten, kontrolliert und indirekt über Gesetzgebung, Exekutive und Rechtsprechung abgesichert in demokratischen Systemen. Innerhalb des Systems existieren zahlreiche organisierte Verbände, die ihrerseits Macht ausüben, wie Parteien, Gewerkschaften, Industrie-Verbände u.a. Eine Organisation sucht auf die andere Macht auszuüben, die eigene Einflußsphäre zu erweitern und möglichst viele Menschen für sich zu gewinnen. Insofern sind politische Organisationen nie ohne die darin beteiligten Menschen zu sehen. Dabei finden wir bi-laterale und multi-laterale Konstellationen, zwischen denen sich nicht personell, vielmehr strukturell, das heißt, aus der gegebenen Struktur (bi-lateral oder multi-lateral) ableitbare Konflikt-Konstellationen ergeben.

Der politische Alltag besteht nun darin, ständig die innerhalb der eigenen Organisation und zwischen den verschiedenen Organisationen entstehenden Konflikte zu klären und nach Möglichkeit zu lösen. Dabei wird jede Partei versuchen, auch wenn es nur um Sachprobleme geht, möglichst viele Vorteile für sich herauszuschlagen.

Wenn Psychoanalyse nicht nur als eine Therapie begriffen wird, sondern auch als eine Methode der Wahrheitsfindung, die »Aufschlüsse gibt über das, was dem Menschen am nächsten geht, sein eigenes Wesen, und wegen der Zusammenhänge, die sie zwischen den verschiedensten seiner Betätigungen aufdeckt« (Freud, 1932, S. 169), dann kann Psychoanalyse auch versuchen, Zusammenhänge zwischen politischen Betätigungen aufzudecken:

Derartige Versuche werden sich am ehesten in der *Analyse einzelner politisch tätiger Persönlichkeiten* bewähren. So konnten die Analysen Luthers und Gandhis durch Erik Erikson (1958, 1969) über die Einbeziehung der unbewußten Dimension Leben und Handeln dieser Persönlichkeiten einem psychologischen Verständnis wesentlich näherbringen, als dies ohne Verwendung der psychoanalytischen Methode möglich ist. Auch das Phänomen Hitler als Einzelpersönlichkeit konnte durch Einbeziehung wichtiger Gesichtspunkte von Hitlers Kindheit manche bisher politologisch und soziologisch nicht genügend ableitbaren Verhaltensweisen einsichtig machen (Bychowsky, 1965; Stierlin, 1975).

Aber auch *Massen-Phänomene* wie *Antisemitismus*, *Ethnozentrismus* und *Faschismus* wurden unter Einsatz psychoanalytischer Methoden bei der Untersuchung bestimmter Populationen in den USA untersucht, wobei sich eine positive Korrelation zwischen gehäuftem Vorkommen autoritätsgebundener Charakterzüge mit den genannten Phänomen ergab (Adorno et al., 1950). Danach scheinen bestimmte Persönlichkeitstypen neben Alter und Geschlecht bestimmte politische Einstellungen zu bevorzugen. Im Hinblick auf das politische Verhalten der Frau wurde deren überwiegend konservative politische Einstellung mit spezifischen psychologischen Faktoren wie Inferioritäts-Problematik gegenüber dem Mann (Neigung zu Masochismus) in ursächlichen Zusammenhang gebracht (Mitscherlich-Nielsen, 1971).

Damit wird versucht, gleichermaßen *individual-historisch* und *gesellschaftlich-historisch* politische Prozesse im Sinne einer bi-lateralen Beziehung einem Verständnis näherzubringen. Psychoanalyse will hierbei keinesfalls die nur politologisch oder soziologisch zu erfassende Ebene politischer Prozesse analysieren, vielmehr *die daran beteiligten unbewußten Anteile* herausarbeiten. Sie kann zum Beispiel fragen: Warum unterwerfen sich Menschen einer Autorität oder lehnen sich ihr gegenüber auf? Warum folgen Menschen blind einem Führer oder warum verweigern sie sich ihm? Inwieweit braucht der Mensch Herrschaft oder inwieweit ist er auf Führung angewiesen? Inwieweit ist er fähig, sich selbst zu steuern, unabhängig von einem Führer und frei von Herrschaft?

Um derartige Fragen beantworten zu können, müßten Politologen und Psychoanalytiker zusammenarbeiten, da die dabei beteiligten Prozesse gleichermaßen psychologischer und politologischer Natur sind. Man könnte von *»psychopolitischen« Prozessen* sprechen; in grundsätzlich analoger

Weise wie in der psychosomatischen Medizin von psychosomatischen Prozessen die Rede ist. Dabei müssen wir uns dann wie in der psychosomatischen Medizin auch auf dem Gebiet der politischen Psychologie immer darüber im klaren sein, daß die Anwendung zweier Methoden, nämlich einer politologischen und einer psychoanalytischen auf ein und denselben Gegenstand schwierige methodologische Probleme aufwirft, die m. E. nur dadurch lösbar sind, daß sich jede Disziplin auf den ihr eigenen Gegenstand beschränkt. Das heißt für die Psychoanalyse auf die unbewußten psychischen Anteile des psycho-politischen Simultan-Geschehens. Einen derartigen Versuch hatte ich (Kutter, 1972) gewagt. Ich überlasse es dem Leser, zu entscheiden, ob der Versuch gelungen ist.

Herrschaft als Modell eines psycho-politischen Simultan-Geschehens

Die Regierung herrscht, indem sie verhandelt, entscheidet, Verträge schließt, Gesetze erläßt, Steuern eintreibt u. v. m.; eventuell auch Propaganda für ihre Politik macht. Sie umfaßt also die gesamte Exekutive. Das Volk dagegen wird beherrscht bzw. regiert (passiv); es kann aber auch von Zeit zu Zeit wählen (aktiv). Zwischen Regierung und Regierten besteht ein typischer Kreisprozeß, d. h. ein dialogisches Verhältnis mit ›feedback‹, das man durchaus im Sinn der Kybernetik verstehen kann.

Die Entscheidung darüber, wo Regieren als notwendige oder unvermeidliche Ausübung von Ordnung aufhört und »unnötige« oder »zusätzliche« Unterdrückung (Marcuse, 1957) anfängt, ist dabei eine noch offene Frage. Sie ist ideologisch gefärbt, hängt aber objektiv vom realen Entwicklungsstand, sowohl der einzelnen Bürger als auch der Gesellschaft an sich ab. Analog der psychoanalytischen Theorie als Entwicklungspsychologie mit exquisit genetischem Aspekt kann man hierbei an verschiedene progressive Entwicklungslinien denken, die – grob gesagt – von ›primitiv bis differenziert‹, ›unreif bis reif‹, ›unmündig bis mündig‹, ›abhängig bis unabhängig‹ reichen.

Ein Staat mit relativ mündigen, selbstkritisch denkenden, psychoanalytisch, kurz: ›ich-starken‹ Bürgern würde insofern wenig Herrschaft ausüben müssen, könnte mit wenig Institutionen auskommen, die die Bürger regieren, führen, lenken, steuern, reglementieren oder manipulieren, da diese in ihrer Mündigkeit selbst politisch denkend entscheiden und handeln. Dagegen würde ein Staat in einer primitiven Gesellschaft mit unreifer Bevölkerung für seine Bürger denken, entscheiden und handeln müssen, da diese selbst hierzu unfähig sind.

Wenn wir also nach diesem bi-*personalen* Prinzip die bilateralen *Herrschafts*verhältnisse im einzelnen untersuchen, so lassen sich die bekannten Regierungsformen in psychoanalytischer Perspektive folgendermaßen verstehen:

a) Die autoritäre Regierung

Der autoritären Herrschaft in der Regierung entspricht das gehäufte Vorkommen *autoritätsgebundener* Charaktere im *Volk*. Sie sind durch folgende Merkmale gekennzeichnet: Ich-Schwäche mit wenig kritischer Denkfähigkeit, psychischer Infantilismus, Pseudo-Identität, bzw. Pseudo-Selbst. Analer Charakter mit abgewehrter genitaler Sexualität und mehr oder weniger masochistischen Zügen; verbunden mit der Tendenz, sich unterzuordnen. Man nennt diesen Charakter mit *Theodor Adorno* et al. (1955) »autoritätsgebunden« oder mit *David Riesman* (1961) »außengeleiteter Mensch«. Anstelle des Ich-Ideals ist ein Führer gesetzt, der narzißtisch geliebt wird, so wie das Kind einst die idealisierten Eltern-Imagines liebte. Der Führer hat außerdem die Stelle des Gewissens eingenommen.

Zu diesem Charaktertyp im Volk gehören nun kategorial entsprechende *autoritäre Führer*, charakterisiert durch starkes Machtstreben und ebenfalls anale Charakterzüge, jedoch nicht masochistischer, sondern sadistischer Art. Der Sadismus des Führers paßt dabei zum Masochismus des Bürgers wie der Schlüssel zum Schloß. Dazu kommen extrem narzißtische Bedürfnisse nach Bewunderung, ohne deren laufende Befriedigung durch die Öffentlichkeit ein derartiger Mensch schlecht leben könnte. Er ist also ebenso von dem ihn bewundernden autoritätsgebundenen Charakter im Volk abhängig wie dieser von ihm.

Eine *Extremform* des autoritär-autoritätsgebundenen Verhältnisses ist der *Rechts-Radikalismus* oder *Faschismus*. Er entsteht, psychologisch gesehen, durch eine Regression auf eine primitivere Entwicklungsebene der Objektbeziehung und der einzelnen psychischen Instanzen. Auf beiden Seiten kommt es zu einer Entdifferenzierung der Ich-Struktur, verbunden mit Spaltungen, Verleugnung und anderen primitiven Abwehrmechanismen. Dazu gehört eine Primitivisierung der Triebseite der Persönlichkeit, besonders der Aggressivität bei noch stärkerer Abwehr der Sexualität, die durch Prüderie und entsprechenden Sexualneid gekennzeichnet ist; ferner eine erhöhte Neigung zu Projektion bis zu paranoiden Einstellungen, die sich kollektiv z. B. in der Verteufelung einer Minorität wie Juden, Neger, Gastarbeiter zu erkennen gibt. Führer wie Geführte sind in narzißtischer Selbstüberschätzung miteinander verbunden, was bis zur Verschmelzung in einer Art ›folie à deux‹ gehen kann; man denke an fortgeschrittene entdifferenzierte Stadien des Dritten Reiches, etwa das Stadium des totalen Krieges, charakterisiert durch extreme Verteufelung des Gegners, Eskalation der Aggressivität (Erzfeind, Todfeind), völliger Abgabe des Gewissens, etwa bei KZ-Lagerkommandanten, an den grandios überhöhten Führer, im Glauben an eine über-individuelle Idee wie Rassismus, verbunden mit Fehldeutungen der Realität, wie z. B. der Kriegslage im Jahre 1944/45. Das Bild entspricht insgesamt einer Massenpsychose. Der irrationale Anteil am politischen Gesamtgeschehen ist extrem hoch.

b) Die konservative Regierung

Ihre Repräsentanten sind alte und sicherheitsvermittelnde Vater- oder Großvaterfiguren vom Typ *Hindenburg* oder *Adenauer*, deren Autorität anerkannt, ja gesucht wird. Hier sind Parallelen zu der ersten Art von Interdependenz, aber mit dem grundsätzlichen Unterschied, daß sie nicht vom narzißtischen Typus, sondern objektaler Natur ist, so wie im Verhältnis Vater-Sohn oder Herr-Knecht. Beide Seiten stehen einander als Objekte gegenüber, ohne daß es zu narzißtischen Identifikationen kommt, sind aber trotzdem voneinander abhängig. Der konservativ eingestellte Mensch neigt, wie der Name sagt, zum Bewahren, was trieb-psychologisch einer ›analen‹ Retention entspricht. Dazu kommt eine hohe Wertschätzung der Sicherheit, die durch den ›Vater Staat‹ quasi als »Verwaltungsgottheit« (Mitscherlich, 1963) garantiert ist. Die Gefahr des Konservatismus sind Immobilität bis hin zur Erstarrung. Ihr liegt psychologisch Angst vor Veränderung zugrunde (»keine Experimente«, »Sicherheit und Wohlstand«).

c) Die liberale Regierung

Regierung wie Regierte sind sich einig im Ideal der Freiheit und des selbständigen politischen Denkens und Handelns; ganz im Sinne der Aufklärung mit den Idealen Freiheit, Fortschritt, Rationalität. Dies verlangt auf beiden Seiten eine starke selbstbewußte Persönlichkeit mit relativer Autonomie, hoher Frustrationstoleranz und der Fähigkeit, die »Furcht vor der Freiheit« (Fromm, 1966) zu ertragen. Macht- und Gewinnstreben sind stark ausgeprägt. Es herrscht ein strenges Leistungsprinzip mit freier aber harter bis mörderischer Konkurrenz, die viel Sublimierung verlangt, auf Kosten der Triebschicht des Einzelnen geht, aber auch auf Kosten von anderen. Besitz und Eigentum spielen als Sicherheitsfaktor eine große Rolle und sichern eine relative Unabhängigkeit vom Staat, der als ›Feind der Freiheit‹ betrachtet wird.

Die Gefahr des Liberalismus ist die Isolierung des einzelnen von der Gruppe der Mitmenschen, der Individualismus; außerdem der Puritanismus, der auf eine große Angst vor Sexualität zurückgeht und zu Verlust ursprünglicher Vitalität führen kann. Dieser politischen Kategorie dürfte weitgehend die ökonomische des Kapitalismus in seinen verschiedenen Entwicklungsstadien entsprechen, wenn sie sich freilich auch mit dem Konservatismus überschneidet.

d) Die sozialistische Regierung

Sie ist bekanntlich durch das Primat der Gesellschaft gegenüber dem Individuum charakterisiert, erkennbar an Verstaatlichung auf Kosten des persönlichen Eigentums. Überhaupt hat das Individuum zugunsten der Gruppe an Bedeutung verloren. Gruppen-Identität steht über Ich-Identität. Nach einem Ausdruck aus der Psychosenlehre kann man von einer hohen Objektbeziehungskapazität beim Sozialisten sprechen, was nichts anderes meint, als die große Bereitschaft, alles zusammen mit anderen zu tun, d. h. eben *sozial* zu handeln. Dem so denkenden sozialistischen Menschen entspricht wiederum eine ebenso sozialistische Regierung in gegenseitiger Ergänzung.

Der *Links-Radikalismus* kann als Extremform des Sozialismus bezeichnet werden. Seine psychologischen Kennzeichen sind eine Entdifferenzierung der Ich-Struktur verbunden mit einer allgemeinen Kollektivierung; ferner totale Negierung des Bestehenden, zunehmende Irrationalität mit paradiesischen Erwartungen, unrealistischer Einschätzung der Welt und des Individuums (z.B. dessen Triebstruktur), Neigung zu Identitätsverlust zugunsten einer gegenseitigen Symbiose.

Neben der Gefahr des Selbstverlustes besteht die Gefahr des Verlustes der Triebsteuerung. Dabei fürchtet der Linksradikale das konservative Element ebenso wie der Konservative das linksradikale.

Wohlfahrtsstaat oder »kooperativer Staat«

Politologisch versteht man unter *Wohlfahrtsstaat* eine Regierungsform, die »Wohlstand für alle« zum Ziele hat. Zu diesem Zweck greift der Staat unmittelbar in die Wirtschaft ein. Er bindet damit gleichsam die Freiheit kapitalistischer Wirtschaft und bietet gleichzeitig der sozialistischen Bewegung Einhalt. Er stellt somit einen Kompromiß zwischen beiden Extremen dar, nämlich dem des Kommunismus und dem des Individualismus.

Psychoanalytisch gesehen besteht bei dieser Regierungsform die Gefahr, daß der Bürger in ihr unbewußt eine Instanz sieht, von der er sich ›oralrezeptiv‹ Befriedigung erwartet. Zu dieser passiven Einstellung gegenüber dem Staat zählt auch die von soziologischer Seite beschriebene Form der »politischen Apathie« (Horn, 1968). Die Art der Beziehung zum Staat entspricht der eines Säuglings zur Mutter (= bedürfnisbefriedigendes Objekt). Er wird als *gut* erlebt, wenn er etwas spendet (z.B. Renten, Pensionen, Kindergeld und dergleichen), als *schlecht*, wenn er nichts gibt oder gar fordert (Steuern, Ergänzungsabgaben usw.). Ein solches Verhältnis entspricht, psychoanalytisch betrachtet, einer recht primitiven Objektsbeziehungsebene. Zu ihr gehört, daß der passiv empfangende Bürger auf Seite des Staates entsprechend abschätzig eingestuft wird. Auf keinen Fall sieht man in ihm einen mündigen Bürger, vielmehr ein unmündig abhängiges ›Kind‹. Wie der Bürger seinerseits den Staat und seine Institutionen kategorial entsprechend unbewußt als ›Idealobjekt‹ erlebt und darüber hinaus auf die Institution auch Über-Ich-Anteile projizieren, Übertragungen vornehmen oder sich in pathologischer Weise mit Institutionen identifizieren kann, habe ich an anderer Stelle zu zeigen versucht (vgl. S. 4.5). All dies bedeutet, daß das Verhältnis zwischen Individuum und Staat in starkem Maße irrationale Anteile enthält und eine gegenseitige Anerkennung der zueinander in Beziehungen stehenden Instanzen nicht kennt.

Dies wäre nun in der psychoanalytischen Konstruktion eines *»kooperativen Staates«* der Fall: Hier würden zwischen Staat und Bürger eine ähnliche gegenseitige Achtung herrschen wie zwischen zwei reifen Partnern im zwischenmenschlichen Bezug. Dies würde allerdings voraussetzen, daß beide Seiten eine jeweils lang dauernde Entwicklung zu dieser Reife durchgemacht haben. Das Individuum wäre dann durch Ich-Stärke mit kritischer Denkfähigkeit, integrierte Sexualität, gemeisterte Aggressivität, ein tolerantes Über-Ich und durch ein an die Realität angeglichenes Ich-Ideal gekennzeichnet. Ein solches Individuum würde im Staat einen echten Partner sehen und dasselbe von diesem erwarten. Der Staat seinerseits hätte sich die »Freiheit als Form der Herrschaft« zu eigen gemacht, »in der die vorgegebenen Mittel die Bedürfnisse des Individuums mit einem Minimum von Unlust und Entsagung befriedigen« (Marcuse, 1968).

Konflikte würden in gegenseitiger Bereitschaft aller Beteiligten einschließlich der Verbände in ›konzertierten Aktionen‹ kooperativ solange verhandelt, bis unter gegenseitigem Entgegenkommen ein *Konsens* erzielt wäre. Die sogenannten ›pressure-groups‹ würden so zu ›discussion-groups‹. Freilich würde eine solche Kooperation auch auf seiten der Machthaber eine erhebliche Einsicht voraussetzen. Diese müßten in ihrer menschlichen Entwicklung so weit gekommen sein, daß sie freiwillig einer Begrenzung ihrer Macht zugunsten des Gemeinwohls zustimmen würden.

Andererseits würde vom einzelnen Bürger verlangt werden, in eigener Verantwortung und gleichzeitiger Anerkennung des Partners Staat zahlreiche »Vermeidungsimperative« hinzunehmen, z. B. unvermeidliche technokratische oder bürokratische Sachzwänge im Interesse des Ganzen anzuerkennen.

Mißtrauen und Mißverstehen zwischen Staat und Bürgern

Heute bestimmen vielfach Mißtrauen und gegenseitiges Mißverstehen die Beziehung zwischen den Repräsentanten des Staates und seinen Bürgern, besonders der Jugend. Man traut den Regierenden nicht zu, die heutigen Probleme der Umweltverschmutzung, der Arbeitslosigkeit und der Sicherheit zu lösen. Man fühlt sich durch die Repräsentanten des Staates nicht genügend repräsentiert und glaubt daher, sich selbst artikulieren zu müssen, um sich Gehör zu verschaffen. Man wähnt sich im Besitz besseren Wissens. Dabei mag es durchaus vorkommen, daß die Stimme des Volkes der Stimme Gottes näher kommt als die der Volksvertreter. Dies ist politisch zu respektieren.

Häufig vermischen sich aber die politischen Motive mit eigenen individualistischen Interessen, mit Bedürfnissen nach Auflehnung gegen jedwede Autorität um jeden Preis und mit Ängsten vor Verantwortung. Aufgabe der Psychoanalyse kann es dann nur sein, die unbewußten Anteile in der Beziehung zwischen Bürger und staatlichen Institutionen bewußt zu machen, ohne die bewußten politischen Ziele zu beeinflussen, und zwar auf beiden Seiten.

Probleme der »Veränderung« des einzelnen und der Gesellschaft

Ein partnerschaftliches Verhältnis zwischen Staat und Individuum setzt auf beiden Seiten Bereitschaft zu progressiver Veränderung voraus. Daß das Individuum verändert werden kann, und zwar durch den Prozeß der Psychoanalyse, ist erwiesen.

Selbst bei starken Deformierungen der Persönlichkeit durch Fehlerziehung, z.B. durch Triebunterdrückung, sind nachträgliche Korrekturen möglich. Je früher dabei die psychoanalytische Methode angewandt wird, um so geringer wird der hierzu nötige Aufwand sein. Ziel der gegenwärtigen Bemühungen ist daher die Vorbeugung in jeder Form. Voraussetzung hierzu wäre eine optimale Pädagogik schon für das Vorschulalter und eine bestmögliche »Erziehung der Erzieher«, z. B. in therapeutischen, Selbsterfahrungs- oder fallzentrierten Gruppen. Trotzdem soll nicht verschwiegen werden, daß »Veränderungen« am Individuum nicht einfach zu erreichen sind. Vor allem aus Angst, nicht nur »vor der Freiheit«, sondern auch vor den eigenen Trieben und vor sozialer Isolierung ergeben sich unter Umständen große Widerstände gegen jedwede ›Veränderung‹. Auch die erwähnten Abhängigkeitswünsche müssen über die Bearbeitung von Trennungsangst, Schmerz und Trauer und Einsicht in die eigenen Unvollkommenheiten in mühsamer Kleinarbeit abgebaut werden. Hierzu ergeben sich also Schwierigkeiten, die aber, wie die tägliche psychoanalytische Praxis zeigt, nicht unüberwindbar sind.

Viel größere Schwierigkeiten sind bei Versuchen zu erwarten, wohletablierte *Institutionen* zu verändern. Sind diese nämlich erst einmal etabliert, so verlieren sie nur schwer ihre Macht; zu sehr dienen sie ihren Trägern zur Befriedigung starker narzißtischer Wünsche nach Macht, Herrschaft und Bewunderung! Außerdem haben die Regierenden Angst, daß durch Lockerung der Zügel, lange aus Angst vor Sanktionen unterdrückte Rachewünsche frei werden und ihre Institutionen zerstören. »Der Marsch durch die Institutionen« ist daher, um mit *Rudi Dutschke* zu sprechen, »lang«. Er kann darüber hinaus meines Erachtens nicht ohne Kenntnis dessen erfolgen, was Institutionen für das Individuum und was das Individuum für die Institution jeweils bedeuten. Hierzu kann meiner Meinung nach die Psychoanalyse mit ihrer praktischen Erfahrung im analytischen Prozeß Wesentliches beitragen, wenn auch ihre Gesichtspunkte wegen der Eigengesetzlichkeit der Institution durch soziologische Befunde ergänzt werden müssen.

Jede dieser prozeßhaft und dialektisch zu denkenden ›Veränderungen‹ ist in sich schon kompliziert, schwierig und langwierig. Die Verhältnisse werden noch komplizierter, wenn wir noch die gegenseitige Interdependenz der genannten zwei Prozesse beachten. Die Art der Beziehung zwischen beiden beteiligten Variablen verändert sich ja unweigerlich in dem Maße, in dem sich nur eine Variable ändert. Es kommt dann zu Verschiebungen im Gleichgewicht der gegenseitigen Abhängigkeit, die zu Konflikten führen können. Hierbei gibt es grundsätzlich zwei Möglichkeiten:

a) Das Individum verändert sich, während die herrschenden Institutionen konstant bleiben.

b) Die herrschenden Institutionen verändern sich, während das Individuum konstant bleibt.

In jedem Fall kommt es zu Konflikten zwischen Individuum und Institution. ›Verändern‹ sich dagegen herrschende Institutionen und Individuum in einer einander entsprechenden Weise, so bleiben Konflikte aus. Dies wäre der Idealfall. In Wirklichkeit werden sich stets Spannungen zwischen beiden jeweils schon in sich selbst prozeßhaft in Entwicklung stehenden Instanzen bilden, was aber gerade den nötigen Reiz nach Veränderung mit sich bringt.

Derartige Möglichkeiten der »Veränderung« können nicht in Angriff genommen werden, ohne eine vorausgegangene, dem Gegenstand angemessene Methode der Diagnostik. Diese liefert die Psychoanalyse ebenso wie die der Therapie, ist sie doch ganz im Sinne des eingangs erwähnten *Freud*-Zitats eine Methode der Erforschung und Behandlung zugleich.

So verstanden ergänzt übrigens die psychoanalytische »Kritik« des Individuums die »kritische Theorie« der Gesellschaft etwa im Sinne der Frankfurter Schule (*Adorno* und *Horkheimer*). So wie jene unbewußte individuelle Inhalte bewußt macht, so hebt diese, in den Worten *Engels'* die »Bewußtlosigkeit der Beteiligten« in der Gesellschaft auf, indem sie ihnen ihre Abhängigkeit von den herrschenden Verhältnissen und ihre illusionären Verkennungen der realen Herrschaftsformen transparent macht. Hier treffen sich also Psychoanalyse und marxistische Gesellschaftstheorie in ihrer Zielsetzung, denn beide streben als Methoden dialektischer Aufklärung *theoretisch* die kritische Durchleuchtung der bestehenden Gegebenheiten und *praktisch* deren Veränderung an. Mögen auch ihre Gegenstände verschieden sein, so verfolgen beide Ansätze in ihrem unablässigen Infragestellen und Negieren der gegenwärtig herrschenden Verhältnisse *methodologisch* das gleiche Ziel, nämlich Veränderung von Individuum respektive Staat, und damit Veränderung des Gleichgewichts im »psycho-politischen Simultangeschehen« von Regieren und Regiertwerden; dies nicht nur in Richtung auf Progression, sondern auch auf Kooperation.

7. Zur geistigen Situation der Zeit – fünf psychoanalytische Thesen

Unsere heutige gesellschaftliche Situation ist, schlagwortartig, mit folgenden Thesen psychoanalytisch charakterisierbar:

1. These: Trotz mancher emanzipatorischer und liberalisierender gesellschaftlicher Prozesse ist die *Sexualität* noch lange *nicht* in gewünschtem Ausmaß in die Persönlichkeit des heutigen Menschen *integriert.*

2. These: Unsere geistige Entwicklung hat sich *auf Kosten von Gefühl, Emotion, Affekt oder Leidenschaft entwickelt.*

3. These: Desgleichen ist das *Aggressivitäts-Problem* weder individuell noch gesellschaftlich gelöst, allenfalls politisch kontrolliert.

4. These: In der Welt habt ihr Angst: psychoanalytische Aspekte zu einem weitverbreiteten Phänomen.

5. These: Wir leben in einer *Zeit gesteigerten Narzißmus'*; das heißt: gesteigerter Selbst- beziehungsweise Ich-Bezogenheit.

Zu jeder These einige Anmerkungen:

Zur *ersten* These: *»Sexualität ist nicht in die Persönlichkeit integriert«.* In der psychoanalytischen Praxis finden wir nach wie vor, wenn auch nicht mehr so extrem wie vor Jahrzehnten, Ängste vor Strafe bei sexueller Betätigung, sowie Scham- und Schuldgefühle. Die mit Sexualität verbundene Nähe wird vielfach gefürchtet, als Anspruch erlebt und aus Angst vor In-Beschlag-genommen-Werden abgewehrt. Viele Partnerschaften sind nicht durch gegenseitigen wechselseitigen Respekt, vielmehr durch untergründige sadistische und masochistische sowie den anderen ausbeutende oder manipulierende Anteile kompliziert. Aktuelle Partnerschafts-Beziehungen reaktivieren nicht gelöste ödipale Konflikte. Dazu kommen in großer Häufung Störungen im Bereich der Separation und Individuation beziehungsweise aus der Phase der Dual-Union und deren Lösung, die allenfalls eine eingeschränkte, reduzierende Sexualität gestatten. Die vielfach zitierte erste sexuelle Revolution in Gestalt der Liebesehe als romantischem Ideal hat somit zusammen mit der zweiten sexuellen Revolution, der offenen Partnerschaft ohne Treueideal, bei vielen Menschen zu keiner befreienden Lösung ihrer sexuellen Probleme geführt. Durch die Liberalisierung der Sexualität und über die Emanzipation der Frau wurde hier sicher viel Neuland gewonnen. Neben vielen neuen Techniken sexuellen Verhaltens scheint es aber an entsprechender emotionaler Erlebnisqualität zu mangeln.

Dies führt uns zur *zweiten* These: »*Wir leben heute in einer weitgehend leidenschaftslosen Welt*«. Heute kommt es darauf an, daß Menschen wie Computer funktionieren, sachlich bleiben und keine Gefühle zeigen. Leidenschaftliche Beziehungen, wie sie in den griechischen Mythen, bei Shakespeare, bei Goethe und bei den Romantikern gefeiert wurden, sind heute weitgehend verpönt. Der innerhalb der psychosomatischen Medizin mit dem griechischen Fremdwort »Alexithymie« bezeichnete Persönlichkeitstyp, der in der Übersetzung des Fremdwortes nicht in der Lage ist, Gefühle wahrzunehmen und zu äußern (wörtlich übersetzt: zu lesen), findet sich nicht nur bei Patienten mit psychosomatischen Krankheiten oder in weniger gebildeten Schichten, sondern überall (vgl. 2.7). Der gefühllose Zugang zum andern machte auch vor den helfenden Berufen nicht Halt (technisierte Medizin) und verschonte selbst die Psychoanalyse nicht, die sich streckenweise in eine äußerst nüchterne Sprach-Analyse und eine Analyse der Interaktionen aufzulösen drohte. Die dadurch entstandene Lücke füllten dann neue psychotherapeutische Verfahren, deren auffallendes Merkmal gerade darin beruht, daß Gefühle, Emotionen und Affekte einen höheren Stellenwert erhalten (Primär-Therapie, Ur-Schrei, Gestalt-Therapie, Bio-Energetik, Gesprächs-Psychotherapie) mit deren Betonung der Verbalisierung emotionaler Inhalte.

Inzwischen hat die Psychoanalyse das verlorene Terrain wieder in ihren Bereich heimgeholt, indem sie Gefühle, Affekte und Emotionen stärker als zuvor beachtet (Arlow, 1977; Green, 1977; Limentani, 1977; Kutter, 1978; Lorenzer, 1981).

Wir können also davon ausgehen, daß die Ebene der Affektivität in der Psychoanalyse wieder stärker berücksichtigt wird. Erfreulicherweise ist auch in der Öffentlichkeit eine größere Sensibilität für Gefühl und Emotionalität entstanden. Entsprechende Erscheinungen in der Literatur (Casriel, 1977; Kahle, 1981; Marti, 1979; Zimmer, 1981), im Film (»Carmen« von Saura oder Filme von Faßbinder) und Theater (zum Beispiel Inszenierungen von Palitzsch und Neuenfels) berechtigen zu Hoffnungen.

In der *dritten* These wird festgestellt: *Das Problem der Aggressivität zwischen Menschen und Nationen ist ungelöst*. Belege dafür finden sich in Sarkasmus, Zynismus und in den abwertenden Äußerungen vieler Menschen, die sich meist gegen Schwächere richten und keine Schuldgefühle auslösen. Auch die wieder zunehmende Zahl von Verletzungen und Todesfällen im Straßenverkehr und die zunehmende Häufigkeit delinquenten Verhaltens sprechen eine deutliche Sprache.

Gehen wir von der Frustrations-Aggressions-Hypothese aus, dann ist das gehäufte Vorkommen aggressiven Verhaltens die eine Seite der Medaille, der Mangel an liebender Zuwendung in zwischenmenschlichen Beziehungen die der anderen.

Die Gefahr nicht gebändigter Aggressivität liegt in der Zerstörung des anderen, im Extremfall im Mord, im Regelfall im gezielt verbalen Angriff und in der Entwertung des anderen. Auch auf der Ebene gesellschaftlicher Prozesse bildet Aggressivität den »Bodensatz aller Beziehungen« (Freud, 1930).

Eine Organisation kann vielfach nur dann unter sich einig sein, wenn eine andere Organisation zum Sündenbock erklärt wird. Die Projektion feindseliger Gefühle in andere ist eine häufige Abwehrform bei Aggressionsproblemen, ein Mechanismus, den die Psychoanalyse entdeckt hat, und der sich nicht nur in der Anwendung auf den einzelnen in der Therapie, sondern auch in der Anwendung auf kleinere und große Gruppen im gesellschaftlichen Rahmen bewährt. Wenn Freud auch meint, daß »keine Aussicht« bestände, die aggressiven Neigungen der Menschen abzuschaffen, so gibt es doch Wege, die die Psychoanalyse aufzeigen kann, um das Problem der Aggressivität einer Lösung näherzubringen: Aggressive Energien können in kontrollierter Form abgeführt werden:

1. auf *körperlicher Ebene* in Form von Sport,

2. auf *seelisch-geistiger Ebene* in Form von konstruktiver Kritik, Selbstbehauptung, Zielstrebigkeit und Durchsetzungsfähigkeit,

3. durch *Vernunft* mit einem möglichst hohen Grad von Einsicht in unvermeidliche Aggressivität, in damit zusammenhängende Konflikte und deren Lösungsmöglichkeiten,

4. durch *Herstellen von Kontakten und Ausbau von Beziehungen* unter Einschluß von Gefühlen in gegenseitiger Respektierung und Toleranz sowie

5. durch *mehr Zeit für liebende Zuwendung untereinander.*

These vier: »In der Welt habt ihr Angst« * *– psychoanalytische Aspekte zu einem weitverbreiteten Phänomen*

Die Parteien führen das Wort im Munde. Kirchentage befassen sich damit. Was früher nur verschämt dem Therapeuten gestanden wurde, wird heute öffentlich diskutiert:

Viel Angst ist *real begründet*: Zwischen Fernraketen eingespannt und mit Mittelstreckenraketen im eigenen Land ist nicht gut leben. Angesichts schwindender Energievorräte breitet sich ebenso Angst aus wie unter dem Druck von Arbeitslosigkeit.

Noch mehr aber ist Angst *irrealer Natur*: Nicht überwundene Kindheitsängste fristen in uns unbewußt ihr Dasein und nähren die Angst: Angst vor Strafen für verbotenes Tun, vor Liebesverlust, vor Trennung, vor Einsamkeit. Sie bewußt zu machen, reduziert sie.

Angst ist auch ein *Signal* für eine lauernde Gefahr und insofern sinnvoll. Gewarnt sind alle unsere Fähigkeiten aufgerufen, ihr zweckmäßig zu begegnen: Unsere Sinne, alle Wahrnehmung, rasches Denken, logisches Schließen, entschlossenes Handeln.

Aber nicht alle Angst können wir auf diese Weise bannen. Gegenkräfte mit angstmindernder Wirkung sind Glaube, Hoffnung und Liebe (1. Korinther 13,13) und *Vertrauen*; nicht blindes Vertrauen, sondern berechtigtes Vertrauen, zum Beispiel in die parlementarische Demokratie mit ihrer wechselseitigen Kontrolle durch Gewaltenteilung in Legislative, Exekutive und Rechtsprechung oder in vertrauenswürdige Experten und deren Verantwortung.

Nach *These fünf* leben wir in einer *Zeit gesteigerter Selbst- oder Ich-Bezogenheit.* Das heißt psychoanalytisch: Wir erleben den anderen wie uns selbst. So wie sich Narziß im Spiegel

* Johannes 16,33.

des Wassers sah, so sehen wir im anderen uns selbst. Französische Autoren nannten diese Wiederspiegelung »Reduplikation«, das heißt: Der Patient sieht den anderen nicht so wie er ist, sondern so wie sich selbst. Derart auf sich selbst bezogene Menschen vesuchen den anderen in Beschlag zu nehmen, zu beherrschen und zu kontrollieren. Sie fühlen sich dabei sehr mächtig, um nicht zu sagen, allmächtig. Richter (1979) spricht von »Gotteskomplex«.

Narzistische Merkmale kennzeichnen auch die heutige Gesellschaft. Man kann von einer »narzißtischen Kultur« sprechen (Lasch, 1982; Ziehe, 1975): Infantile Sehnsüchte nach Harmonie, kollektive Größenselbstbilder, narzißtische Allmachtsbestrebungen finden sich gehäuft bei Jugendlichen. Damit ist eine unverzerrte Wahrnehmung der Realität nicht mehr möglich. Spaltungsprozesse mit Idealisierung der eigenen Person und Verteufelung anderer kommen hinzu.

Viele Merkmale des heutigen Jugendprotestes, der Alternativenszene und der Verweigerung lassen sich mit der hier vorgelegten These gesteigerten Narzißmus' erklären. Dazu gehören ebenso »Konsum-Grandiosität«, narzißtisch übersteigertes Machtstreben, utopische Heilserwartungen als Phänomene einer Flucht aus Gesellschaft und in eine Scheinwelt der Harmonie. Derartige narzißtische Faktoren auch in der aktuellen Friedensbewegung zu sehen ist durchaus naheliegend, womit natürlich deren ernste Sorge um den Frieden nicht geschmälert werden soll; es geht lediglich um mögliche unbewußte Anteile einer narzißtischen Problematik bei manchen Mitgliedern der Friedensbewegung.

Die Ursachen narzißtisch übersteigerter Einstellungen und Haltungen sind in Übereinstimmung mit der psychoanalytischen Theorie in den frühen Objektbeziehungen zu suchen, wie wir sie an anderer Stelle (vgl. 2.2 bis 2.6) beschrieben haben. Das affektive Versagen und die erzieherische Unsicherheit vieler dominanter Mütter und selbstunsicherer Väter (Ziehe, 1975) scheinen hierbei keine geringe Rolle zu spielen. Wenn wir unsere am Individuum gewonnenen Einsichten in narzißtische Persönlichkeitsstörungen kühn auf die Gesellschaft anwenden, dann können wir im gehäuften Vorkommen narzißtischer Phänomene eine Abwehr gegenüber Defiziten in den Beziehungen vermuten, und zwar in den fundierenden Objektbeziehungen. In diesem Bereich scheinen tatsächlich Strukturdefizite vorzuliegen, die aber gerade deswegen, weil sie durch die narzißtischen Formationen und Äußerungsformen überdeckt sind, gar nicht auffallen.

Wollen wir die Defizite ausfüllen und damit auch die Selbstbezogenheit vieler Menschen in der heutigen Gesellschaft überwinden, dann müssen Mittel und Wege gefunden werden, die vielfältigen Mangelerscheinungen zu kompensieren: Durch echte Autorität, überzeugende Argumente, klare Äußerungen, Zuverlässigkeit, eine erhöhte Verbindlichkeit untereinander, größere Toleranz und Solidarität.

Im Wagnis des Vertrauens kann dann riskiert werden, die heutigen politischen, wirtschaftlichen und sozialen Probleme trotz deren hochgradiger Kompliziertheit und trotz der atomaren Bedrohung realistisch einzuschätzen und anzupacken, was natürlich weit anstrengender und aufwendiger ist und den einzelnen persönlich mehr fordert als in Verkennung der Realität, aus Angst oder nicht gewagtem Vertrauen, »aus der Gesellschaft auszusteigen«, eine alternative Insel in ihr zu bilden oder gar zur Droge zu greifen.

Dabei muß jeder bei sich selbst anfangen, sich abgrenzen aus unbewußten Bindungen, seine eigenen aggressiven Anteile erkennen und damit die depressive Position meistern, seine ödipalen Konflikte lösen, was natürlich um so leichter sein wird, je mehr von Staat und Gesellschaft her Maßnahmen der Prävention geboten werden, die besonders die Familie als Basis für den Aufbau der Persönlichkeit schützen. Jedwede persönlichen Bindungen sollten gepflegt und ausgebaut werden; auch über die Grenzen der eigenen Nation hinweg.

Auf diese Weise kann übersteigerte Selbst-Bezogenheit überwunden und durch eine den anderen respektierenden Objekt-Bezogenheit ersetzt werden. Dieses psychoanalytische Prinzip gilt gleichermaßen für inter-personale wie internationale Beziehungen.

8. Psychoanalytische Aspekte der Kunst – ein kreativer Ausweg zwischen Selbst- und Fremd-Destruktion

Auch Kunst bildet die geistige Situation der Zeit ab. So reflektieren die verschiedenen Kunststile jeweils die herrschenden wirtschaftlichen, politischen und gesellschaftlichen Zustände. In der Kunst müssen wir daher die im vorigen Beitrag genannten Phänomene nicht ganz bewältigter Sexualität, die Probleme von Aggressivität und Leidenschaft und die erhöhte Selbstbezogenheit der Menschen wiederfinden: Jeder künstlerisch gebildete Leser wird in der modernen Kunst reichlich Belege für diese These finden: Menschliche Konturen haben sich weitgehend zu Teilobjekten aufgelöst oder sind ganz durch Strukturlosigkeit ersetzt. Diese Entwicklung beginnt bei Eduard Munch (Der Schrei), ergreift Picasso und setzt sich über die gesamte gegenstandslose Malerei fort bis zu den Bildern und Plastiken der neuen nonkonformistischen Kunst, etwa bei Beuys und den sogenannten »Wilden«. Die Beziehungslosigkeit und Selbstbezogenheit des in sich selbst verstrickten Menschen zeigen besonders Bilder von Dali (Die Metamorphosen des Narziß), von Otto Dix, Max Ernst oder von Paul Wunderlich.

Während des kreativen Prozesses befindet sich der Künstler in einem ähnlichen *Dialog* zwischen sich und dem entstehenden Kunst-Produkt wie der Analytiker mit seinem Analysanden: Die verschiedensten Entwicklungsphasen des Künstlers, besonders die mit traumatisierenden Erfahrungen, werden wiederbelebt und in künstlerischem Prozeß konstruktiv umgeformt. Hierbei spielt neben ungelösten sexuellen Konflikten und narzißtischen Problemen eine nicht ins Bewußtsein integrierte Aggressivität eine wesentliche Rolle. Die damit zusammenhängenden Probleme haben wir bereits im Kapitel über Depressivität und Suizid sowie im Abschnitt über psychosomatische Störungen kennengelernt. In beiden klinischen Phänomenen wird die nicht verarbeitete Aggressivität nicht *nach außen* abgeführt, was im Extremfall zu *Mord* führen würde (auf inter-nationaler Ebene zum Krieg), oder *nach innen* gewendet, gefolgt von Depression, im Extremfall *Selbstmord* (inter-national: eine Nation zerstört sich selbst; man denke an die selbstzerstörerischen Prozesse im deutschen Volk während des Nationalsozialismus, insbesondere während des Krieges 1939–1945).

Als *konstruktiver dritter Weg* zwischen dem ersten Weg der Wendung der Aggressivität nach außen und dem zweiten der Wendung der Aggressivität nach innen bietet sich nun die Kunst an. In ihr können sich destruktive Impulse ausleben, schon während des Vorgangs künstlerischen Gestaltens (im Schneiden des Holz- oder Linol-Schnitts, im Behauen von Stein, im Schnitzen von Holz, im furiosen Gebrauch von Pinsel und Farbe; bis zum Exzeß getrieben, wenn zum Beispiel Wände mit ganzen Ästen, Zweigen und langen Gräsern bemalt werden).

Dazu kommt die Verarbeitung von Aggressivität im Inhalt des künstlerischen Produktes, die gerade in der modernen bildenden Kunst unschwer zu entdecken ist. Künstlerischer Betätigung wohnt insofern ein selbst-heilender Faktor inne, der übrigens psychotherapeutisch genutzt wird (Musik-Therapie, Kunst-Therapie mit Finger-Farben, mit Knetmasse, Ton und mit vielen anderen Materialien).

Besonders im Bereich der Therapie psychosomatischer Störungen, delinquenten Verhaltens und der Drogenabhängigkeit hat sich der vom Künstler unbewußt gewählte dritte Weg zwischen Selbst- und Fremd-Destruktion bewährt.

Anhang

Nachweise

Einzelne Kapitel dieses Buches stützen sich auf *Passagen* aus früheren Veröffentlichungen oder auf *nicht publizierte* Vorträge.

1. Kapitel:

1. Wiederholungszwang und Neubeginn – zwei wesentliche Elemente der psychoanalytischen Methode,
aus: »Widerstandsanalyse«. In: *Psychotherapie Manual*, hrsg. v. M. Linden und M. Hauzinger, Springer Berlin/Heidelberg/New York 1981, S. 285f

2. Persönlichkeit und Empathie – zwei wichtige Voraussetzungen psychoanalytischen Handelns,
aus: »Über den Einfluß der ärztlichen Persönlichkeit auf den therapeutischen Prozeß«. *Prax. Psychother.*, 23, 1978, S. 205, 208f.

3. Beratung, Psychotherapie und Kurztherapie – drei praktische Anwendungen der Psychoanalyse,
aus: »Psychoanalytische Behandlungs- und Beratungsmethoden«. *Psychother. med. Psychol.* 28, 1978, S. 79–82 sowie S. 77f u. 74f

2. Kapitel:

1. Wissenschaftstheoretische Probleme,
aus: »Neuere Strömungen in der Psychoanalyse«. In: Bericht über den 32. Kongreß der Deutschen Gesellschaft für Psychologie in Zürich 1980, Bd. II, hrsg. v. W. Michaelis, Verlag für medizinische Psychologie Dr. Hogrefe, Göttingen 1981, S. 592–595.

2. Psychoanalytische Konflikttheorie – das psychoanalytische Krankheitskonzept,
aus: »Konflikt und Krankheit – das psychoanalytische Krankheitskonzept«, *Psychoanalyse*, 1, 1980, S. 8–12 sowie S. 16–22.

4. Familien-Neurosen – ein früher Ansatz zu Familiendynamik und -therapie,
aus: »Familien- und Betriebsneurosen«. In: *Gesellschaft und Neurose*, Klett, Stuttgart 1965, S, 82–90 sowie 92f u. 96ff.

5. Narzißtische Neurosen,
aus: »Narzistische Neurosen, einige Bemerkungen zu ihrer Diagnostik und Therapie«. In: *Das Lebensproblem und die Krankheit*, Klett, Stuttgart 1968, S. 64–90.

3. Kapitel:

1. Theorie
Probleme der Anwendung der Psychoanalyse auf die Gruppentherapie, aus: »Angewandte Psychoanalyse in der Gruppentherapie«, *Prax. Psychother.*, 23, 1968, S. 187f sowie 181–184.

4. Kapitel:

3. Familien-Konflikte und deren Lösung – der Beitrag der Psychoanalyse zur Familie,
aus einem Vortrag in Zusammenarbeit mit dem Saarländischen Rundfunk im Rahmen einer Reihe »Familie im Blickpunkt« mit dem Titel »Familie als Ort psychologischer Interaktion – Konfliktentstehung und -bewältigung« am 8. 11. 1982, sowie
aus: »Adoleszenz«. In: *Vatersein*, hrsg. v. H. J. Schultz, Kreuz-Verlag, Stuttgart 1982, S. 242ff.

6. Psychoanalyse und Politik – psychoanalytische Ansätze zu einer politischen Psychologie,
aus: »Psychoanalyse und Politik«, Wege zum Menschen, 24, 1972, S. 295–299 sowie 300f.

7. Zur geistigen Situation der Zeit – fünf psychoanalytische Thesen,
umgearbeitete und erweiterte Fassung eines nicht veröffentlichten Vortrags an der »Universität des dritten Lebensalters«, Frankfurt am Main am 11. 5. 1983.

8. Psychoanalytische Aspekte der Kunst – ein kreativer Ausweg zwischen Selbst- und Fremd-Destruktion,
gekürzte Fassung eines Referats auf der Tagung der »Gesellschaft für Psychopathologie des Ausdrucks« in München vom 22.–24. 10. 1982.

Für erteilte Erlaubnis zum Wiederabdruck sei dem Kreuz Verlag Stuttgart, dem Springer Verlag Berlin, Heidelberg und New York, dem Thieme Verlag Stuttgart und dem Verlag für Psychologie Dr. C. J. Hogrefe ausdrücklich gedankt.

Literaturverzeichnis

Adorno, T. W., Frenkel-Brunswik, E., Levinson, D. J. und Sandford, R. N: *The Authoritarian Personality*. New York und London 1950.

Alexander, F. und French, T.: *Personalytic Therapy*. Ronald Press, New York 1946.

Argelander, H.: »Die Analyse psychischer Prozesse in der Gruppe«. *Psyche*, 17, 450–479 und 481–515, 1963/64.

– *Gruppen-Prozesse, Wege zur Anwendung der Psychoanalyse in Behandlung, Lehre und Forschung*. Rowohlt, Reinbek bei Hamburg 1972.

– *Konkret Seelsorge. Balint-Gruppen mit Theologen im Sigmund-Freud-Institut*. Kreuz-Verlag, Stuttgart 1973.

– *Über psychoanalytische Kompetenz*. *Psyche*, 28, 1063–1076, 1974.

Arlow, J. A.: »Die Affekte und die psychoanalytische Situation«. *Psyche*, 31, 637–659, 1977.

Balint, E.: »Gruppenmethoden der Fortbildung von Sozialfürsorgern«. *Psyche*, 13, 230–239, 1959/60.

Balint, M.: *Der Arzt, sein Patient und die Krankheit*. Klett, Stuttgart 1957.

– »Die drei seelischen Bereiche«. *Psyche*, 11, 321–344, 1957/58.

– »The Concept of the Subject and Object in Psychoanalysis«. *Brit. J. med Psychol*, 31, 1958.

– »Charakteranalyse und Neubeginn«. In: *Die Urformen der Liebe und die Technik der Psychoanalyse*. Huber/Klett, Bern/Stuttgart 1966.

– *Die Formen der Liebe und die Technik der Psychoanalyse*. Huber/Klett, Bern/Stuttgart 1966.

Balint, M.: *The Basic Fault, Therapeutic Aspects of Regression*. Tavistock Publs. London 1968. Deutsch: *Therapeutische Aspekte der Regression, die Theorie der Grundstörung*. Klett, Stuttgart 1970.

Balint, M. und E.: *Psychotherapeutische Techniken in der Medizin*. Huber/Klett, Bern/Stuttgart 1964, S. 115.

Balint, M., Ornstein, P. H. und Balint, E.: *Fokaltherapie*. Suhrkamp, Frankfurt 1973.

Bateson, G., Jackson, D. D., Haley, J. et al.: *Schizophrenie und Familie*. Suhrkamp, Frankfurt 1969.

Bassyouoni, C.: »Beendigung der Psychotherapeutischen Prozesse«, *Wege zum Menschen*, 36, 1984, im Druck.

Beckmann, D.: *Der Analytiker und sein Patient, Untersuchungen zu Übertragung und Gegenübertragung*. Huber, Bern/Stuttgart/Wien 1974.

Reckmann, D. und Richter, H.-E.: *Gießen-Test, ein Test für Individual- und Gruppen-Diagnostik, ein Handbuch*. Huber, Bern 1972.

Bekéi, M.: »A Specific Disturbance of Early Development as a Conditioning Factor of Psychosomatic Disease«. Vortrag auf dem Internationalen psychoanalytischen Kongreß in Helsinki 1981.

Bellak, L. und Small, L.: *Kurzpsychotherapie und Notfallpsychotherapie*. Suhrkamp, Frankfurt 1972.

Bibring, E.: »The Mechanism of Depression«. In: P. Greenacre (Hrsg.): *Affective Disorders; Psychoanalytic Contributions to their Study*. Intern. Univ. Press, New York 1953.

Bion, W. R.: *Erfahrungen in Gruppen und andere Schriften*. Klett, Stuttgart 1971.

Birnbaum, K.: *Soziologie der Neurose*. Berlin 1933.

Blos, P.: *Adoleszenz*. Eine psychoanalytische Interpretation. Klett, Stuttgart 1973.

Bondy, C.: »Beziehungen zwischen Gesellschaftsgefüge und Neurose«. *Psyche*, 9, 81–89, 1955/56.

Bowlby, J.: »Maternal Care and Mental Health«. *Bulletin of the World Health Organisation*, 3, 355–534, 1951. Deutsch: *Mütterliche Zuwendung und geistige Gesundheit*. Kindler, München 1973.

Brenner, C.: »On the Nature and Development of Affects. A Unified Theory«. *Int. J. of Psycho-Anal.*, 43, 532–566, 1974.

Bychowsky, G.: *Diktatoren*. Szczesny, München 1965.

Cannon, W. B.: *Wut, Hunger, Angst und Schmerz, eine Physiologie der Emotionen*. Urban und Schwarzenberg, München / Berlin / Wien 1975.

Caplan, G.: *An Approach to Community Mental Health*. Tavistock Publs., London 1969.

Casriel, D.: *Die Wiederentdeckung des Gefühls. Schreitherapie und Gruppendynamik*. Goldmann, München 1977.

Cremerius, J.: *Die Prognose funktioneller Syndrome*. Enke, Stuttgart 1968.

Damm, S.: »Primärtherapie aus psychoanalytischer Sicht«. *Materialien zur Psychoanalyse und analytisch orientierten Psychotherapie*, Band IV, 125–148, 1978.

Dantlgraber, J. und Loch, W.: »Changes in the Doctor and his Patientsbrought about by ›Balint-Group-Work‹«. *Psychiatrica Fennica*, 69–80, 1976.

Deutsch, F.: *On the Mysterious Leap from the Mind to the Body, a Study on the Theory of Conversion*. Int. Univ. Press, New York 1959.

Eicke, D.: *Der Körper als Partner, Plädoyer für eine psychosomatische Krankheitslehre*. Kindler, München 1973.

Eissler, K.: »The Effect of the Structure of the Ego on Psychoanalytic Technique«. *J. Amer. psy. Asscn.*, 1, 104–143, 1953.

Engel, G. L. und Schmale, A. M.: »Eine psychoanalytische Theorie der psychosomatischen Störungen«. *Psyche*, 23, 241–261, 1969.

Erikson, E.: »Die menschliche Stärke und der Zy-

Erikson, E.: klus der Generationen«. *Psyche*, 20, 241–281.

– *Kindheit und Gesellschaft*. Klett, Stuttgart 1961.

– *Wachstum und Krisen der gesunden Persönlichkeit*. Wiss. Buchgesellschaft, Darmstadt 1966.

Ermann, M.: »Die Anwendung des Stuttgarter Bogens in der klinischen Psychotherapie«. In: Enke, H., Tschuschke, V. und Volk, W. (Hg.): *Psychotherapeutisches Handeln*, 25–31. Kohlhammer, Stuttgart 1983.

Ezriel, H.: *Notes on Psychoanalytic Group Therapy II*, Interpretation and Research. Psychiatry, 15, 119–126, 1952.

Fairbairn, W.R.D.: *Psychoanalytic Studies of the Personality*. Tavistock Publs., London 1952.

Federn, P.: *Ich-Psychologie und die Psychosen*. Huber, Bern/Stuttgart 1956.

Ferenczi, S.: »Fragmente und Notizen«. *Bausteine der Psychoanalyse*, Bd. IV, S.294, 1932.

– »Weiterer Ausbau der ›aktiven Technik‹ in der Psychoanalyse«. *Bausteine der Psychoanalyse*, Bd. II, 58–61, Huber, Bern 1964.

– »Sprachverwirrung zwischen den Erwachsenen und dem Kind«. *Int. Z. f. Psychoanal.*, 19, 5–15, 1933; Wiederabdruck: *Psyche*, 21, 256–265, 1967.

Finger, U.: *Narzißmuß und Gruppe*. Fachbuchhandlung für Psychologie, Frankfurt 1977.

Fisher, S. und Greenberg, R.P.: *The Scientific Credibility of Freuds' Theories and Therapy*. Basic Books, New York 1977.

Foulkes, S.H.: *Introduction to Group-Analytic Psychotherapy*. William Heinemann, London 1948.

– *Gruppenanalytische Psychotherapie*. Kindler, München 1974.

– »Psychotherapie und Gruppenpsychotherapie«. In: Kadis, A. L., Krasner, J. D., Weiner, M. F., Winick, C. und

Foulkes, S.H.: Foulkes, S. H.: *Praktikum der Gruppenpsychotherapie*. Hrsg. v. Kutter, P., Frommann-Holzboog, Stuttgart-Bad Cannstatt 1982.

Freeman, T., Cameron, B.L. und McGie, A.: *Studies on Psychosis*. Tavistock Publs., London 1965.

– *Chronic Schizophrenia*. Tavistock Publs. London 1958. Deutsch: *Studie zur chronischen Schizophrenie*. Suhrkamp, Frankfurt 1969.

Freud, A.: *Das Ich und die Abwehrmechanismen*. Imago, London 1936. Deutsch als Fischer-Taschenbuch 42001.

– *Normality and Pathology in Childhood. Assessments of Development*. Int. Univ. Press, New York 1965. Deutsch: *Wege und Irrwege in der Kinderentwicklung*. Huber/Klett, Bern/Stuttgart 1968.

Freud, S. (1895): *Über die Berechtigung, von der Neurasthenie einen bestimmten Symptomenkomplex als ›Angstneurose‹ abzutrennen*. (G.W.) Bd. I. Gesammelte Werke

– (1896): *Zur Äthiologie der Hysterie*. (G.W.) Bd. I, S. Fischer, Frankfurt am Main.

– (1905): *Drei Abhandlungen zur Sexualtheorie*. G.W. Bd. V, 27–146.

– (1905): *Bruchstück einer Hysterieanalyse*. G.W. Bd. V, 162–286.

– (1908 a): *Die ›kulturelle‹ Sexualmoral und die moderne Nervosität*. G.W. Bd. VII.

– (1908 b): *Charakter und Analerotik*. G.W. Bd. VII.

– (1911 a): *Psychoanalytische Bemerkungen über einen autobiographisch beschriebenen Fall von Paranoia*. G.W. Bd. VIII.

– (1911 b): *Die zukünftigen Chancen der psychoanalytischen Therapie*. G.W. Bd. VIII, 104–115.

– (1912): *Ratschläge für den Arzt bei der psychoanalytischen Behandlung*. G.W. Bd. VIII, 376–387.

– (1912/13): *Totem und Tabu*. G.W. Bd. IX.

– (1914): *Erinnern, Wiederholen und Durcharbeiten.* G.W. Bd. X, 126–136.
– (1916): *Trauer und Melancholie.* G.W. Bd. X.
– (1920): *Jenseits des Lustprinzips.* G.W. Bd. XIII, 21.
– (1921): *Massenpsychologie und Ich-Analyse.* G.W. Bd. XIII, 71–161.
– (1923): *Das Ich und das Es.* G.W. Bd. XIII.
– (1925): *Selbstdarstellung.* G.W. Bd. XIV.
– (1927): *Die Zukunft einer Illusion.* G.W. Bd. XIV, 323–396.
– (1930): *Das Unbehagen in der Kultur.* G.W. Bd. XIV.
– (1932): *Aufklärungen, Anwendungen, Orientierungen.* In: Neue Folge der Vorlesungen zur Einführung in die Psychoanalyse. 146–169, G.W. Bd. XV.
– (1937): *Der Mann Moses und die monotheistische Religion.* G.W. Bd. XVI, 101–246.
Fromm, E.: *Die Furcht vor der Freiheit.* Europäische Verlagsanstalt, Frankfurt 1966.
Gadamer, H.-G.: *Wahrheit und Methode.* Siebeck Mohr, Tübingen 1965.
Garfield, S. L. und Bergin, A. E. (Eds.): *Handbook of Psychotherapy and Behavior Change; An empirical Analysis.* Wiley & Sons, New York 1978.
Geerlings, P. J.: »Psychotherapie bei Drogenabhängigkeit«. Vortrag an der Universität Frankfurt, Institut für Psychoanalyse 1980.
Gill, M. M.: »Psychoanalysis and Exploratory Psychotherapy«. *J. Amer. psa. Asscn.*, 1, 771–797, 1954.
Gitelson, M.: »The first Phase in Psychoanalysis«. *Int. J. Psycho-Anal.*, 43, 1962.
Green, A.: »Aktuelle Probleme der psychoanalytischen Theorie und Praxis«. *Psyche*, 29, 503–541, 1975.
– »Conceptions of Affect«. *Int. J. Psycho-Anal.*, 58, 129–156, 1977.
Greenberg, R., Langer, M. und Rodrigué, E.: *Psychoanalytische Gruppentherapie.* Hrsg. v. W.W. Kemper, Klett, Stuttgart 1960.

Greenson, R. R.: *Technik und Praxis der Psychoanalyse.* Band I, S. 58, Klett, Stuttgart 1973.

Hegel, G. W. F.: *Phänomenologie des Geistes.* G. W. Bd. III. Suhrkamp, Frankfurt am Main 1970.

Heigl-Evers, A.: *Konzepte der analytischen Gruppenpsychotherapie.* Verlag für medizinische Psychologie, Göttingen, 1972.

Heigl-Evers, A. und Heigl, F.: »Zur tiefenpsychologisch fundierten und analytisch orientierten Gruppenpsychotherapie des Göttinger Modells«. *Gruppenpsych. und Gruppendyn.*, 9, 237–266, 1975.

Heising, G. und Wolff, E.: *Co-Therapie in Gruppen.* Verlag für medizinische Psychologie, Göttingen 1976.

Henseler, H.: *Narzißtische Krisen. Zur Psychodynamik des Selbstmords.* Rowohlt, Reinbek bei Hamburg 1974.

Homans, G. C.: *Theorie der sozialen Gruppe.* Westdeutscher Verlag, Köln und Opladen 1960.

Horn, K.: *Über den Zusammenhang zwischen Angst und politischer Apathie.* Suhrkamp, Frankfurt am Main 1968.

Houben, A.: *Klinisch-psychologische Beratung.* UTB Reinhardt, München / Basel 1975.

Jacobson, E.: *Psychotischer Konflikt und Realität.* S. Fischer, Frankfurt am Main 1972.

James, M.: »The Non-Symbolic Nature of Psychosomatic Disorders«. A Testcase of both Kleinian and Classical Theory. *Int. Rev. Psycho-Anal.*, 6, 413–422, 1979.

Janov, A.: *Der Urschrei, Ein neuer Weg der Psychotherapie.* Fischer Taschenbuch 6286.

Jaques, E.: »Social System as a Defence against Persecutory and Depressive Anxiety«. In: *New Directions in Psychoanalysis* (Hrsg. Klein, M., Heimann, P. und Money-Kyrle, R.) Basic Books, New York 1953.

Jaspers, K.: *Philosophie. Bd. II, Existenzerhellung.* Springer, Berlin / Göttingen / Heidel-

berg 1956.
Junker, H.: *Das Beratungsgespräch*. Kösel, München 1973.
Kahle, G.: *Die soziale Dimension der Gefühle*. Suhrkamp, Frankfurt am Main 1981.
Keil, S.: *Familien- und Lebensberatung*. Kreuz-Verlag, Stuttgart 1975.
Kernberg, O.F. et al.: »Psychotherapy and Psychoanalysis. Final Report of the Menninger Foundation's Psychotherapy Research Project«. *Bulletin of the Menninger Clinic*, 36, 1972.
Kernberg, O.F.: *Borderline Conditions and Pathological Narcissm*. Jason Aronson, New York 1975. Deutsch: *Borderline-Störungen und pathologischer Narzißmus*. Suhrkamp, Frankfurt am Main 1978.
– »Psychoanalytic Objekt-Relations-Theory. Group Process and Administration; Toward on Integrative Theory of Hospital Treatment«. *The Annual of Psychoanalysis*, 1, 363–388, Chicago Univ. Press 1973. Deutsch: O.F. Kernberg: *Objektbeziehungen und Praxis der Psychoanalyse*. 256–297, Klett, Stuttgart 1981.
Khan, M.M.R.: *The Privacy of the Self*. Hogarth, London 1974. Deutsch: *Selbsterfahrung in der Therapie, Theorie und Praxis*. Kindler, München 1977.
Klauber, J.: »Der Psychoanalytiker als Person«. *Psyche*, 21, 745–757, 1967.
Klein, M.: »Neid und Dankbarkeit«. In: *Das Seelenleben des Kleinkindes und andere Beiträge zur Psychoanalyse*, 177–191. Klett, Stuttgart 1962.
– *Das Seelenleben des Kleinkindes und andere Beiträge zur Psychoanalyse*. Klett, Stutgart 1962.
Kline, P.: *Fact and Fantasy in Freudian Theory*, Methuen & Co., London 1972.
Kohut, H.: *The Analysis of the Self*. Int. Univ. Press New York 1971. Deutsch: Narzißmus; eine Theorie der psychoanalytischen Behandlung narzißtischer

Kohut, H.: Persönlichkeitsstörungen. Suhrkamp, Frankfurt am Main 1973.

Kretschmer, E.: *Körperbau und Charakter*. Springer, Berlin / Göttingen / Heidelberg 1931.

Kris. E.: »Notes on the Development and on some Current Problems of Psychoanalytic Child Psychology. *The Psychoanalytic Study of the Child*, V, 1950.

Kutter, P.: »Psychiatrische Krankheitsbilder«. In: Loch, W. (Hrsg.): *Die Krankheitslehre der Psychoanalyse*, 155–212, insbes. 165–172. Hirzel, Stuttgart 1967, 1983.

– »Aspekte der Gruppentherapie«. *Psyche*, 24, 721–738, 1970.

– »Übertragung und Prozeß in der psychoanalytischen Gruppentherapie«. *Psyche*, 25, 856–873, 1971.

– »Psychoanalyse und Politik«. In: *Wege zum Menschen*, 24, 289–301, 1972.

– »Neurose«. In: *Psychologie für Nicht-Psychologen*. Hrsg. v. H.J. Schulz. Kreuz-Verlag, Stuttgart / Berlin, 266-275, 1974 a.

– *Sozialarbeit und Psychoanalyse, Möglichkeiten und Grenzen von Kooperation und Integration*. Vandenhoeck & Ruprecht, Göttingen 1974 b.

– *Elemente der Gruppentherapie*. Vandenhoeck & Ruprecht, Göttingen 1976.

– *Die menschlichen Leidenschaften*. Kreuz-Verlag, Stuttgart 1978.

– »Psychoanalyse im Wandel«. *Psyche*, 33., 385–394, 1979.

– »Über die Rolle der Emotionen in der Psychoanalyse«. *Psychoanalyse*, 1, 188–201, 1980 a.

– »Phasen des Gruppen-Prozesses; Wahrnehmungsprobleme, theoretische Orientierung, Literaturübersicht und praktische Erfahrungen«. *Gruppenpsychother. Gruppendyn.*, 16, 200–208, 1980 b.

– »Empathische Kompetenz – Begriff, Training, Forschung«. *Psychother.*

Kutter, P.: *med. Psychol.*, 31, 37–41, 1981 a.

– »Psychoanalytische Kurztherapie, Indikationen und Interventionstechnik«. *Jahrb. der Psychoanalyse*, XII 178–192, 1981 b.

– »Sein oder Nichtsein, die Basisstörung der Psychosomatose«. *Prax. Psychother. Psychosom.*, 26, 47–60, 1981 c.

– *»Psychoanalytische Interpretation und empirische Methoden; Ein zweidimensionaler Ansatz von Forschung in der Psychoanalyse.* Fachbuchhandlung für Psychologie, Verlagsabteilung, Frankfurt 1985.

Lampl-de Groot, J.: »Depression und Aggression«. *Jahrb. der Psychoanalyse*, Bd. I, 145–160, 1960.

Lasch, C.: *Das Zeitalter des Narzißmus.* Bertelsmann, München 1982.

Leber, A.: *Psychoanalytische Reflexion – ein Weg zur Selbstbestimmung in Pädagogik und Sozialarbeit.* In: *Sozialpädagogik, Psychoanalyse und Sozialkritik*, Hrsg. v. Leber/Reiser, Luchterhand, Neuwied/Berlin 1972.

Limentani, A.: »Die Affekte und die psychoanalytische Situation«. *Psyche*, 31, 660–679, 1977.

Little, M.: »Über wahnhafte Übertragung«. *Psyche*, 12, 258–269, 1958/59.

Lindemann, E.: »Symtomatology and Management of Acute Grief«. *Am. J. of Psychiatry*, 101, 1944.

Loch, W.: »Behandlung psychosomatischer Erkrankungen in der Praxis«. *Deutsches Ärzteblatt*, 73–79, 1964.

– »Über theoretische Voraussetzungen einer psychoanalytischen Kurztherapie«. *Jahrb. der Psychoanalyse*, IV. Huber, Bern 1967.

– »Zur Rolle der Sexualtabus«. *Psyche*, 32, 720–737, 1968.

– »Beratung – Behandlung, Methoden und Abgrenzungen«. In: *Psychotherapie bei Kindern*. Klett, Stuttgart 1971.

Loch, W.: *Der Analytiker als Gesetzgeber und Lehrer. Psyche*, 28, 431–460, 1974.

– »Psychoanalyse und Wahrheit«. *Psyche*, 30, 865–898, 1976.

Loch, W. (Hrsg.): *Die Krankheitslehre der Psychoanalyse.* Hirzel, Stuttgart, 1983.

Lohmann, H.-M. (Hrsg.): *Das Unbehagen in der Psychoanalyse, eine Streitschrift.* Qumram, Frankfurt am Main 1983.

Lorenzer, A.: *Sprachzerstörung und Rekonstruktion.* Suhrkamp, Frankfurt am Main 1970.

– *Die Wahrheit der psychoanalytischen Erkenntnis. Ein historisch-materialistischer Entwurf.* Suhrkamp, Frankfurt am Main 1974.

– *Das Konzil der Buchhalter; Die Zerstörung der Sinnlichkeit – Eine Religionskritik.* Europäische Verlagsanstalt, Frankfurt am Main 1981.

Luban-Plozza, B.: »Zur Entwicklung von Studenten-Balint-Gruppen (Junior-Gruppen«). *Therapiewoche, 27,* 7049–7961, 1977.

Lüders, W.: *Psychotherapeutische Beratung, Theorie und Technik.* Verlag für med. Psychologie, Göttingen 1974.

Mahler, E.: »Beobachtbare kollektive Ich-Reaktionen«. *Psyche*, 23, 507–516, 1969.

Mahler, M. S.: *On human Symbiosis and the Vicissitudes of Individuation.* Vol. I, Infantile Psychosis, Int. Univ. Press, New York 1968. Deutsch: *Symbiose und Individuation*, Bd. 1: Psychosen im frühen Kindesalter. Klett, Stuttgart 1972.

Mahler, M. S., Pine F. und Bergmann, A.: *The Psychological Birth of the Human Infant, Symbiosis and Individuation.* Basic Books, New York 1975. Deutsch: *Die psychische Geburt des Menschen.* Fischer-Verlag, Frankfurt am Main 1980.

Malan, D.: *Psychoanalytische Kurztherapie.* Huber/Klett, Bern/Stuttgart 1965.

– *The Frontier of Brief Psychotherapy.* Plenum, New York und London 1976.

Marcuse, H.: *Eros und Kultur.* Suhrkamp, Frankfurt

Marcuse, H.: a. M. 1957. Spätere Auflagen unter dem Titel: *Triebstruktur und Gesellschaft*. Suhrkamp, Frankfurt am Main 1969.

– »Trieblehre und Freiheit«. In: *Psychoanalyse und Politik*. EVA, Frankfurt am Main 1968.

Marmor, J. und Woods, S. W. (Hrsg.): *The Interface between the Psychodynamic and Behavioral Therapies*. Plenum, York und London 1980.

Marti, K. *Zärtlichkeit und Schmerz*. Luchterhand, Darmstadt und Neuwied 1979.

»La Relation objectale Allergique«. Revue Francaise de Psychoanalys, 22, 5–35, 1958.

Marty, P.: Francaise de Psychoanalys, 22, 5–35, 1958

Marty, P., de M'Uzan, M. und David, C. H.: *L'Investigation psychosomatique*. Presses. Universitaires de France, Paris 1963.

Maudsley, H.: *Physiology of Mind*. McMillan, London 1876.

McDougall, J.: »The Psychosoma and the Psychoanalytic Process«. *Int. Rev. Psycho-Anal.* 1, 437–459, 1974.

Mitscherlich, A.: »Anmerkungen über die Chronifizierung psychosomatischen Geschehens«. *Psyche*, 15, 1–25, 1961/62.

– *Auf dem Weg zur vaterlosen Gesellschaft*. Piper, München 1963.

Mitscherlich-Nielsen, M.: »Entwicklungsbedingte und gesellschaftsspezifische Verhaltensweisen der Frau«. *Psyche*, 25, 911–931, 1971.

Montagu, A.: *Körperkontakt. Die Bedeutung der Haut für die Entwicklung des Menschen*. Klett, Stuttgart 1974.

Müller-Braunschweig, H.: »Gedanken zum Einfluß der frühen Mutter-Kind-Beziehung auf die Disposition zur psychosomatischen Erkrankung«. *Psychother. Psychosom. med. Psychol.*, 30, 48–59, 1980.

Nemiah, J. C. und Sifneos, P.: »Affect and Fantasy in Patients with Psychosomatic Disorders«. In: Hill, O. W. (Hrsg.), *Modern Trends in Psychosomatic Medicine*. Butterworths, London 1970.

Neumann-Schönwetter, M.: *Psychosexuelle Entwicklung und Schizophrenie*. Suhrkamp, Frankfurt am Main 1973.

Oevermann, U., Allert, T., Konau, E. und Krambeck, J.: »Die Methodologie einer objektiven Hermeneutik und ihre allgemeine forschungslogische Bedeutung in den Sozialwissenschaften«. In: Soeffner, H.-G. (Hrsg.): *Interpretative Verfahren in den Sozial- und Textwissenschaften*. J.B. Metzler, Stuttgart 1979.

Ohlmeier, D.: »Gruppenpsychotherapie und psychoanalytische Theorie«. In: *Gruppentherapie und soziale Umwelt*, 548–557. Huber, Bern 1975.

Ohlmeier, D. und Sandner, D.: »Selbsterfahrung und Schulung psychosozialer Kompetenz in psychoanalytischen Gruppen«. In: A. Heigl-Evers (Hrsg.), *Die Psychologie des 20. Jahrhunderts*, Bd. VIII, Lewin und die Folgen, 812–821. Kindler, München 1979.

Parad, J.H. (Hrsg.): *Crisis Intervention; Selected Readings*. Family Service Asscn. of America, New York 1965.

Parin, P., Morgenthaler, F. und Parin-Matthèy, HG.: *Die Weißen denken zuviel, Psychoanalytische Untersuchungen bei den Dogon in Westafrika*. Fischer Taschenbuch 42079.

Petermann, F. (Hrsg.): *Psychotherapie-Forschung*. Beltz, Weinheim/Basel 1977.

Racker, H.: *Transference and Counter-Transference*. Hogarth, London 1968.

–: *Übertragung und Gegenübertragung, Studien zur psychoanalytischen Technik*. Reinhardt, München/Basel 1978.

Rapaport, D.: »On the Psychoanalytic Theory of Affects«. *Int. J. of Psycho-Anal.*, 34, 177–198, 1953.

Reich, W.: *Charakter-Analyse*. Fischer Taschenbuch 6755.

Reik, T.: *Der überraschte Psychologe; Über Erraten und Verstehen unbewußter Vorgänge*. Sijthoff, Leiden 1935.

Remplein, S.: *Therapieforschung in der Psychoanalyse, Ergebnisse und Probleme experi-*

Remplein, S.: *menteller Untersuchungen*. Reinhardt, München/Basel 1977.

Richter, H.-E.: »Die narzißtischen Projektionen der Eltern auf das Kind«. *Jahrb. der Psychoanalyse*, Bd. I, 62–81, 1960.

– *Eltern, Kind und Neurose, Psychoanalyse der kindlichen Rolle*. Klett, Stuttgart 1963.

– *Die Gruppe: Hoffnung auf einen neuen Weg, sich selbst und andere zu befreien. Psychoanalyse in Kooperation mit Gruppeninitiativen*. Rowohlt, Reinbek bei Hamburg 1972.

– *Lernziel Solidarität*. Rowohlt, Reinbek bei Hamburg 1974.

– *Flüchten oder Standhalten?* Rowohlt, Reinbek bei Hamburg 1976.

– *Der Gotteskomplex; Die Geburt und die Krise des Glaubens an die Allmacht des Menschen*. Rowohlt, Reinbek bei Hamburg 1979.

Riemann, F.: »Die Struktur des Therapeuten und ihre Auswirkung in der Praxis«. *Psyche*, 13, 150–159, 1959/60.

Riesman, D.: *Die einsame Masse*. Rowohlt, Reinbek bei Hamburg 1958.

Rogers, C. R.: *Client-Centred Therapy*. Houghton-Mifflin, Boston 1951. Deutsch: *Die klient-bezogene Gesprächstherapie*. Kindler, München 1973.

Rosenfeld, H.: *Psychotic States. A psychoanalytical Approach*. Int. Univ. Press, New York 1966. Deutsch: *Zur Psychoanalyse psychotischer Zustände*. Suhrkamp,, Frankfurt 1981.

Rost, D.: »Der psychoanalytische Zugang zum Alkoholismus«. *Psyche*, 37, 412–439, 1983.

Salzberger-Wittenberg, I.: *Die Psychoanalyse in der Sozialarbeit*. Klett, Stuttgart 1973.

Schilder, P.: *Das Körperschema*. Julius Springer, Berlin 1923.

Schindler, R.: »Grundprinzipien der Psychodynamik in der Gruppe«. *Psyche*, 11, 308–314, 1957/58.

Schindler, W.: »Family Pattern in Group Formation and Therapy«. *Int. J. of Group Psychotherapy*, 1, 100–105, 1951.

Schöttler, C.: *Zur Behandlungstechnik bei psychosomatisch schwer gestörten Patienten. Psyche*, 35, 111–141, 1981.

Schottlaender, F.: *Das Ich und seine Welt*. Klett, Stuttgart 1959.

Schultz, H. J. (Hrsg.): *Vatersein*. Kreuz, Stuttgart/Berlin 1982.

Schur, M.: »Zur Metapsychologie der Somatisierung«. In: K. Brede (Hrsg.): *Einführung in die psychosomatische Medizin; klinische und theoretische Beiträge*. 335–395, Fischer Athenäum, Frankfurt am Main 1974.

Searles, H. F.: »Phasen der Wechselbeziehung zwischen Patient und Therapeut bei der Psychotherapie der chronischen Schizophrenie«. *Psyche*, 18, 494 ff, 1964.

Sifneos, P. E.: Short-Term-Psychotherapy and emotional Crisis. Harvard-Univ. Press, Cambridge, Mass. 1972.

Slater, P. E.: *Mikrokosmos; Eine Studie über Gruppendynamik*. Fischer, Frankfurt am Main 1970.

Slavson, S. R.: *Analytische Gruppentherapie; Theorie und praktische Anwendungen*. Fischer, Frankfurt am Main 1977.

Sperling, M.: »Psychosis and Psychosomatic Illness«. *Int. J. of Psycho. Anal.*, 36, 320–327, 1955.

Spitz, R.A.: »Hospitalism, an Inquiry into the Genesis of Psychiatric Conditions in Early Childhood«. *The Psychoanalytic Study of the Child*, 1, 53–74, 1945.

Stephanos, S.: *Analytisch-psychosomatische Therapie*. Huber, Bern 1973.

Stierlin, H.: *Von der Psychoanalyse zur Familientherapie*. Klett, Stuttgart 1975.

– *Adolf Hitler – Familienperspektiven*. Suhrkamp, Frankfurt am Main 1975.

Struck, G.: »Konfliktberatung und Konflikttherapie als Methode in der Sprechstunde«.

Struck, G.: *Deutsches Ärzteblatt*, 180–184, 1970.

Süllwold, L.: *Schizophrenie*. Kohlhammer, Stuttgart 1983.

Sutherland, J. D.: »Notes on Psychoanalytic Group Therapy I; Therapy and Training«. *Psychiatry*, 15, 111–117, 1952.

Tausch, R.: *Gesprächspsychotherapie*. Göttingen 1973.

Truax, C. B. Carkhuff, R. R.: *Toward Affective Counseling and Psychotherapy, Training and Practice*. Aldine, Chicago 1967.

Turquet, P.: »Threats to Identity in Large Groups«. In: *The Large Group*, L. Kreeger (Hrsg.), 87–144, Constable, London 1975. Deutsch: *Die Großgruppe*. Klett, Stuttgart 1977.

Uexküll, T. v.: *Grundfragen der psychosomatischen Medizin*. Rowohlt, Reinbek bei Hamburg 1963.

Vinnai, G.: *Sozialpsychologie der Arbeiterklasse, Identitätszerstörung im Erziehungsprozeß*. Rowohlt, Reinbek bei Hamburg 1973.

Walton, H. (Hrsg.): *Small Group Psychotherapy*. Penguin Books, London 1971.

Weizsäcker, V. v.: *Der kranke Mensch; Eine Einführung in die medizinische Anthropologie*. K. F. Koehler-Verlag, Stuttgart 1951.

Wellendorf, F.: *Schulische Sozialisation und Identität, Zur Sozialpsychologie der Schule als Institution*. Beltz, Weinheim/Basel 1973.

Werthmann, H.-V.: »Die zwei Dimensionen der psychoanalytischen Interpretation und der ›unbewußte Begriff‹«. *Psyche*, 29, 118–130, 1975.

Whitaker, D. und Lieberman, M. A.: *Psychotherapy through the Group Process*. Toristock Publications, London 1974.

Widok, W.: »Krisen im Umkreis stationärer Psychotherapie«. In: Beese, F. (Hrsg.), *Stationäre Psychotherapie*. Vandenhoeck & Ruprecht, Göttingen 1979.

– »Stationäre psychosomatische Psychotherapie auf der Basis eines psychoanalytischen Konzeptes«. *Prax. Psycho-*

Widock, W.: *ther. Psychosom.*, 28, 103–106, 1983.

Willi, J.: *Die Zweierbeziehung; Spannungsursachen, Störungsmuster, Klärungsprozesse, Lösungsmodelle.* Rowohlt, Reinbek bei Hamburg 1975.

– *Therapie der Zweierbeziehung.* Rowohlt, Reinbek bei Hamburg 1978.

Winnicott, D. W.: *Reifungsprozesse und fördernde Umwelt.* Fischer Taschenbuch 42255.

– »Die Beziehung zwischen dem Geist und dem Leib-Seelischen«. In: *Von der Kinderheilkunde zur Psychoanalyse.* Fischer Taschenbuch 42249.

– *Von der Kinderheilkunde zur Psychoanalyse.* Fischer Taschenbuch 42249.

Winterstein, A.: *Zur Problematik der Einfühlung und des psychischen Verstehens.* Imago, London 1931, 305–334.

Wittgenstein, Graf O.: *Sagen – Hören – Sehen.* Bd. I und II. Bonz, Fellbach bei Stuttgart 1975 u. 1978.

Wulff, E.: »Grundfragen der transkulturellen Psychiatrie«. In: *Psychiatrie und Klassengesellschaft*, Athenäum, Frankfurt am Main 1972, 95–133.

Yalom, I. D.: *Gruppen-Psychotherapie; Grundlagen und Methoden; Ein Handbuch.* Kindler, München 1974.

Ziehe, T.: *Pubertät und Narzißmus.* Europäische Verlagsanstalt, Frankfurt am Main 1975.

Zimmer, D.: *Die Vernunft der Gefühle. Ursprung, Natur und Sinn der menschlichen Emotion.* Piper, München 1981.

Ziehe, T.: *Pubertät und Narzißmus.* Europäische Verlagsanstalt, Frankfurt am Main 1975.

Zimmer, D.: *Die Vernunft der Gefühle. Ursprung, Natur und Sinn der menschlichen Emotion.* Piper, München 1981.

Geist und Psyche
Begründet von Nina Kindler 1964

Psychoanalyse

Melanie Klein
Ein Kind entwickelt sich
Band 42222
Psychoanalyse des Kindes
Band 42109

Peter Kutter
Psychoanalyse in der Bewährung
Methode, Theorie und Anwendung
Band 42263

Peter Kutter/Jörg K. Roth
Psychoanalyse an der Universität
Band 42228

Stavros Mentzos
Neurotische Konfliktverarbeitung
Band 42239
Hysterie
Band 42212

Stavros Mentzos
Angstneurose
Band 42266

Theodor Reik
Die verschlungenen Wege des Selbst
Band 42235

D. W. Winnicott
Von der Kinderheilkunde zur Psychoanalyse
Band 42249
Reifungsprozesse und fördernde Umwelt
Studien zur Theorie der emotionalen Entwicklung
Band 42255
Familie und individuelle Entwicklung
Band 42261

Anton Zottl
Otto Rank
Band 42229

Geist und Psyche

Begründet von Nina Kindler 1964

Psychologische Ratgeber

Leon Grinberg/Marie Langer/Emilio Rodrigue
Psychoanalytische Gruppentherapie
Band 42094

Annelise Heigl-Evers/ Franz Heigl
Geben und Nehmen in der Ehe
Band 42151
Gelten und Geltenlassen in der Ehe
Band 42128
Lieben und Geliebtwerden in der Ehe
Band 42118

Werner W. Kemper
Der Traum und seine Be-Deutung
Band 42184

Christa Kniffki
Transzendentale Meditation und autogenes Training
Band 42197

Peter Kutter
Psychiatrie
Band 42188

Ann F. Neel
Handbuch der psychologischen Theorien
Band 42251

Erving und Miriam Polster
Gestalttherapie
Band 42150

Hans G. Preuss
Ehepaartherapie
Band 42277

Carl R. Rogers
Encounter-Gruppen
Band 42260
Therapeut und Klient
Band 42250

Driek van der Sterren
Pränatale Psychologie
Band 42123

Daniel Widlöcher
Was eine Kinderzeichnung verrät
Band 42254

Eckart Wiesenhütter
Traumseminar
Band 42152

Fischer Taschenbuch Verlag

fi 356/2b

Geist und Psyche
Begründet von Nina Kindler 1964

John Bowlby

Der heute über 70jährige Psychologe John Bowlby hat 1980 eines der anspruchsvollsten wissenschaftlichen Projekte der letzten 15 Jahre realisiert: Er hat den Entwurf einer vollständigen Theorie der Persönlichkeitsentwicklung beendet. Bowlby hat mit seiner Arbeit nicht nur die Erziehungsarbeit mit normalen Kindern, sondern vor allem auch die Behandlung gestörter Kinder wesentlich beeinflußt. Sein Gedankengut ist so allgemein geworden, daß man darüber den Urheber, John Bowlby, fast vergessen hat.

Bindung
Band 42210

John Bowlby untersucht in diesem Band die Mutter-Kind-Beziehung bzw. die Trennung des Kindes im Alter von sechs Monaten bis zu drei Jahren. Das Bemerkenswerte daran ist, daß Bowlby eine Verbindung herstellt zwischen der psychoanalytischen Theorie und der Verhaltensforschung.

Trennung
Band 42171

In diesem Band beschreibt John Bowlby die Trennung von Mutter und Kleinkind, die Trennungsangst, den Trennungsschmerz und die dadurch verursachten psychischen Schäden.

Verlust, Trauer und Depression
Band 42243

Der Verlust eines geliebten Menschen ist stets ein schmerzliches Ereignis, das nicht selten zu langdauernden emotionalen Störungen, vor allem zu Angst und Depression führt. Bowlby ist neben seinen Pionierarbeiten über die Auswirkungen fehlender mütterlicher Zuwendung auf das Kind auch für seine kühnen Neuformulierungen der psychoanalytischen Theorie bekannt.

Fischer Taschenbuch Verlag

fi 330/1

Geist und Psyche
Begründet von Nina Kindler 1964

Karen Horney

Karen Horney (1885–1952), die aus Hamburg stammende Ärztin und Psychoanalytikerin, war Schülerin von Karl Abraham, emigrierte 1932 in die Vereinigten Staaten und leitete dort das American Insitute of Psychonanalysis. Als einer der Hauptvertreter der Neopsychoanalyse setzte sie sich intensiv mit den Erkenntnissen Freuds auseinander.

Der neurotische Mensch unserer Zeit
Band 42002

Karen Horney will ein genaues Bild des neurotischen Menschen zeichnen – mit seinen Konflikten, Ängsten, Leiden und vielerlei Schwierigkeiten, die er in seinen Beziehungen zu anderen und zu sich selbst hat.

Neue Wege in der Psychoanalyse
Band 42090

In dem vorliegenden Buch, durch das sie weltberühmt wurde, setzt sich die Autorin als Hauptvertreterin der Neopsychoanalyse kritisch mit den Erkenntnissen Freuds auseinander.

Unsere inneren Konflikte
Band 42104

Karen Horney ist der festen Überzeugung, daß jeder Mensch sich zeit seines Lebens ändern und an seiner Fortentwicklung weiterarbeiten kann. Insofern ist für sie die Therapie psychischer Störungen nicht bloß Symtombehandlung, sondern Persönlichkeitsbildung.

Neurose und menschliches Wachstum
Band 42143

In diesem Band erweitert die Autorin ihre Theorie von der Entstehung von Neurosen in der Weise, daß sie den neurotischen Prozeß als eine besondere Form der menschlichen Entwicklung, als die Antithese gesunden Wachstums sieht.

Fischer Taschenbuch Verlag

fi 344/1